WERNER HEINRICHS

EINFÜHRUNG IN DAS KULTURMANAGEMENT

W0071329

DIE
WIRTSCHAFTSWISSENSCHAFTEN

Einführungen in Gegenstand und Ergebnisse
ihrer Teildisziplinen und Nachbarwissenschaften

WISSENSCHAFTLICHE BUCHGESELLSCHAFT
DARMSTADT

WERNER HEINRICHS

EINFÜHRUNG
IN DAS
KULTURMANAGEMENT

WISSENSCHAFTLICHE BUCHGESELLSCHAFT
DARMSTADT

Einbandgestaltung: Neil McBeath, Stuttgart.

Die Deutsche Bibliothek – CIP-Einheitsaufnahme

Heinrichs, Werner:
Einführung in das Kulturmanagement /
Werner Heinrichs. – Darmstadt: Wiss. Buchges.,
1993
(Die Wirtschaftswissenschaften)
ISBN 3-534-11868-5

Bestellnummer 11868-5

© 1993 by Wissenschaftliche Buchgesellschaft, Darmstadt
Gedruckt auf säurefreiem und alterungsbeständigem Offsetpapier
Satz: Setzerei Gutowski, Weiterstadt
Druck und Einband: Wissenschaftliche Buchgesellschaft, Darmstadt
Printed in Germany
Schrift: Linotype Garamond, 9.5/11

ISSN 0174-1055
ISBN 3-534-11868-5

INHALTSVERZEICHNIS

VORWORT

Schon Erich Kästner wußte: „Je üppiger die Pläne blüh'n, desto verwickelter wird die Tat!" Scheint dies nicht geradezu mustergültig auf den Kulturbetrieb zuzutreffen, der immer verzwickter und unüberschaubarer wird, obwohl wir doch seit etwa Mitte der achtziger Jahre auch im deutschsprachigen Raum von „Kulturmanagement" sprechen? Ist das systematisierte Planen, Organisieren, Führen und Kontrollieren der Managementlehre überhaupt unserer Kultur von Nutzen oder wird sie dadurch nicht vollends zu einer „verwickelten Tat"?

Anders als in jedem anderen Sachzusammenhang von Management muß sich das Kulturmanagement mit diesen und ähnlichen Fragen auseinandersetzen. Sie stehen deshalb am Anfang dieser Einführung, werden aber auch darüber hinaus den Text fortwährend begleiten. Nur ein Kulturmanagement, das in der Lage ist, Erich Kästner überzeugend zu widersprechen, kann Anspruch darauf erheben, den Zwecken von Kunst und Kultur zu dienen.

Kann diese Frage noch relativ losgelöst vom praktischen kulturellen Handeln gesehen werden, so ist der Kulturbetrieb (Kapitel 2) nur in seiner konkreten Ausprägung darstellbar. Dabei wird sich sehr bald zeigen, daß der Kulturbetrieb durchaus nicht so homogen ist, wie er begrifflich auf den ersten Blick erscheint. Allein die Unterscheidung zwischen dem privatwirtschaftlichen und dem öffentlichen Kulturbetrieb deutet bereits an, daß es in der Zielsetzung von Kulturmanagement und in der Anwendung von Managementtechniken zumindest graduelle Unterschiede geben dürfte.

Der dritte Teil des Buches (Kapitel 3 bis 5) versucht, die Anwendbarkeit von Managementtechniken im Kulturbetrieb aufzuzeigen. Dies kann freilich im Rahmen einer „Einführung" nicht in der wünschenswerten Ausführlichkeit geschehen. Wie in Publikationen dieser Art üblich, findet der Leser deshalb zahlreiche Literaturhinweise, die zu einem vertiefenden Studium von Teilbereichen des Kulturmanagements anregen sollen.

Diese Einführung verfolgt das Ziel, einerseits die Verbindung von Kultur und Management auf einer grundsätzlichen Ebene zu diskutieren wie andererseits für mehr betriebswirtschaftliches Management im Kulturbetrieb zu werben. „Ideale Leser" sind deshalb weniger betriebswirtschaftlich ausgebildete Manager mit kulturellem Interesse als vielmehr Berufsanfänger und Praktiker aus dem kulturwissenschaftlichen oder administrativen Umfeld, die ergänzende Kenntnisse aus der Managementlehre erwerben wollen. Gerade mit Blick auf solche Leser, die bereits über eine Berufserfahrung in der praktischen Kulturarbeit verfügen, wird hier von den Managementfunktionen ausgegangen, die querschnittartig das Handeln im Kulturbetrieb durchziehen, nicht aber von den – vielleicht schon vertrauten – Sachfunktionen wie Produktion, Finanzierung und Verkauf oder von bestimmten Angebotsformen wie etwa der Sozialkultur. Deshalb versteht sich das vorliegende Werk auch nicht als Handbuch, das zeigen will, wie beispielsweise eine Ausstellung finanziert werden kann. Es setzt vielmehr ein Stück weit vorher an, nämlich dort, wo die Steuerung kulturellen Handelns sinnvollerweise beginnen sollte.

Wenn im folgenden Text bei der Nennung von Berufen bzw. Personen und Personengruppen stets die männliche Version des Begriffes gebraucht wird, so sind damit selbstverständlich auch die weiblichen Vertreter gemeint.

Baden-Baden, im Januar 1993   W. H.

1. BRAUCHT KULTUR MANAGEMENT?

Nur wenige Begriffe haben in den letzten Jahren im Kulturbetrieb eine solche Konjunktur erlebt wie das Wort „Kulturmanagement". Kaum eine einschlägige Publikation, die diesen Terminus nicht mit Eifer verwendet, kaum ein Ausstellungsmacher, Konzertvermittler oder Kulturreferent, der nicht unversehens die Berufsbezeichnung „Kulturmanager" für sich in Anspruch nimmt.

Nur allzu selten wird aber die Frage gestellt, ob es sich hier nur um einen modischen Ausdruck handelt oder ob Kultur und Management in ihrer begrifflichen Einheit auch für etwas Neues stehen. Was kann die Managementlehre für die Kultur leisten oder – umgekehrt – welche Vorteile ergeben sich für die Kultur, wenn sie sich der Methoden und Techniken der Managementlehre bedient?

Die Frage scheint berechtigt zu sein, wenn man bedenkt, daß sich Kultur und Management doch in vieler Hinsicht gegenseitig ausschließen. Mit Kultur verbinden wir schöpferische Freiheit, Individualität und kreatives Chaos, während wir beim Wort Management an Effektivität, Produktivität und wirtschaftlichen Erfolg denken. Den Freiräumen zur künstlerischen Entfaltung steht scheinbar das Denken und Handeln in Plänen, Zahlen und Zielkontrollen gegenüber.

Doch so plausibel diese Abgrenzung auf den ersten Blick auch wirkt, so verkürzt und unzutreffend ist sie doch. Hier wird ein Gegensatz aufgebaut, der in die eine wie in die andere Richtung sehr stark von Vorurteilen bestimmt ist. Weder ist Management ausschließlich ein seelenloses Gewinnstreben, noch bewegt sich die Tätigkeit des Künstlers ausnahmslos in einer von zielgerichteten Interessen freien Idylle. Wenn also von Kulturmanagement die Rede sein soll, ist wohl auch die Bereitschaft erforderlich, sich von einigen Vorurteilen freizumachen. Dies soll hier in der Weise geschehen, daß über eine Diskussion der Begriffe der Zugang zu den gemeinsamen Inhalten von Kultur und Management gesucht wird.

1.1   Kultur und Management

„Kultur" und „Management" sind gleichermaßen Begriffe, die weit
mehr umfassen, als es im angestrebten Zusammenhang sinnvoll ist. Das
Wort „Management" hat sich fast zu einem „Allerweltsbegriff" (STEIN-
MANN/SCHREYÖGG 1991: 5) entwickelt, der mit jeder Form von Organisation und Führung in Verbindung gebracht wird, die sich den Anstrich
des Modernen und Zeitgemäßen geben will. Andererseits ist es geradezu Mode geworden, allem, was sich einer rationalen Handlichkeit
entzieht, den Begriff „Kultur" anzufügen. Doch, „wo alles Kultur ist,
ist die Kultur nicht mehr erkennbar"[1]. Es besteht folglich Anlaß, eingangs über die verwendeten Begriffe zu sprechen, zumal sich bald
zeigen wird, daß die Kultur des Kulturmanagements nicht identisch
sein kann mit jedem beliebigen Kulturbegriff.

1.1.1 Management

Das Management kann die Führungsmannschaft eines Großunter-
nehmens sein, es kann aber auch für die Techniken des Planens und Or-
ganisierens stehen oder aber für den sehr schwierigen Bereich der unmittelbaren Mitarbeiterführung. Folglich spielen im Management nicht
nur rein betriebswirtschaftliche Aspekte eine Rolle, sondern auch
psychologische, soziologische, soziale und soziokulturelle. Zu Recht
spricht deshalb Grochla von „der interdisziplinären Komplexität des
Management-Phänomens" (GROCHLA 1974: 11).
  Doch auch die heutige Erscheinungsweise des Phänomens Management geht letztlich zurück auf das Grundproblem einer verbesserten
Betriebsführung, wie es schon Anfang unseres Jahrhunderts diskutiert
wurde (vgl. TAYLOR 1903). Von Beginn an spielte bei diesem Verständnis
von Betriebsführung die Einwirkung auf Mitarbeiter zur Erreichung
von Zielen eine entscheidende Rolle. Diese Einwirkung ist nicht als psychologische Beeinflussung zu verstehen, sondern als eine komplexe Or-
ganisations- und Steuerungstechnik, mit deren Hilfe Mitarbeitern die
Möglichkeit eröffnet wird, vorgegebene Ziele zu erreichen. Die "Ameri-
can Management Association" definiert deshalb auch: "Managing is
getting things done through others", was Korndörfer treffend übersetzt
als „eine zielorientierte personelle Einwirkung auf das Verhalten von
Menschen" (KORNDÖRFER 1979: 22).
  Management ist ein Teil der Betriebswirtschaftslehre, der als „Unternehmensführung" gleichberechtigt neben anderen Bereichen wie „Ma-

terialwirtschaft", „Marketing", „Rechnungswesen" usw. steht. „Management ist ein Komplex von Steuerungsaufgaben, die bei der Leistungserstellung und -sicherung in arbeitsteiligen Systemen erbracht werden müssen. Diese Aufgaben stellen sich ihrer Natur nach als immer wiederkehrende Probleme dar, die im Prinzip in jeder Leitungsposition zu lösen sind, und zwar unabhängig davon in welchem Ressort, auf welcher Hierarchieebene und gleichgültig auch in welchem Unternehmen sie anfallen (STEINMANN/SCHREYÖGG 1991: 7). Diese Steuerungsaufgaben und -handlungen können höchst unterschiedlicher Art sein; sie können sich sowohl auf Prozesse als auch auf Personen beziehen.

Zum weiteren Verständnis von Management ist es sinnvoll, den Begriff differenziert zu verwenden:

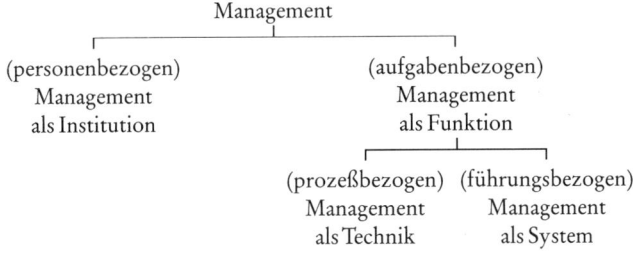

Abb. 1: Zum Begriff von Management.

„Als Institution beinhaltet das Management alle leitenden Instanzen, d. h. alle Aufgaben- bzw. Funktionsträger, die Entscheidungs- und Anordnungskompetenzen haben" (SCHIERENBECK 1987: 71). Dazu gehören in Wirtschaftsunternehmen zunächst einmal die Mitglieder des Vorstands – in großen Betrieben häufig als das „Top-Management" bezeichnet –, aber auch Geschäftsführer, Direktoren, Abteilungsleiter, Prokuristen usw. In der öffentlichen Verwaltung ist an Bürgermeister/Stadtdirektoren/Dezernenten, Amtsleiter sowie Abteilungsleiter/Institutsleiter zu denken.[2]

Das Management als Funktion bezieht sich dagegen nicht auf Personen oder Personengruppen, sondern auf Aufgaben. Es faßt alle jene Aufgaben zusammen, die zur Steuerung einer Unternehmung notwendig sind. Diese „Steuerungshandlungen" (STEINMANN/SCHREYÖGG 1991: 6) sind deutlich abzusetzen von Aufgaben, die lediglich ausführender Natur sind. Sie umfassen im wesentlichen die Hauptfunktionen Zielsetzung, Planung, Organisation, Führung und Kontrolle.

Zur Wahrnehmung der Managementfunktionen stehen verschiedene

Techniken zur Verfügung. Darunter sind „alle Instrumente, Methoden, Modelle und Verfahren zur Lösung von typischen Managementproblemen" (SCHIERENBECK 1987: 135) zu verstehen. Die Liste solcher Managementtechniken ist außerordentlich umfangreich, die Fachliteratur hierzu (vor allem aus dem amerikanischen Bereich) nahezu unüberschaubar. (Wir können uns hier nur auf wenige Techniken beschränken, die für ein Kulturmanagement besonders relevant sind.)

„Die Managementsysteme dienen der Realisierung derivativer Führungsaufgaben. Sie stellen methodische Empfehlungen für die Gestaltung von Teilsystemen und die Steuerung von Teilprozessen im Rahmen der Unternehmensführung dar. Das Schwergewicht der auch als 'Management by-Prinzipien' bezeichneten Verfahren liegt im Bereich der sachrationalen Führungsfunktionen" (BESTMANN 1992: 129). Managementsysteme streben eine möglichst systematische Verflechtung der verschiedensten Funktionen und Techniken nach einem ausgewählten Grundprinzip an.

Im Kontext eines solchermaßen gegliederten Verständnisses von Management umfaßt Kulturmanagement vorwiegend die Methoden und Techniken, um Kultur zu ermöglichen, also ein Management im funktionalen Sinne. Gerade die Managementfunktionen sind darauf ausgerichtet, unabhängig vom jeweiligen Betrieb und losgelöst vom konkreten Aufgabengebiet zur Anwendung zu kommen. Ein funktionales Management ist demnach in einem Betrieb, der Industriegüter produziert, ebenso anwendbar wie in einem Dienstleistungsunternehmen.

Folglich müßte es möglich sein, das funktionale Instrumentarium der Managementlehre ohne weiteres auch im kulturellen Bereich anzuwenden. Und in der Tat macht es keine Probleme, beispielsweise für eine Kunstausstellung eine Ablauforganisation zu erstellen oder für einen Theaterbetrieb ein betriebswirtschaftliches Controlling zu konzipieren. Hier handelt es sich vorwiegend um technische Fragen, zu deren Beantwortung auch im Kulturbereich betriebswirtschaftliche Handbücher mit Gewinn herangezogen werden können.

Doch diese etwas unbekümmerte Übertragung der allgemeinen Managementlehre auf den Kulturbetrieb stößt leider sehr bald an Grenzen. Folglich versucht man, eine eigene Theorie des Kulturmanagements[3] zu entwickeln und hat nun auch im deutschsprachigen Raum an wissenschaftlichen Hochschulen entsprechende Studiengänge für Kulturmanagement eingerichtet.[4] Dabei stehen drei Argumente für eine eigenständige Lehre vom Kulturmanagement im Vordergrund.

1. Zunächst einmal ist die Art und Weise, wie wir Kultur ermöglichen, selbst schon ein Stück Kultur. Dies zeigt sich etwa darin, wie wir

mit unseren Künstlern und der Kunst umgehen und wie ernst uns die
Freiheit von Kunst und Kultur ist. Leben wir in einer Staatskultur oder
– wie es das Bundesverfassungsgericht einmal formulierte – mit „einer
Staatszielbestimmung als Kulturstaat" (BVerfG E 36/321 ff.)? Wodurch
unterschied sich in ihrem Selbstverständnis etwa die Kultur der Bundesrepublik Deutschland von der der DDR? Hermann Glaser weist ganz
richtig darauf hin, daß „die totalitären Staaten […] in der Kulturpolitik
eines der wichtigsten Mittel der Manipulation (sehen); selbst in der Per-
version wird so die Bedeutung des Kulturellen noch sichtbar" (GLASER
1974: 55).

Man kann das Argument sogar umkehren: Unser staatliches und ge-
sellschaftliches Selbstverständnis ist ganz wesentlich durch den Grundsatz der Freiheit von Kunst und Kultur (Art. 5 des Grundgesetzes) geprägt. Dies wirft Fragen auf nicht nur hinsichtlich einer Manipulation
durch Kultur, sondern auch hinsichtlich einer Instrumentalisierung von
Kultur. Das Grundgesetz und das Bundesverfassungsgericht verstehen
Kultur als einen eigenständigen Wert, der nicht vorrangig sekundären
Zwecken dient. Eine Kultur, die beispielsweise nur als Wirtschaftsfaktor Chancen einer Realisierung hätte, unterschiede sich allein schon
in der Art des Ermöglichens deutlich von einer Kulturstaatlichkeit im
Sinne des Grundgesetzes. Nicht nur das Was, also die kulturellen Inhalte, sondern auch das Wie, nämlich die Art und Weise, wie wir Kultur
politisch, finanziell oder gesellschaftlich möglich machen, ist eine Form
von Kultur. Dies aber ist eine Verbindung zwischen Gegenstand und
Handlungsweise, die es in anderen Zusammenhängen im betriebswirtschaftlichen Management nicht gibt.

2. Managementhandeln ist durchaus nicht vorrangig ein gewinnorien-
tiertes Handeln; es ist primär immer ein zielorientiertes Handeln. Im Kulturmanagement steht in jedem Falle die Ermöglichung von Kunst und
Kultur als oberstes Ziel im Vordergrund, und dies sowohl im gemeinwirt-
schaftlichen (öffentlich-rechtlichen) als auch im privatwirtschaftlichen
Kulturbetrieb. Erst in einer zweiten Stufe folgt im privatwirtschaftlichen
Kulturbetrieb die Orientierung auf einen Unternehmensgewinn. Dem
entspricht im öffentlich-rechtlichen Kulturbetrieb die Umsetzung und
Realisierung kulturpolitischer Ziele (vgl. Abb. 2, S. 6).

Es fehlt also in einem wesentlichen Teil des Kulturbetriebs, nämlich in
der öffentlichen Kultur, das Rentabilitätskriterium als Maßstab für erfolgreiches Management. Jeder privatwirtschaftliche Industrie- oder
Dienstleistungsbetrieb, der keine Gewinne erwirtschaftet, verliert über
kurz oder lang seine Existenzfähigkeit. Folglich kann der Unterneh-
menserfolg an diesem Erfolgskriterium gemessen werden.

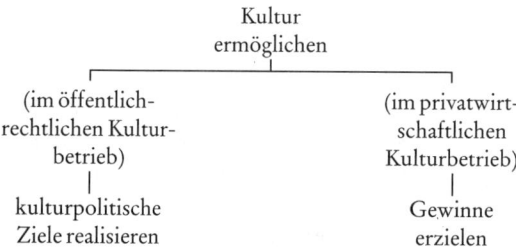

Abb. 2: Ziele des Kulturmanagements.

Im öffentlichen Kulturbetrieb aber gelten andere Bewertungs- und Entscheidungskriterien als in einem auf Rentabilität ausgerichteten Wirtschaftsunternehmen, wobei das hier angesprochene Kriterium der Realisierung kulturpolitischer Ziele (vgl. Abschnitt 2.2.1) sich in weiten Teilen einer betriebswirtschaftlichen Meßbarkeit entzieht. Dabei ist allerdings der Verzicht auf die Rentabilität und Gewinnorientierung keinesfalls gleichzusetzen mit einem Verzicht auf Wirtschaftlichkeit und Effizienz. Auch eine nicht an Rentabilität ausgerichtete öffentliche Kulturarbeit muß sich den Anforderungen von Wirtschaftlichkeit stellen.

3. Jedes Management ist in seiner funktionalen und technischen Anwendung zwar grundsätzlich losgelöst von seinem Objekt, aber in der Praxis beeinflußt doch die Steuerungshandlung sehr häufig das Produkt. In einer Automobilfabrik beispielsweise bestimmen nicht nur die Ingenieure und Designer das Aussehen und die Funktionalität eines Autos, sondern – häufig weit mehr – auch die Manager.

Das gilt im Kulturbetrieb in gleichem Maße. Der Ausstellungsmacher sucht die Exponate seiner Kunstausstellung aus und trifft damit eine wesentliche Entscheidung über die Kunst, die Zugang zum Publikum findet. Der Kulturreferent einer Stadt wählt für sein Kulturangebot die Themen, die Künstler und die Darbietungen aus, was bedeutet, daß er häufig allein bestimmt, welche Art von Kunst und Kultur in seiner Stadt realisiert wird. Der Verleger entscheidet mit der Annahme oder der Ablehnung eines Manuskripts immer auch darüber, ob ein neues Werk zu einem Stück künftiger Literaturgeschichte wird oder nicht.

Wie an anderer Stelle noch deutlicher werden wird (vgl. auch Abschnitt 1.2.1), ist das Kulturmanagement durch eine besonders enge Verbindung von Steuerungshandlung und Handlungsgegenstand gekennzeichnet. Darin liegt zugleich die große Gefahr für jeden Kulturmanager: Nur allzu leicht kann er der Versuchung erliegen, kul-

turelle Inhalte sekundären Vermittlungs- und Managementzielen unter-
zuordnen.

Deshalb muß Kulturmanagement auf den verantwortungsvollen Umgang mit künstlerischen und kulturellen Inhalten ausgerichtet sein. Ein
solcher verantwortungsvoller Umgang mit Inhalten ist aber wohl nur
möglich, wenn von den wichtigsten künstlerischen Sparten entsprechende Grundkenntnisse vorhanden sind. Nicht zufällig sind viele Bel-
letristik-Verleger exzellente Literaturkenner (der Name Siegfried Un-
seld mag hier beispielhaft genannt werden), Galeristen hervorragende
Kunsthistoriker oder bisweilen auch städtische Kulturdezernenten Kulturwissenschaftler von beachtlichem Format (man denke beispielsweise
an Hermann Glaser). Die Hochschulen, die das Studienfach Kulturmanagement anbieten, haben daraus die Konsequenz gezogen, daß neben
der Managementlehre immer auch ein kulturwissenschaftliches Fach
zum Pflichtprogramm gehört.

Es sind mithin drei gewichtige Gründe, die gegen eine unbesehene
Übertragung der Managementlehre auf den Kulturbetrieb sprechen.
Kunst und Kultur sind sensible Bereiche; sie haben Anspruch darauf,
daß wir auch die Art des Ermöglichens und des Vermittelns von Kultur
mit der notwendigen Sensibilität betreiben.

1.1.2 Der Gegenstand von Kulturmanagement

Sowenig ergiebig und amüsant es ist, den zahlreichen Definitionen
von Kultur (vgl. STEINBACHER 1976 und MÄCKLER 1987) eine weitere
hinzuzufügen, so ist es doch unumgänglich, gewisse Abgrenzungen
vorzunehmen. Der Kulturbegriff, der einem Kulturmanagement zugrunde liegt, kann weder ein weit gefaßter, anthropologischer sein, der
das gesamte Handeln des Menschen umfaßte, noch ein – nun extrem
eng ausgelegter – kunsthistorisch orientierter Begriff, der Kunst und
Kultur zu Synonymen macht.

In den siebziger Jahren sprach man in der öffentlichen Kulturarbeit
gern von einem „erweiterten Kulturbegriff", der der Tendenz der fünfziger und frühen sechziger Jahre, Kultur vorwiegend mit Kunst gleichzusetzen, entgegenwirken sollte. Es entstand so ein Kulturbegriff, der
vor allem auch Elemente unserer Alltagskultur in unser Verständnis von
Kultur einbezog. „Unter dem ‚erweiterten' Kulturbegriff wird all das
gefaßt, wie der Mensch lebt und arbeitet, wie er wohnt, seine körperlichen und geistigen Fähigkeiten entwickeln kann, welche Kunst ihm

zugänglich ist und welche er sich selbst schafft, wie er seine freie Zeit verbringt und wie er seine Beziehungen zu anderen Menschen gestalten kann" (GAU 1990: 18 f.).

Eine Umfrage des Instituts für Demoskopie Allensbach zeigt deutlich, daß die in den siebziger Jahren geforderte Erweiterung des Kulturbegriffs sich im Bewußtsein der Bevölkerung auch umgesetzt hat. 1981 bzw. 1991 ordneten die folgenden prozentualen Anteile der Bevölkerung (über 16 Jahre) in den alten Bundesländern die genannten Stichworte der Kultur zu (vgl. Tab. 1):

„Vor 10 Jahren sahen nur 21 Prozent der westdeutschen Bevölkerung Mode als Bestandteil der Kultur, heute 37 Prozent. Der Anteil der Bevölkerung, der das Fernsehen in seinen Kulturbegriff einschließt, ist von 19 auf 26 Prozent gestiegen; am stärksten verändert hat sich die Neigung, die Kochkunst in das Kulturverständnis einzubeziehen. 1981 waren lediglich 14 Prozent der Bevölkerung dazu bereit, heute 33 Prozent. Auch die moderne Technik wird heute stärker in den Kulturbegriff einbezogen, doch gemessen an ihrer tatsächlichen Bedeutung für die gesellschaftliche und kulturelle Entwicklung nach wie vor unterbewertet. 1981 sahen 16 Prozent der westdeutschen Bevölkerung in der Technik einen Bestandteil von Kultur, heute 22 Prozent" (Institut für Demoskopie Allensbach 1991: 21).

So befreiend dieser erweiterte Kulturbegriff gegenüber dem vorausgegangenen Verständnis auch wirkt, sowenig eignet er sich doch als Gegenstand von Kulturmanagement.[5] Schließlich werden wir weite Bereiche unserer Alltagskultur – also beispielsweise die Wahl unserer Wohnungseinrichtung, die Bevorzugung bestimmter Speisen und Getränke, die Gestaltung unserer Freizeit oder die Auswahl des Urlaubsziels, den Umgang mit unseren Wohnungsnachbarn, die Pflege von Garten oder Balkon usw. – nicht von irgendeinem Kulturmanager organisieren lassen, sondern wollen dies selbst in die Hand nehmen. „Alltagskultur ist zunächst einmal Selbstorganisation, sie ist ein sich selbst regulierendes System. Alltagskultur lebt ohne Kulturanimation, sie braucht grundsätzlich kein kulturelles Management" (HUGGER 1989: 163).

Das gilt in gleicher Weise für bestimmte kulturelle Betätigungen außerhalb der Alltagskultur wie beispielsweise Hausmusik, Hobbymalen oder auch für soziokulturelle Verhaltensweisen etwa bei der Organisation von Nachbarschaftsfesten. Offensichtlich beschränkt sich das Kulturmanagement auf die Kultur, die zum Publikum gebracht werden muß, nicht aber auf jenen Teil der Kultur, der einer solchen Vermittlung nicht bedarf. Schon diese Vorüberlegungen zeigen, daß wir wohl einen eigenständigen Kulturbegriff für Kulturmanagement benö-

Tab. 1: Umfrage zum Kulturbegriff

	1981	1991
Theater	84	90
Malerei	76	88
Geschichte	68	84
Bücher	72	83
Religion	52	57
Reisen	50	54
Schule	38	39
Mode	21	37
Naturwissenschaften	38	36
Kochen	14	33
Politik	23	30
Fernsehen	19	26
Technik	16	22
Medizin	20	19
Blumen	19	18
Mathematik	13	13
Telefon	7	10
Hochhäuser	6	10
Fußball	5	8
Autofahren	5	8

(Quelle: Allensbacher Archiv, IfD-Umfragen 4001, 5053.)

tigen oder doch zumindest eine genaue Beschreibung des Gegenstandes von Kulturmanagement.

Spätestens an dieser Stelle kann man eine gemeinsame Sicht beider Begriffe – Kultur und Management – nicht mehr umgehen. Management als Funktion – und nur davon soll künftig die Rede sein – ist ein „Komplex von Steuerungshandlungen, die bei der Leistungserstellung und -sicherung in arbeitsteiligen Systemen erbracht werden müssen" (STEINMANN/SCHREYÖGG 1991: 7).

Management ist folglich vorrangig abgestellt auf Prozesse zur Erstellung oder Sicherung von Leistungen, und zwar von Gütern oder Dienstleistungen. Handelt es sich nicht um Leistungen, sondern um Beziehungen, Befindlichkeiten, Lebensformen usw., so mag es sich durchaus um eine Frage von Kultur handeln, aber wohl kaum um einen Gegenstand des Kulturmanagements. Natürlich ist beispielsweise die Frage der Beziehungen zwischen Erwachsenen und Kindern oder zwischen Deutschen und Asylbewerbern durchaus auch eine kulturelle Angelegenheit. Oder die Herausforderung an einen Stadtteil, sich in solidarischer Form der Gestaltung des eigenen Lebensraums anzunehmen. Oder Emanzipation durch Kultur zu erreichen, Behinderte zu integrieren, durch Kunst politisch zu wirken usw. All dies ist Kultur und sollte auch künftig Gegenstand unserer Kultur sein.

Das Kulturmanagement aber beschränkt sich auf

1. die Ermöglichung konkreter künstlerischer und kultureller Leistungen (etwa in Form eines Kunstwerks oder eines kulturellen Projekts), die einem Publikum zugeführt werden sollen,

2. die Erstellung einer Infrastruktur, die für künstlerische, soziale, politische, pädagogische und psychologische Ziele von Kultur die Voraussetzungen schafft.

Kulturmanagement will Kultur ermöglichen, d. h. es schafft Rahmenbedingungen für die Kultur, nicht aber die Kultur/Kunst selbst und wird auch nicht kulurpädagogisch oder sozial tätig. Kulturmanagement würde – sowohl gegenüber der allgemeinen Managementlehre als auch gegenüber der Kulturpädagogik und der „Kultursozialarbeit" (KOCH 1989) – unglaubwürdig, wenn es nun auch noch die Inhalte und Wirkungen von Kultur selbst schaffen wollte. Kulturmanagement stellt nur Steuerungshandlungen bereit; es will den Künsten, der Kulturpädagogik und der „Sozialen Kulturarbeit" (FUCHS/SCHNIEDERS 1982 und ERMERT 1986) kein Konkurrent sein. Das entbindet das Kulturmanagement freilich nicht von der Notwendigkeit, sich mit den Inhalten und den Wirkungen von Kultur intensiv auseinanderzusetzen.

1.2 Steuerungsbedarf im Kulturbetrieb

Wenn von Steuerungshandlungen im Kulturmanagement die Rede sein soll, muß man sich zunächst darüber Klarheit verschaffen, wo ein Steuerungsbedarf besteht. Mit einer solchen Fragestellung ist die etwas naive Vorstellung, Kunst und Kultur entstünden als kreativer Impuls eines genialen Künstlers gleichsam von selbst, bereits ausgeschlossen, denn ein solches Verständnis vom Entstehen von Kunst und Kultur bedürfte selbstverständlich keiner Steuerungshandlung.

In Wahrheit haben wir es im Kulturbetrieb mit einem höchst differenzierten Netz von zusammenwirkenden Personen und Institutionen zu tun, die teilweise extrem spezialisiert sind und die nur durch sehr gezielte und äußerst sensibel angelegte Steuerungshandlungen zu einer erfolgreichen Kooperation bewegt werden können. Ohne Steuerung dieses Zusammenwirkens ist häufig eine Realisierung von Kultur nicht möglich. Dabei wird sich zeigen, daß die Steuerung gleichsam auf drei

Koordinaten eines dreidimensionalen Systems zielen muß, an deren Schnittstelle Kulturmanagement zur Wirkung kommt.

1.2.1 Autor, Interpret und Rezipient

Am Anfang eines jeden Kunstwerks steht der Künstler als Autor.[6] Dabei sollte der Autor nicht nur als Verfasser literarischer Texte verstanden werden, sondern – im Sinne des lateinischen Wortes *auctor* – als der Urheber und Schöpfer eines Kunstwerks überhaupt. Dieser Autor steht am Anfang eines Prozesses, an dessen Ende wir das realisierte Werk erwarten. Dieser Anfang ist vor allem durch die künstlerische Idee gekennzeichnet und durch den Impuls, der zur Umsetzung führen wird. Merkmale wie Originalität und Individualität, ästhetische Kategorien, Abbildungsfunktionen oder was auch immer man als Bewertungs- und Zuordnungskriterien anwendet, werden in erster Linie mit dem Autor verbunden. Dies gilt für den Maler und Komponisten gleichermaßen wie für den Schriftsteller oder Architekten.

Doch nur in den seltensten Fällen ist ein Kunstwerk allein durch das Wirken des Autors bereits zustande gekommen. Wir sehen heute viele Kunstwerke eher als einen Prozeß, an dem mehrere Personengruppen beteiligt sind. Fast immer bedarf ein Kunstwerk auch des Interpreten, damit es Zuhörer, Zuschauer, Betrachter usw., also den Rezipienten, erreicht.

Bereits im vergangenen Jahrhundert zeigte sich auch außerhalb des Theaters die Tendenz, zwischen dem Autor und dem Interpreten zu unterscheiden. Während im Theater schon immer Schauspieler spielten, die nur in den seltensten Fällen gleichzeitig Autoren waren, traten bis Mitte des vergangenen Jahrhunderts in Konzerten fast ausschließlich Musiker als Solisten oder Ensembleleiter auf, die ihre eigenen Kompositionen vorstellten. Erst mit der Wiederentdeckung und erstmaligen Wiederaufführung der damals 100 Jahre alten Bachschen Matthäus-Passion 1829 durch den jungen Felix Mendelssohn Bartholdy begann gleichsam die Geschichte der Interpreten. Ähnlich verlief die Entwicklung in der bildenden Kunst, wo die Kunstvereine (also nicht die Künstler) ab etwa 1830 in regelmäßigen Abständen Ausstellungen zeigten. Bis dahin waren Kunstausstellungen nahezu unbekannt; der Künstler produzierte bei Bedarf für einen konkreten Auftraggeber (Fürsten, Kirchen oder reiche Bürger), nicht gleichsam „auf Vorrat" für eine Ausstellung. Erst das Mitte des 19. Jahrhunderts aufkommende Ausstellungswesen schuf die Institution des Ausstellungsmachers.

Diese interpretierende Tätigkeit hat auf das Kunstwerk erheblichen Einfluß. Dies wird besonders deutlich im Theater, wo Regisseure und Schauspieler, aber auch Bühnenbildner und – beim Musiktheater – Dirigent und Orchester einem Stück ein anderes Verständnis geben können. Dies gilt aber auch für den Ausstellungsmacher, der ohne Mühe ein einzelnes Bild durch eine entsprechende Hängung auf- oder abwerten kann, der es in einen ausgewählten Kontext stellen und damit auch interpretieren kann. Selbst ein Bibliothekar – um einmal ein zunächst abwegig wirkendes Beispiel zu wählen – kann durch Auswahl, Plazierung und Katalogisierung eines Buches interpretierend tätig werden. So macht es beispielsweise einen Unterschied, ob Ibsens Schauspiel „Nora" im Schlagwortkatalog unter dem Stichwort „Nordische Literatur" oder „Frauenliteratur" oder "Sex and Crime" (man denke an die Erpressung Noras durch Krogstad) aufgeführt wird.

Die Rolle des Interpreten hat in unserem Jahrhundert so sehr an Stellenwert gewonnen, daß es fast zu einer Umkehrung der Rolle von Autor und Interpret gekommen ist. Unsere Konzerte beispielsweise betrachten wir fast nur noch als Musik-Museum, bei dem der Name des Interpreten weit interessanter ist als der des Komponisten. Und deshalb steht auch auf den Schallplattencovern ganz groß „Karajan" und etwas kleiner darunter „dirigiert Beethoven", obwohl es doch eigentlich umgekehrt sein müßte.[7]

Aber auch dem Rezipienten von Kunst wächst in unserer Zeit ein eigener Stellenwert zu. Dies wird besonders deutlich in der Theorie vom „offenen Kunstwerk", die erstmals 1954 von Luigi Pareyson (PAREYSON 1954) dargelegt und später von Roland Barthes (BARTHES 1963, dort als „Disponibilität" bezeichnet) und vor allem von Umberto Eco (ECO 1963) weiterentwickelt wurde. Diese Theorie geht zurück auf die Unterscheidung des Strukturalismus zwischen Signifikant (Bedeutung) und Signifikat (Bedeutungsträger) (vgl. DE SAUSSURE 1916). Jeder Bedeutungsträger (z. B. ein Kunstwerk) kann demnach mehrere Bedeutungen haben.

Im Verständnis des „offenen Kunstwerks" heißt dies, daß „die Offenheit im Sinne einer fundamentalen Ambiguität der künstlerischen Botschaft eine Konstante jedes Werkes aus jeder Zeit ist" (ECO 1962: 11). Das hat zwangsläufig zur Folge, daß „offene" Kunstwerke „vom Interpreten im gleichen Augenblick, in dem er sie vermittelt, erst vollendet werden" (ECO 1962: 29).

Dabei unterscheidet Eco nicht mehr zwischen dem Interpreten und dem Rezipienten: „Jede Rezeption ist … eine Interpretation und eine Realisation, da bei jeder Rezeption das Werk in einer originellen Perspektive neu auflebt" (Eco 1962: 30). „Jedes ‚Lesen‘, ‚Betrachten‘, ‚Genießen‘ eines Kunstwerks stellt eine, wenn auch stumme und private Form von ‚Ausführung‘ dar" (Eco 1962: Anmerkung Seite 29).

Eine solche Gewichtung kam der Rezeption durchaus nicht immer zu: Die Kunstwerke der ägyptischen Königsgräber beispielsweise wurden zu ihrer Zeit nie von irgendeiner Öffentlichkeit gesehen. Die Friese antiker Tempel waren vom Betrachter so weit entfernt, daß sie im Detail nicht mehr erkennbar waren; sie waren für Götter, nicht für ein menschliches Publikum gemacht. Und selbst noch im Mittelalter wurden viele Kunstwerke geschaffen, die der Ehre Gottes dienten und die die Menschen nie zu Gesicht bekamen.

Nach unserem heutigen Verständnis aber ist die Kunst ganz wesentlich von der Möglichkeit bestimmt, Signifikant zu sein, also verschiedene Bedeutungen zu haben, und diese verschiedenen Signifikanten auch für eine rezeptive Erprobung zur Verfügung zu stellen. Ein Roman, für die Schublade geschrieben, mag zwar dem Seelenleben des Autors dienen, aber Kunst im eben geschilderten Sinne wird er erst in der Begegnung mit dem Leser. Das gilt in gleichem Maße für den Hobbymaler, der sich im stillen Kämmerlein an seiner Leidenschaft erfreut. Erst in der Auseinandersetzung mit dem Publikum kann sein Hobby zur Kunst werden. Kunst ist immer auch Kommunikation, ist ein Sich-Austauschen, ein Mitteilen, etwas sagen wollen. Kommt diese Kommunikation nicht zustande, zögern wir sehr, ein Werk bereits als Kunst zu bezeichnen.[8] Ein Kunstwerk zum Publikum zu bringen ist demnach – vor allem im Sinne eines Kulturmanagements – eine existentielle Voraussetzung, um Kunst als „offen" zu erproben und damit als Kunst zu etablieren.

Man ahnt es geradezu: Zwischen Autor, Interpreten und Rezipienten bedarf es der Vermittlung und des Überbringens; das Kunstwerk erreicht sein Publikum nicht „automatisch". Oder um es in der Sprache der Managementlehre zu sagen: im Rahmen eines Prozesses zur Realisierung von Kunst bedarf es der Steuerungshandlungen, durch die zwischen Autor, Interpret und Rezipient vermittelt wird, und dies genau ist eine der wesentlichen Tätigkeiten des Kulturmanagers.

Während aber Autor, Interpret und Rezipient am künstlerischen Prozeß im engeren Sinne beteiligt sind, beschränkt sich der Manager – dem Grundsatz nach – nur auf die Rolle des nicht-künstlerischen Vermittlers. Hier allerdings gibt es bemerkenswerte Überschneidungen, auf die bereits hingewiesen wurde, als vom Zusammenhang zwischen Steuerungshandlung und Handlungsgegenstand die Rede war (vgl. Abschnitt 1.1.1).

Allein im Bereich der bildenden Kunst haben wir es beispielsweise mit privatwirtschaftlichen Galerien, mit privaten Ausstellungsmachern, mit Kunstvereinen, Museen, kommunalen Galerien, mit Kunsthändlern, Kunstverlagen, Kunstkritikern und Kunstauktionen zu tun, die allesamt für die Kunst sowohl interpretierend (beispielsweise als Ausstellungsmacher) als auch vermittelnd tätig werden. Nicht anders ist es im Theaterbereich, wo vor allem die Dramaturgen in dieser Zwitterposition sind, und in vielen anderen Bereichen des Kunst- und Kulturbetriebs.

Angesichts von vermittelnden Interpreten und interpretierenden Vermittlern erscheint es sinnvoll, statt von personeller und institutioneller Zuordnung besser von Funktionen zu sprechen. Ein und die gleiche Person oder Institution kann interpretierende und vermittelnde Funktionen wahrnehmen, ohne daß dies zwangsläufig zu einem schizophrenen Bewußtsein führen muß.

1.2.2 Kunst als arbeitsteilig erstelltes Produkt

Management ist ganz wesentlich geprägt durch zwei Aufgaben, nämlich erstens, komplexe Vorgänge zu strukturieren und damit überschaubar zu machen, sowie zweitens, Menschen, die an den verschiedensten Stellen einen Teilbetrag zu einem Ganzen liefern, ohne dieses Gesamtprojekt selbst überschauen zu können, durch geeignete Führungskonzepte zusammenzubringen. Am Beispiel einer Operninszenierung, an der Schreiner, Maler, Schlosser, Beleuchter, Kostümschneider und Maskenbildner ebenso mitwirken wie Musiker, Schauspieler und Sänger, wird dies leicht deutlich. Ohne ein entsprechendes Management können die Teilleistungen, deren Zuordnung zum Ganzen häufig für den einzelnen kaum erkennbar ist, nicht zu einer ganzheitlichen Inszenierung zusammengeführt werden.

Auch hier zeigt die Tradition durchaus ein anderes Bild. Noch im vergangenen Jahrhundert waren die Theaterleute eine „verschworene Truppe", die gemeinsam „ihr" Stück auf die Bühne brachten; an dessen Gelingen jeder einen auch für ihn selbst erkennbaren Anteil hatte. Nicht wenige Theaterfachleute sind der Auffassung, daß das Problem unserer heutigen gigantischen Theaterbetriebe – beispielsweise gehören zum Unternehmen „Staatstheater Stuttgart" immerhin rund 1000 Beschäftigte – damit zusammenhängt, daß nur noch wenige der im Betrieb Tätigen einen Überblick über den Output eines solchen Unternehmens haben.

Dies gilt in ähnlicher Weise auch für die Erstellung großer Ausstellungen, für die Publikation aufwendiger Buchprojekte wie auch für den gesamten Filmbetrieb. Einzig im Konzertbetrieb ist für den einzelnen noch der Anteil an der Gesamtleistung erkennbar. Wie bei der Erstellung eines beliebigen komplexen Industrieprodukts haben wir es auch hier vielfach mit einer arbeitsteiligen Produktion zu tun, die nur noch durch ein betriebswirtschaftliches Management zusammengehalten werden kann.

1.2.3 Wechselbeziehungen zu Politik und Gesellschaft

Autor, Interpret und Rezipient einerseits und die an der arbeitsteiligen Produktion Beteiligten andererseits bestimmen aber nicht allein das kulturelle Endprodukt. Vielmehr wirken in erheblichem Umfang auch gesellschaftliche Kräfte auf den kulturellen Prozeß ein. Dazu gehören Interessenverbände und die Medien oder große gesellschaftliche Gruppen wie Kirchen und Gewerkschaften ebenso wie Parteien und politische Gremien oder „die Wirtschaft" im weitesten Sinne.

Sie alle beeinflussen – gewollt oder ungewollt – unsere kulturelle Wirklichkeit. Unser Begriff von Kultur und die Bewertungskriterien, mit denen wir kulturelle Leistungen messen, werden weit weniger kultur- und kunstimmanent bestimmt als vielmehr in einem Austausch zwischen Künstlern, Kulturvermittlern und den eben genannten Gruppen. Da dieser Austausch nicht institutionalisiert ist, sondern im freien Spiel miteinander- und gegeneinanderwirkender Kräfte stattfindet, ist er nur schwer faßbar.

Das Kulturmanagement in seiner Aufgabenstellung, Kultur zu ermöglichen, kann solch ein gewichtiges Einwirkungspotential nicht unberücksichtigt lassen. Dies wird besonders in der öffentlichen Kulturarbeit deutlich, wo politische Einflüsse oder die Meinungsführerschaft und damit Meinungsbildung von Kirchen, Verbänden und Medien ganz erhebliche Auswirkungen haben können. Ein Kulturmanagement, das selbstbewußt von Steuerungshandlungen spricht, muß versuchen, die Wechselbeziehungen zwischen der Kultur und den Gruppen der Gesellschaft zu erkennen, um in diesem freien Spiel eine Dolmetscherfunktion zu übernehmen. Dazu ist es vor allem erforderlich, daß das Kulturmanagement – um im Bild des Dolmetschers zu bleiben – die Sprachen der beteiligten Gruppen kennt, damit es die Interessen der Kultur auch vor dem Hintergrund der Interessen anderer gewichten und wahrnehmen kann.

1.3   Die Koordinaten des Kulturmanagements

Neben dem Zusammenwirken selbständiger Elemente des künstlerischen Prozesses (Autor, Interpret und Rezipient) steht die vorwiegend handwerklich-technische Produktion des Kunstwerks. Beim Versuch einer bildlichen Darstellung kann man sich Autor, Interpret und Rezipient vielleicht auf einer vertikalen Koordinate vorstellen, während man die arbeitsteilige Produktion auf einer Horizontalen darstellen könnte:

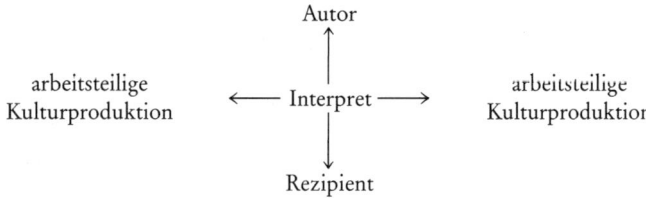

Abb. 3: Koordinaten des Kulturmanagements I.

Die Schnittstelle beider Koordinaten liegt in der Phase der Interpretation, weil hier die arbeitsteilige Produktion ihren Schwerpunkt hat. Dies gilt beispielsweise für die Aufführung eines Theaterstücks, bei der Gestaltung einer Ausstellung oder bei der Herstellung eines Buchs. Am (stark vereinfachten) Beispiel des Theaterbetriebs wird dies besonders anschaulich:

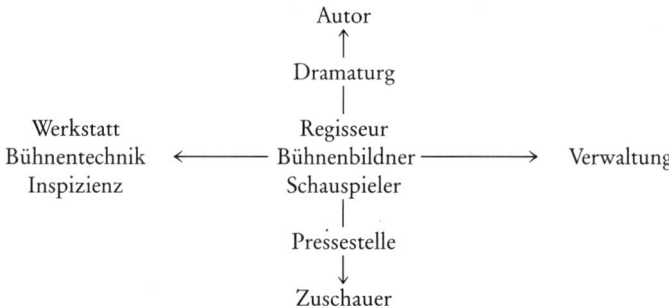

Abb. 4: Koordinaten des Kulturmanagements II.

Dramaturg einerseits sowie Pressestelle andererseits nehmen vermittelnde Funktionen im künstlerischen Prozeß wahr, wobei die Arbeit des Dramaturgen durchaus auch bereits interpretierende Funktionen hat. Horizontal ist die arbeitsteilige Produktion angedeutet, die vom

Regisseur über die Schauspieler zu den Werkstätten und zur Verwaltung reicht.

Auf einer dritten Koordinate in einer räumlichen Dimension könnte man sich nun die Wechselbeziehungen zu Politik und Gesellschaft vorstellen. So entsteht ein dreidimensionales Koordinatensystem, das außerordentlich kompliziert wirkt (damit die Wirklichkeit eines großen Theaterbetriebs aber immer noch stark vereinfacht wiedergibt).

Das Ergebnis eines so komplizierten Prozesses ist das Kunstwerk „Theateraufführung". Auch ohne Theaterexperte zu sein, ahnt man, daß in diesem komplizierten Gebilde ein außerordentlich großer Steuerungsbedarf vorhanden ist. Und in der Tat können unsere größeren Theater nur noch durch ein System differenzierter Steuerungsmaßnahmen funktionieren. Dort, wo die Steuerungshandlungen fehlen, kommt es dann zu Einbrüchen, die sich der Öffentlichkeit zumeist als abrupte Personalwechsel in der Theaterleitung dartun.

Das Kulturmanagement muß in einem solchen Koordinatensystem so angesiedelt sein, daß es auf allen Koordinatenebenen wirken kann. Das ist beispielsweise weitgehend bei einem Theaterintendanten der Fall, der nicht auch selbst inszenierend tätig ist. Weit häufiger wird man es aber mit Kulturmanagern zu tun haben, die auch noch andere Funktionen übernehmen, vor allem im interpretierenden Bereich. Hier kommt es dann zu jenen Doppelfunktionen (vermittelnd und interpretierend), von denen bereits an anderer Stelle die Rede war.

1.4 Management in Kommunikationsgemeinschaften

Management will komplexe Zusammenhänge und heterogene Abläufe handhabbar machen. Dazu werden Techniken erarbeitet, die (zumindest in wesentlichen Teilbereichen) eine formalisierte Anwendung erlauben (Entscheidungsbäume, Planungstechniken, Prognoseverfahren usw.). Auf der anderen Seite ist Kultur, sofern sie nicht als Beschreibungsmodell der Ethnologie oder der Volkskunde verstanden wird, durch Offenheit und Wandlungsfähigkeit bestimmt. Kultur – und hier vor allem der engere Bereich der Kunst – reagiert auf die sich verändernde Lebenswirklichkeit und beeinflußt sie gleichzeitig. Kultur muß sich deshalb einer Formalisierung entziehen.

Wenn es eine Schnittstelle zwischen Kultur und Management geben soll, so bedingt dies nicht nur Fragen an eine Managementtheorie oder an das Selbstverständnis von Kultur, sondern auch – gleichsam übergeordnet – die Frage nach einer Systemtheorie, die den Ansprüchen von Kultur und Management gleichermaßen gerecht wird.

Rupert Lay (1988/1991) unterscheidet hierzu in Anlehnung an Ludwig Wittgensteins „Sprachspiele" zwischen Institutionen und Kommunikationsgemeinschaften. „Institutionen sind soziale Systeme, in denen die Bedeutungen von system-regulierten Interaktionen über Systemstrukturen weitgehend vorgegeben sind. In Kommunikationsgemeinschaften wird die Struktur des sozialen Systems mit und durch interaktionelle Handlungen erzeugt" (LAY 1988/1991: 66). Kommunikationsgemeinschaften „sind dadurch bestimmt, daß sie im Verlauf der in ihnen ablaufenden Prozesse (Interaktionen) spontane Bildung von Regeln und Bedeutungen fordern. Sie sind somit sehr viel stärker durch die Vorgaben der beteiligten Subjekte definiert und definieren diese stärker ihrerseits als Institutionen" (LAY 1988/1991: 173).[9]

Damit zeigen Kommunikationsgemeinschaften die gerade für die Kultur wünschenswerte Offenheit und Wandelbarkeit. Vor allem aber lassen sie den beteiligten Subjekten, beispielsweise den Künstlern, den Spielraum, um sich in das System einbringen zu können.

Kulturmanagement muß zuallererst so definiert und konzipiert sein, daß es das offene System der Kommunikationsgemeinschaften nicht in ein System der Institutionen überführt. Dazu ist es erforderlich, eine Managementtheorie heranzuziehen, die den notwendigen subjektiven Freiraum von Kunst und Kultur nicht einengt. Das aber bedeutet, daß Elemente des Gestaltens Vorrang haben müssen vor Elementen des Lenkens. Nach Bendixen sind „in jedem Gestaltungsvorgang [...] drei Dimensionen enthalten:

- die motivatorische Dimension, die das Anliegen oder die Ziele betrifft;
- die schöpferische Dimension, die sich auf innovative, gesellschaftliche Sinn- und Wertzusammenhänge bezieht;
- die substantielle oder materielle Dimension, die das konkrete Handlungs- und Sachgebiet betrifft und der Gestaltung bestimmte Möglichkeiten und Grenzen aufzeigt" (BENDIXEN 1992: 11).

Ein so verstandener Gestaltungsvorgang als Kernfunktion von Management bietet auch dem Kulturmanagement den erstrebten Handlungsspielraum. Allerdings ist es bisher nur in Ansätzen gelungen, eine Managementlehre, die dem Bedarf von Kulturmanagement vollständig adäquat wäre, zu entwickeln. Am ehesten scheint hier für noch die Lehre vom integrierten Management geeignet zu sein, die im Management-Zentrum St. Gallen von Fredmund Malik (vgl. MALIK 1984), Hans Ulrich (vgl. ULRICH/KRIEG 1974 und ULRICH/

PROBST 1988) sowie Knut Bleicher (vgl. BLEICHER 1992) entwickelt
wurde.

„Gemeint ist damit ein integrierendes, zusammenfügendes Denken,
das auf einem breiten Horizont beruht, von größeren Zusammenhängen ausgeht und viele Einflußfaktoren berücksichtigt, das weniger
isolierend und zerlegend ist als das übliche Vorgehen. Ein Denken also,
das mehr demjenigen des viele Dinge zu einem Gesamtbild zusammen-
fügenden Generalisten als dem analytischen Vorgehen des auf ein enges
Fachgebiet beschränkten Spezialisten entspricht" (ULRICH/PROBST
1988: 11). Bleicher erwartet deshalb, daß „der Schwerpunkt der Managementaufgabe ⟨sich damit⟩ verlagert vom Bemühen um ökono-
misch-technische   zur   ökonomisch-sozial-humanen   Rationalität"
(BLEICHER 1992: 31).[10]
Ein solches integriertes Management könnte für ein System der Kom-
munikationsgemeinschaft und damit für Kulturmanagement geeignet
sein, da es das Denken und Handeln in größeren (nicht nur ökonomischen) Zusammenhängen ermöglicht und innovativ-gestaltenden wie
subjektiven Elementen breiten Raum zugesteht.[11]

Anmerkungen zu Kapitel 1

[1] Konrad Adam in der FAZ vom 28. 1. 89.

[2] Lay (1989/1991: 96) macht allerdings zur Institution „Management" eine
wesentliche Einschränkung: „Wir wollen mit dem Begriff 'Manager' eine Person
in einem ökonomischen System bezeichnen, die unmittelbar unternehmensrele-
vante Entscheidungen eigenverantwortlich treffen kann – und das unter persön-
lichem Risiko." Nach einem solchen Verständnis hätten wir es in der öffentlichen Verwaltung nur bei Ministern, politischen Beamten und Wahlbeamten mit
Managern zu tun, denn alle anderen Beamten und Angestellte sind nicht unter
dem Risiko tätig, bei Fehlentscheidungen ihren Arbeitsplatz zu verlieren.

[3] Am 6./7. April 1992 fand in der Akademie Remscheid eine Tagung zur
„Theorie des Kulturmanagements" statt.

[4] Vgl. beispielsweise die entsprechenden Studiengänge in Wien, Hamburg,
Ludwigsburg und Hagen.

[5] Es fragt sich ohnehin, ob es heute noch notwendig ist, von einem „erweiterten Kulturbegriff" zu sprechen. Was in den siebziger Jahren als revolutionär
empfunden wurde, nämlich die Einbeziehung der Alltagskultur in unseren Kulturbegriff, ist uns heute eine Selbstverständlichkeit. Für einen engen Kulturbegriff haben wir den Begriff „Kunst", alles was mehr ist, meint „Kultur".

[6] Ich beschränke mich hier zur leichteren Darstellung auf die Kunst im
engeren Sinne, doch ist eine Übertragung auch auf andere Kulturbereiche ohne
weiteres möglich.

⁷ Auch unsere Konzertprogramme nennen in der Headline fast nur noch die Namen der Interpreten; was gespielt werden wird, erfährt man erst durch Lektüre des Begleittextes.

⁸ Vgl. hierzu auch Olaf Schwencke: „Ein Gedicht, das nicht seinen Leser, eine Sonate, die nicht ihren Hörer, und ein Portrait, das nicht seinen Betrachter fände, würde die ihn inhärierende Intention nicht erfüllen!" (Schwencke 1974: 40).

⁹ Lay hält andere Systemtheorien für weniger geeignet und schließt beispielsweise aus (Lay 1988/1991: 164):

„a) Eine Theorie der ‚kommunikativen Vernunft', verbunden mit dem ‚Paradigma der Verständigung' (d.h. der intersubjektiven Beziehungen kommunikativ vergesellschafteter und sich reziprok anerkennender Individuen), wie sie von J. Habermas entwickelt wurde. Sie wird der Vernunftkritik der Moderne nicht gerecht.

b) Eine Systemtheorie sozialer institutionaler Systeme (Paarbindungen, Gruppen, Gesellschaften), falls sie sich ausschließlich um strukturgeleitete Interaktionen kümmert und dabei das individuelle Subjekt weitgehend außer acht läßt, wenn nicht sogar eliminiert. Viele Systemtheorien, auch die von N. Luhmann entwickelte, gehören hierher."

¹⁰ Die von großen Industriebetrieben (z.B. Volkswagen AG und Daimler-Benz AG) in Zusammenarbeit mit dem Managementzentrum St. Gallen gegründete "International School of Integrated Management" (ISIM) in Braunschweig verfolgt sehr konzentriert die Umsetzung des Konzepts des integrierten Managements in das praktische Management-Handeln.

¹¹ Ein Versuch, integriertes Management im Sinne des St. Gallener Konzepts am Kulturmanagement zu erproben, ist meines Wissens noch nicht unternommen worden. Als Nicht-Betriebswirtschaftler sollte ich wohl nicht der Versuchung erliegen, hier den Anfang zu machen; ich muß mich mit dem Hinweis auf einen möglichen, betriebswirtschaftlichen Lösungsansatz begnügen.

2. DER KULTURBETRIEB

Noch Mitte der siebziger Jahre bezogen sich Diskussionen und Publikationen über Kultur immer nur auf die öffentliche Kultur, also die Kulturangebote und -förderungen des Bundes, der Länder und der Kommunen. Selbst in dem 1979 erschienenen und bis heute höchst lesenswerten Buch „Kultur für alle" (HOFFMANN, HILMAR 1979) ist ausschließlich von Aufgaben und Zielen öffentlicher Kultur die Rede; Begriffe wie „Kulturbetrieb" oder „Kulturwirtschaft" kommen im Buch nicht vor. Dies verwundert kaum, wenn man bedenkt, daß in den siebziger Jahren die Definition der Aufgaben und des Selbstverständnisses staatlichen Handelns im Mittelpunkt stand. Für mehrere Jahre war jedes gesellschaftlich relevante Handeln immer zuerst öffentliches, also staatliches Handeln. Die tief sitzende und mit Sorgfalt gepflegte Abneigung der „68er" gegen jede Form kommerziellen Unternehmertums erleichterte diese systematische Nichtbeachtung einer Kulturwirtschaft gleich in zweifacher Hinsicht:

– Das kulturelle Wirken privatwirtschaftlich-kommerzieller Kulturbetriebe (Kunsthändler, Buch- und Schallplattenverlage, Filmproduzenten und -verleiher usw.) wurde in den siebziger Jahren höchstens von den unmittelbar Betroffenen wahrgenommen.

– Die volkswirtschaftliche Bedeutung von Kultur wurde überhaupt nicht thematisiert; Kultur galt als ein wesentlicher Bestandteil der staatlichen Daseinsvorsorge, für den die öffentliche Hand möglichst ohne übermäßiges Murren Finanzmittel in Form von Subventionen bereitzustellen hatte.

Diese Situation wandelte sich überraschend schnell Mitte der achtziger Jahre, als verschiedene Gutachten und Publikationen die Wechselbeziehungen zwischen Kultur und Wirtschaft herausstellten. In chronologischer Folge waren dies in Europa[1] vor allem folgende Untersuchungen:

– Die Bundestheater in der österreichischen Wirtschaft (ABELE/ BAUER 1984).

– Die wirtschaftliche Bedeutung der Züricher Kulturinstitute (Gutachten im Auftrag des Züricher Bankhauses Bär, BISCHOF 1984).

– Die wirtschaftliche Bedeutung der Künste in Amsterdam (VAN PUFFELEN 1986).

- Wirtschaftliche Auswirkungen von Kulturangeboten in Bremen (TAUBMANN/BEHRENS 1986).
- Der wirtschaftliche Nutzen von Festspielen, Fachmessen und Flughäfen am Beispiel der Region Salzburg (KYRER 1987).
- Die volkswirtschaftliche Bedeutung von Kunst und Kultur. Gutachten im Auftrag des Bundesministers des Innern (sogenannte Ifo-Studie, HUMMEL/BERGER 1988).
- Investitionen der öffentlichen Hand in die Kunsthalle in Emden unter dem Aspekt der regionalen und lokalen Nutzenstiftung (HENSMANN 1988).
- Kultur als Wirtschaftsfaktor. Dargestellt am Beispiel der Bonner Oper (HEINRICHSMEYER 1989).

Auffallend ist, daß in Europa die ersten Untersuchungen zum Thema „Kultur und Wirtschaft" im benachbarten Ausland entstanden, nämlich in Österreich (ABELE/BAUER 1984), in der Schweiz (BISCHOF 1984) und in den Niederlanden (VAN PUFFELEN 1986). In Westdeutschland verhinderte die kulturpolitische Zielsetzung der siebziger Jahre zunächst noch die Öffnung für dieses Thema. „Nach einer Epoche der Kapitalismuskritik" (FOHRBECK/WIESAND 1989a: 13) wurde es erst mit einer zeitlichen Verzögerung von drei bis vier Jahren auch hier aufgegriffen (vgl. TAUBMANN/BEHRENS 1986, aber erst in vollem Umfang nach dem Ifo-Gutachten von HUMMEL/BERGER 1988).

Dann aber beherrschten gleichsam über Nacht Stichwörter wie „Umwegrentabilität" (vgl. HUMMEL/BERGER 1988), „Standortfaktor Kultur" (WEILEPP 1988), „Kultur als Wirtschaftsfaktor" (vgl. TAUBMANN/BEHRENS 1986 und HEINRICHSMEYER/BRITZ/RAU 1989), „Multiplikatoreneffekte" und vor allem „Sponsorship" (vgl. BRUHN 1987) und „Mäzenatentum" (vgl. FOHRBECK 1988) mit einer Intensität die Diskussion in der kulturellen Öffentlichkeit, wie man sie sich angesichts der vorausgegangenen Abstinenz kaum hätte vorstellen können. Ohne nun im einzelnen auf die Ursachen dieses Sinneswandels eingehen zu müssen (vgl. hierzu FOHRBECK/WIESAND 1989a: 11ff. und 31ff.), ist festzuhalten, daß ab etwa 1988/89 Begriffe wie „Kulturbetrieb" oder „Kulturwirtschaft" ihre Außenseiterrolle überwunden hatten.[2]

Seitdem wird der Kulturbetrieb zwar nicht als eine Einheit gesehen, aber doch als ein Gefüge, das miteinander durch vielfältige Wechselbeziehungen verbunden ist. Öffentliche Kulturarbeit ist ohne die Zusammenarbeit beispielsweise mit Theater- und Konzertagenturen oder mit Kunsthändlern nicht mehr zu realisieren, wie andererseits etwa der Kunstmarkt an der „Aufwertung" von Künstlern und Kunstwerken durch Museen, Kunsthallen und öffentliche Galerien besonders interes-

siert ist (vgl. zu letzterem die etwas polemische, aber nicht ganz unzu-
treffende Publikation von WEBER 1981).

Die Einbindung der verschiedensten Kulturanbieter in einen Kulturbetrieb hatte auch einen nachhaltigen Einfluß auf die Akzeptanz der
Bezeichnung Kulturmanagement. Während privatwirtschaftlich-kommerzielle Kulturbetriebe, die nach betriebswirtschaftlichen Kriterien
zu handeln und zu entscheiden haben, diesen Begriff ohne weiteres
übernahmen, taten sich die öffentlichen Kulturanbieter zunächst noch
schwer, weil sie institutionell bis heute der Hoheitsverwaltung zugeordnet sind. Erst mit der Verdeutlichung der volkswirtschaftlichen Zusammenhänge zwischen öffentlicher Kultur und Wirtschaft und der
wachsenden Öffnung hin zu den Möglichkeiten eines betriebswirtschaftlichen Managements wurde diese Hemmschwelle überwunden
und auch im öffentlichen Kulturbetrieb die Bezeichnung Kulturmanagement akzeptiert.

Heute ist der Kulturbetrieb in seiner Gesamtheit kaum noch zu über-
blicken; die nicht unerheblichen Abgrenzungsschwierigkeiten, wie sie
sich in fast jedem der genannten Gutachten niederschlagen, machen
dies besonders deutlich (vgl. auch HUMMEL/BERGER 1988: 23 ff. und
UNESCO 1980 sowie Abschnitt 2.4.1). Solche Abgrenzungsprobleme
spielen vor allem unter statistischen und volkswirtschaftlichen Gesichtspunkten eine große Rolle, dagegen sind sie im Kontext der hier
anstehenden Fragen weniger von Belang.

Wenn im folgenden vom Kulturbetrieb die Rede sein soll, so stehen
dabei einerseits die wichtigsten Komponenten dieses Kulturbetriebs im
Vordergrund sowie andererseits die damit verbundene Frage, durch
welche Wechselbeziehungen diese Komponenten sich gegenseitig beeinflussen. Es geht folglich nicht um ein volkswirtschaftliches Problem,
sondern – selbstverständlich weiterhin – um Aufgaben, Funktionswei-
sen und Möglichkeiten von Kulturmanagement.

Aus der Sicht des Kulturmanagements gehören zu diesem Kulturbetrieb vorwiegend folgende Teilbereiche:
- die Künstler,
- der öffentliche Kulturbetrieb (mit dem wichtigen Element der Kulturpolitik),
- der privatwirtschaftlich-gemeinnützige Kulturbetrieb,
- der privatwirtschaftlich-kommerzielle Kulturbetrieb sowie
- der mediale Kulturbetrieb.

Zusätzlich eingefügt wurde ein Abschnitt über die wachsende europäische Dimension des Kulturbetriebes. Der letzte Abschnitt widmet
sich unter dem Titel „Verflechtungen im Kulturbetrieb" den gegenseitig

wirkenden Abhängigkeiten und Zusammenhängen innerhalb der eben
genannten Teilbereiche.

2.1 Die Künstler

Der bei weitem größte Teil des Kulturbetriebs befaßt sich mit den verschiedenen Künsten, wie beispielsweise Literatur und Theater, Musik
und Tanz, Malerei und Architektur oder Kleinkunst und Medienkunst.
Daneben gibt es einen zweiten Bereich im Kulturbetrieb, in dem die
Kunst keine oder nur eine indirekte Rolle spielt – man denke etwa an
Teilbereiche der kulturellen Bildung und Weiterbildung (z. B. Sprach-
kurse einer Volkshochschule oder der Sachbuchbestand einer Bibliothek) oder an bestimmte Formen der Soziokultur. Für den erstge-
nannten Bereich gilt eindeutig und unabänderlich, daß die Künstler und
ihr Wirken im Mittelpunkt dieses Kulturbetriebs stehen müssen.
Der kunstorientierte Teil des Kulturbetriebs – die Bezeichnung
„Kunstbetrieb" wäre zu verkürzt; sie bezieht sich meist nur auf den Bereich der bildenden Kunst – hat der Kunst zu dienen. Kulturmanagement ist vorwiegend im nicht-künstlerischen Bereich angesiedelt, aber
eindeutig ausgerichtet auf das künstlerische Tun. Folglich ist ein enger
Kontakt zwischen Kulturmanagern und Künstlern unverzichtbar.
Allerdings wird diese „Blickrichtung" des Kulturmanagers hin zum
Künstler umgekehrt keineswegs mit gleicher Selbstverständlichkeit er-
widert. Kaum irgendwo ist die Zurückhaltung gegenüber dem Kulturmanagement so ausgeprägt wie in Kreisen der Künstler. Zumeist
werden Bedenken vorgebracht, die sich mit dem Selbstverständnis des
Künstlers befassen und beispielsweise die Freiheit der Kunst gefährdet
sehen. Von „marktgerechter" Kunst ist dann die Rede, von einer Produktion künstlerischer Ideen unter dem Druck von Management-Soll-
zahlen oder von existentiellen Abhängigkeiten gegenüber einem „Arbeitgeber". „Kunst und Kommerz" werden dann wieder als Gegensätze
aufgebaut, die einander behindern und deshalb getrennt werden sollten.[3]
Doch trifft ein solcher Widerspruch weder die Realität unserer Gegenwart, noch läßt er sich im Spiegel vergangener Jahrhunderte belegen.
Vielmehr klingt darin eine reichlich romantisch-verklärte Vorstellung
vom Leben und der Arbeitsweise des Künstlers an, die im 18. und
19. Jahrhundert mit Begeisterung gepflegt wurde und die heute offensichtlich nicht nur von der „Regenbogenpresse" am Leben erhalten
wird.

2.1.1 Der Künstler zwischen Genie und „Banause"

Spätestens seit im „Sturm und Drang" des späten 18. Jh. der Künstler zum „Genie" erhoben wurde, galt es als unfein, „Geld und Geist" (so ein Romantitel von Jeremias Gotthelf) miteinander zu verbinden. Friedrich Nicolai wandte sich 1755 sogar gegen eine Honorierung der Poeten: „… ich glaube nicht, daß es einem Lande schimpflich sei, wann diese Belohnungen nicht so häufig sind; Besoldungen werden allein keine große Geister hervorbringen" (NICOLAI 1755 und 1894: 144). Ja, er fürchtete sogar, daß „die Reichthümer und Besoldungen, die unsern Dichtern so nothwendig scheinen, sie vielleicht schläfriger machen, als alle Nahrungssorgen" (NICOLAI 1755 und 1894: 144). Was für uns heute schon boshaft klingt, ist für ihn nur der logische Schluß: „Mich dünkt aber, es fehlet den meisten unter ihnen etwas, das sie durch keine Besoldungen, und durch nichts in der Welt erlangen können, nemlich: Genie" (NICOLAI 1755 und 1984: 145).

Der Dichter benötigte also vor allem Genialität; die Frage nach seinen materiellen Lebensbedingungen konnte geradezu von „geschäftsschädigender" Wirkung sein. Entsprechend vorsichtig ging man deshalb zu Werke, um nur nicht in den Geruch zu kommen, dem Geld mehr zuzustreben als der Verwirklichung des eigenen Genies. Dem Brief Heinrich von Kleists vom 24. 7. 1808 an seinen Verleger Johann Friedrich Cotta merkt man diesen Spagat zwischen Kunst und Kommerz geradezu an: „Wenn ich dichten kann, d. h. wenn ich mir mit jedem Werke, das ich schreibe, so viel erwerben kann, als ich nothdürftig brauche, um ein zweites zu schreiben; so sind alle meine Ansprüche an dieses Leben erfüllt" (zitiert nach KUHN 1980: 18).

Allerdings ist diese Einstellung gerade gegenüber den Poeten kein Spezifikum der Zeit um 1800. Arnold Hauser weist darauf hin, daß schon im klassischen Altertum die künstlerisch-handwerkliche Arbeit ohne weiteres entlohnt würde, während die scheinbar rein geistige Arbeit der Dichter keinen materiellen Lohn beanspruchen durfte. Dem Dichter – so schreibt er über die griechische und römische Antike – „erweist man zeitweise ganz besondere Ehren – er gilt als Seher und Prophet, Ruhmspender und Mythendeuter, der bildende Künstler ist und bleibt dagegen der banausische Handwerker, der mit seinem Lohn alles erhält, was ihm gebührt. Bei dem Unterschied, der hier gemacht wird, spielen verschiedene Motive mit; vor allem der Umstand, daß der bildende Künstler gegen Entlohnung arbeitet und daraus auch keinen Hehl macht, der Dichter aber, auch zur Zeit seiner ärgsten Abhängigkeit, als der Gastfreund seines Brotherrn gilt" (HAUSER 1953: 118).

Wenn bildende Künstler die Zuordnung zu den Handwerkern (gr. bánausos) überwinden und zum Ansehen der Poeten „aufschließen" wollten, mußten sie auf eine Entlohnung verzichten. „Plutarch rechnet⟨e⟩ zum Beispiel Polygnot nur deshalb nicht zu den Banausen, weil dieser ein öffentliches Gebäude mit Fresken dekoriert hatte, ohne auf Entlohnung Anspruch zu erheben" (HAUSER 1953: 124).

Schon seit der Antike steht der Künstler offensichtlich vor der schwierigen Entscheidung, entweder als besonders begnadeter Mensch des Geistes, doch ohne materielle Ansprüche, hoch verehrt zu werden oder aber beim Blick auf materiellen Wohlstand nur noch als Handwerker (bánausos) anerkannt zu werden. Selbst in unserem heutigen Verständnis des Wortes „Banause", das Wahrigs ›Deutsches Wörterbuch‹ mit „Mensch ohne Kunstverständnis, ohne Sinn für Kunst" umschreibt (Ausgabe 1986/1991), ist die angebliche Kunstferne des für Lohn arbeitenden antiken Handwerkers noch erkennbar. Es ist deshalb schon erstaunlich, mit welcher Hartnäckigkeit auch heute noch das Bild von einer Künstleridylle Bestand hat, das keine materielle Orientierung duldet. Fügt man diesem traditionellen Vorurteil nun noch das zweite Vorurteil hinzu, daß nämlich Management angeblich immer auf Geld und Kommerz ausgerichtet ist, so wird die Reserviertheit vieler Künstler gegenüber einem Management von Kultur zwar nicht verständlich, aber doch nachvollziehbar.

Allerdings muß an dieser Stelle eingeworfen werden, daß das seit der Antike nach außen wirkende Bild vom Verhältnis von Kunst und Kommerz in vielen Fällen nicht der Wirklichkeit entsprach. Die Künstler haben ihr gutes Recht, nämlich für ihre Arbeit entlohnt zu werden, immer für sich in Anspruch genommen und haben dazu auch häufig genug Managementleistungen selbst eingebracht oder von anderen akzeptiert.

Die Renaissance beispielsweise mit ihrer Neigung zu Wissenschaftlichkeit und Gelehrtheit sah den Künstler – anders als die Antike und das Mittelalter – als einen Ingenieur. Nach den Vorstellungen des italienischen Renaissance-Philosophen „Alberti ist die Kunst des Malers und des Architekten auf die Wissenschaft, nämlich auf Mathematik gegründet. Darin liegt der Bruch mit dem Mittelalter: der Künstler ist nun kein Handwerker mehr, der aus der Werkstattüberlieferung und der praktischen Erfahrung eines Meisters schöpft, sondern er ist ein selbständiger Unternehmer, dessen Leitsterne der eigene Verstand und die wissenschaftliche Theorie sind" (BAEUMLER 1934 und 1972: 69).

Nur so wird verständlich, daß beispielsweise Shakespeare (1564–1616) Stücke für ein Theater schrieb, an dem er als Aktionär Teileigentum besaß. Seine auf einen Publikumserfolg ausgerichteten Dramen sicherten den wirtschaftlichen Erfolg des Theaters und die Dividenden seiner Aktien. In dieser Kombination von Dramatiker und Theateraktionär war der Dichter Shakespeare ein überaus erfolgreicher Unternehmer (vgl. HAUSER 1953: 439).

Nicht anders war dies in der Zeit des Barock. Rubens beispielsweise „erwarb neben seiner glänzenden gesellschaftlichen Stellung ein fürstliches Vermögen und beherrschte in monarchischer Weise das gesamte Kunstleben seines Landes. An all dem hatten seine organisatorischen Fähigkeiten einen ebenso großen Anteil wie sein künstlerisches Talent" (HAUSER 1953: 509). Aus heutiger Sicht müssen wir Rubens als einen hervorragenden Manager bezeichnen, der schon früh Führungsaufgaben (die künstlerische Idee) von nachgeordneten Aufgaben (die technische Realisierung eines Gemäldes) trennte.

Auch im 18. Jahrhundert standen sich Kunst und Kommerz keineswegs fern. Für Voltaire beispielsweise war die enge Verbindung zwischen Literatur und Verlagsgeschäft eine der größten Errungenschaften seiner Zeit (vgl. KUHN 1980: 54), was sicher auch als ein Bekenntnis zu einer Art von Kulturmanagement im Sinne einer Arbeitsteilung zwischen künstlerischer Tätigkeit und dem Weg des Kunstwerks zum Publikum verstanden werden darf.

Selbst zu Zeiten des Geniebegriffs, als es höchst riskant war, sich zu materiellen Vorteilen zu bekennen, behandelten die Dichter dieses Thema im internen Gedankenaustausch offensichtlich wesentlich nüchterner. So schrieb Goethe am 28. April 1798 an Schiller: „... was dem Buchhändler nutzt, nutzt auch in jedem Sinne dem Autor: wer gut bezahlt wird, wird viel gelesen, und das sind zwey löbliche Aussichten" (zitiert nach KUHN 1980: 55). Offensichtlich hatte Goethe keine Probleme damit, den Verkauf seiner Bücher dem Management eines Verlegers zu überlassen.

Leopold Mozart – um ein anderes Beispiel zu nennen – war der perfekte Impresario seines Sohnes Wolfgang Amadeus, künstlerisch wie finanziell äußerst erfolgreich. Richard Wagner hätte die Bayreuther Festspiele wohl kaum je realisieren können, wäre er nicht auch ein exzellenter Manager gewesen. Herwarth Walden war als Galerist, Sammler und Verleger gleichsam *der* Manager des deutschen Expressionismus.

Weitere Beispiele – bis in unsere Zeit – ließen sich mühelos finden (der Name Herbert von Karajan drängt sich hier förmlich auf): sie alle belegen, daß Kunst und Kommerz sich über die Jahrhunderte hinweg keineswegs ausschlossen und daß das künstlerische Tun sehr häufig von Management begleitet war. Im Gegenteil, wir können heute feststellen, daß eine künstlerische Tätigkeit, die die Bestätigung durch ein Publikum und damit auch den Erfolg sucht, ohne ein Management – von wenigen Ausnahmen abgesehen – nicht mehr möglich ist. Der Autor braucht das Verlagsmanagement, der Maler den Galeristen, Kunsthändler und Ausstellungsmacher, der Musiker den Konzertagenten und Konzertveranstalter, der Schauspieler den Theatermanager usw. Künstler, die etwa eigene Keramiken herstellen und in einem Verkaufsraum ihres Hauses ausstellen, oder Kleinkünstler, die auf Straßen und Plätzen auftreten, sind in unserem Kulturbetrieb eher die Ausnahmen.

Nein, Künstler brauchen Kulturmanagement, und sie nehmen es seit langer Zeit mit großer Selbstverständlichkeit in Anspruch. Nun, da diese Dienste erstmals auch stärker systematisiert werden, mit einer eigenen Berufsbezeichnung an die Öffentlichkeit treten und sogar an Hochschulen gelehrt werden, zögernde Zurückhaltung zu bekunden, ist deshalb vielleicht nicht ganz aufrichtig.

Doch um nicht mißverstanden zu werden: Die zahlreichen Hinweise auf erfolgreiches Kulturmanagement im historischen Rückblick sollen nicht den Eindruck erwecken, als seien Künstler eigentlich allesamt wohlhabende Leute. Ganz im Gegenteil: aus der Sicht der Gesellschaft, die die Arbeit der Künstler seit eh und je hoch schätzt, war und ist die Entlohnung für diese Arbeit eher beschämend. Aber gerade deshalb sollten die Künstler im Kulturmanagement die Chance sehen, an der Seite eines „Anwalts der Kunst" den Anspruch auf angemessene Entlohnung verstärkt deutlich machen zu können, ohne daß damit der Künstler zugleich wieder zum „Banausen" der Antike herabgestuft wird.

Und um ein weiteres Mal nicht mißverstanden zu werden: Einwände der Künstler gegen Kulturmanagement sind dann ernst zu nehmen, wenn das Kulturmanagement seine dienende Funktion verläßt und neue Abhängigkeiten schafft. Abhängigkeit ist ein Zeichen von Unfreiheit, und die Freiheit der Kunst muß in der Kulturpolitik wie im Kulturmanagement das oberste Gebot sein.

2.1.2 Zur Situation des Künstlers im Kulturbetrieb

Der Stellenwert der Künstler im Kulturbetrieb ist höchst bemerkenswert. Innerhalb des von künstlerischen Sparten getragenen Kulturbetriebs sind sie gleichsam der Ausgangspunkt jenes Produktes, das am Ende eines Prozesses dem Publikum präsentiert wird. Der Autor steht am Anfang eines Buches, mit dessen Fertigstellung sich noch viele Per-

sonen beschäftigen: Lektor, Schriftsetzer und Drucker, Buchbinder, die
Vertriebsabteilung im Verlag, Buchhändler usw., wobei Papierherstel-
lung, Postversand und dergleichen gar nicht erst weiter berücksichtigt
werden sollen. Ähnlich gilt dies für Musiker, Maler, Tänzer, Filmema-
cher usw. Auch ihre Werke benötigen – mal mehr, mal weniger – verschiedene Stationen, um zum Publikum zu gelangen.

Bemerkenswert ist dabei aber auch die Tatsache, daß an der Umsetzung und Verbreitung von Kunst weit mehr Personen und Institutionen
beteiligt sind als an deren erstmaliger Produktion. Das Zentrum für
Kulturforschung errechnete für das Jahr 1987 in Westdeutschland etwa
120 000 Künstler und freischaffende Publizisten, bei insgesamt etwa
700 000 Erwerbstätigen im gesamten Kulturbetrieb (vgl. FOHRBECK/
WIESAND 1989 a: 36). Das entspricht einem Anteil von wenig mehr als
17%.[4]

Weiter muß es nachdenklich stimmen, daß nach einer Erhebung des
Bonner Archivs für Kulturpolitik (Kulturstatistik 3, 1991) im westdeutschen Kulturbetrieb 1988 nur 4% aller Umsätze auf selbständige künstlerische Tätigkeiten entfielen. Selbst wenn man diesen Betrag mit Blick
auf angestellte Künstler in Theatern und Orchestern noch verdoppelt,
erreicht er immer noch nicht ein Zehntel des Gesamtumsatzes. Besonders deutlich wird die schlechte wirtschaftliche Situation der Künstler,
wenn man sie mit der allgemeinen Einkommenslage vergleicht. Nach
einer Untersuchung des Münchner Ifo-Instituts in Zusammenarbeit
mit dem Nürnberger Institut für freie Berufe erhält ein großer Teil der
freiberuflichen Künstler und Publizisten ein Einkommen, das das So-
zialhilfeniveau nicht übersteigt.[5] Nach Angaben des Datenreport 1992
wurden 1986 im alten Bundesgebiet 13 477 freiberufliche Künstler regi-
striert. Laut Einkommensteuerstatistik erreichten sie ein durchschnitt-
liches (zu versteuerndes) Jahreseinkommen von etwa 35 000 DM, während das Durchschnittseinkommen aller Freiberufler 104 100 DM betrug. Auffallend ist vor allem, daß von diesen freiberuflichen Künstlern
64,8% ein Jahreseinkommen von unter 25 000 DM erzielten (Statistisches Bundesamt 1992 a: 349), während hier die Vergleichsgröße aller
Einkünfte nur 35% ausmacht (Statistisches Bundesamt 1992 a: 254 f.).

Andererseits ist auffallend, daß es in den künstlerischen Berufen eine
größere Gruppe mit höheren Einkommen gibt als dies im Durchschnitt
der Gesamtbevölkerung der Fall ist. Während immerhin 10,2% der freiberuflichen Künstler mehr als 75 000 DM Jahreseinkommen verzeichnen, macht hier die Vergleichsgröße nur 9,5% aus. Das stimmt auch
durchaus mit der allgemeinen Beobachtung überein, daß es nämlich
unter den freiberuflichen Künstlern durchaus eine Reihe von Spitzen-

Tab. 2: Einkommensverteilung 1986

Gesamtbetrag der zu versteuernden Jahreseinkünfte (in DM)	freiberufliche Künstler	Freiberufler insgesamt	alle Steuerpflichtigen
bis 25 000	64,8%	29,7%	35,0%
25 000–75 000	25,0%	28,6%	55,5%
über 75 000	10,2%	47,7%	9,5%

(Eigene Berechnungen auf der Grundlage von Angaben aus Statistisches Bundesamt 1992 a: 225 und 349.)

verdienern gibt, kann aber nicht darüber hinwegtäuschen, daß es der weit überwiegenden Zahl der Künstler wirtschaftlich nicht gutgeht. Um es einmal etwas drastisch zu sagen: der Kulturbetrieb geht mit den Kühen, die die Milch geben, nicht sonderlich pfleglich um.

Dieses Urteil wird noch verschärft, wenn man sich vor Augen hält, daß nur die wenigsten Künstler von nur einer Einkommensquelle leben können. Der Maler benötigt neben dem Bilderverkauf häufig auch die Einnahmen aus unterrichtender Tätigkeit oder aus Aufträgen, die im Bereich von Design oder Werbegrafik liegen. Die meisten Orchestermusiker müssen zusätzlich in weiteren Ensembles spielen oder ebenfalls unterrichtend tätig sein. Ähnlich gilt dies für andere künstlerische Berufe. Der „Autorenreport" (FOHRBECK/WIESAND 1972) fand heraus, daß bei freischaffenden Autoren 1972 von 100 DM Honoraren durchschnittlich nur 16 DM von Buchverlagen stammten. Im einzelnen teilten sich die Einnahmen wie folgt auf (vgl. FOHRBECK/WIESAND 1989 a: 40):

- 39% Einnahmen von Tages- und Wochenzeitungen sowie von anderen Pressemedien,
- 36% Einnahmen von Hörfunk und Fernsehen,
- 16% Einnahmen von Buchverlagen,
- 9% Einnahmen von anderen Medien und Auftraggebern (Buchhandlungen, Volkshochschulen, Film usw.).

Sicherlich haben sich diese Zahlen inzwischen etwas verändert[6], doch gilt gewiß heute wie damals, daß der größte Teil der Autoreneinkommen (überraschenderweise) nicht aus den Honoraren der Buchverlage stammt. Autoren und viele andere Künstler beziehen ihr Einkommen aus den verschiedensten Quellen des Kulturbetriebs. Deshalb müßte gerade den Künstlern an der Aufrechterhaltung eines differenzierten Kulturbetriebs gelegen sein. Die Künstler stehen nicht nur am

Anfang eines jeden künstlerischen Prozesses, sie sind es auch, die
– mehr als manche Kulturmanager – am meisten mit den Verästelungen
eines weitverzweigten Kulturbetriebs zu tun haben.

2.2 Der öffentliche Kulturbetrieb

Als öffentliche Hand im engeren Sinne bezeichnet man die öffentlich-
rechtlichen Gebietskörperschaften, also den Bund, die Länder und die
Kommunen (Städte, Gemeinden und Landkreise). Im weiteren Sinne gehören dazu auch alle öffentlich-rechtlichen Anstalten und Stiftungen, also
beispielsweise die öffentlich-rechtlichen Rundfunk- und Fernsehanstalten
oder etwa die Stiftung Preußischer Kulturbesitz. Soweit diese Körperschaften, Anstalten und Stiftungen kulturell tätig werden, spricht man
von der öffentlichen Kulturarbeit (vgl. auch HEINRICHS 1993 a).
   Die Größenordnung der öffentlichen Kulturarbeit der Gebietskörperschaften läßt sich relativ leicht den Haushaltsplänen entnehmen.
Nach den Angaben des Statistischen Bundesamtes gaben Bund, Länder
und Kommunen im Bereich der alten Bundesländer 1989 insgesamt
netto 10,6 Mrd. DM für kulturelle Zwecke aus. Diese Nettoausgaben
verteilten sich auf die einzelnen Gebietskörperschaften und auf die
wichtigsten Ausgabenbereiche wie in Tab. 3 ersichtlich.
   In dieser Aufstellung sind die Rechnungsergebnisse der Stadtstaaten
den Ländern zugeordnet; sie machen dort etwa ein Viertel der Kultur-
Nettoausgaben aller Länder aus. Rechnet man diese Beträge den Kommunen zu, so ergibt sich dort ein Anteil von deutlich mehr als 60%. Da
die Stadtstaaten aber auch Länderaufgaben wahrnehmen, ist dieses Verfahren so nicht ganz gerechtfertigt. Unter Berücksichtigung des „kommunalen Anteils" an den Ausgaben der Stadtstaaten dürfte der Gesamt-
anteil der Kommunen an den Nettoausgaben etwa knapp unter 60%
liegen. Doch ganz gleich, wie man die Zuordnung vornimmt, es wird
deutlich, daß der Anteil der Kommunen an den bundesweiten Kulturausgaben der öffentlich-rechtlichen Gebietskörperschaften außerordentlich groß ist.
   Trotz der auf den ersten Blick recht beachtlichen Summe von rund
10,6 Mrd. DM an Kulturausgaben ist deren Anteil an den Gesamt-
Nettoausgaben von Bund, Ländern und Kommunen (1053 Mrd. DM)
doch verschwindend gering; er macht gerade mal 1,01% aus. Von den
16 991 DM, die Bund, Länder und Kommunen 1989 pro Kopf der Bevölkerung netto ausgaben, entfielen nicht mehr als 172 DM auf die Kultur.
Dazu einige Vergleichszahlen in Tab. 4.

Tab. 3: Nettoausgaben 1989 der öffentlichen Gebietskörperschaften nach kulturellen Aufgabenbereichen

Aufgabenbereich	Gesamt-ausgaben	Bund	Länder	Kommunen/ Zweck-verbände
	(Nettoausgaben in Mill. DM)			
Theater und Musik (einschl. kommunale Musikschulen)	3 898	23	1476	2399
Museen, Sammlungen und Ausstellungen	1 441	31	509	901
Wissenschaftliche Museen	331	26	138	167
Volkshochschulen	810	–	254	556
Sonstige Weiterbildung	331	18	185	128
Bibliothekswesen	829	–	167	662
Wissenschaftl. Bibliotheken (ohne Hochschul-Bibliotheken)	646	282	307	57
Sonstige Einrichtungen und Fördermaßnahmen der Kunst- und Kulturpflege	1 185	74	326	785
Kirchliche Angelegenheiten	795	34	667	94
Verwaltung kultureller Angelegenheiten	387	–	188	199
Summen	10 653	488	4217	5948
prozentuale Anteile	100%	4,6%	39,6%	55,8%

(Eigene Berechnungen auf der Grundlage von Angaben aus Statistisches Bundesamt 1992 b.)

Weitaus schwieriger ist dagegen die statistische Erfassung der Kulturausgaben in kulturellen Anstalten und Stiftungen, weil es hier kaum einheitliche Statistiken gibt und weil sich – beispielsweise in den öffentlich-rechtlichen Hörfunk- und Fernsehanstalten – kulturelle Ausgaben mit anderen Ausgaben sehr stark vermischen. Das Zentrum für Kulturforschung in Bonn hat für 1988 auf der Grundlage der Umsatzsteuerstatistik des Statistischen Bundesamtes für die Rundfunk- und Fernsehanstalten Kulturausgaben in Höhe von 2,35 Mrd. DM errechnet, weist

Tab. 4: Nettoausgaben 1989 von Bund, Ländern
         und Kommunen pro Einwohner

soziale Sicherung	8107
Gesundheit, Sport und Erholung	726
öffentliche Sicherheit und Ordnung	502
Verkehr und Nachrichten	492
Kulturelle Angelegenheiten	172

(Eigene Berechnungen auf der Grundlage von
Angaben aus Statistisches Bundesamt 1992 b.)

aber selbst auf die Problematik dieser Berechnung hin (Archiv für Kulturpolitik: Kulturstatistik 3, 1991).

Jedes Handeln der öffentlichen Hand bedarf einer Rechtsgrundlage,
folglich gilt dies auch für den öffentlichen Kulturbetrieb. Schon der
Grundrechte-Katalog des Grundgesetzes erwähnt ausdrücklich auch
kulturelle Grundrechte, wie beispielsweise die Freiheit von Kunst und
Wissenschaft (Art. 5 Abs. 3 GG). Das Bundesverfassungsgericht inter-
pretiert diesen Artikel als eine „objektive Wertentscheidung für die Freiheit der Kunst" (BVerfG E36/321 ff.). Damit meint das Gericht nicht
nur eine Duldung, sondern auch eine aktive Förderung der Kunst, denn
es heißt in der gleichen Entscheidung auch, daß „dem modernen Staat,
der sich im Sinne einer Staatszielbestimmung als Kulturstaat versteht,
zugleich die Aufgabe ⟨zufällt⟩, ein freiheitliches Kulturleben zu erhalten und zu fördern".

Dieses Verständnis von aktiver Kulturförderung kommt deutlicher
noch in den Landesverfassungen zum Ausdruck. So heißt es beispielsweise in Art. 18 Abs. 1 der Landesverfassung für Nordrhein-Westfalen:
„Kultur, Kunst und Wissenschaft sind durch Land und Gemeinden zu
fördern."

So oder ähnlich ist dies in den meisten Landesverfassungen nachzulesen. Dagegen bedarf die Rechtslage für die Kommunen schon weit größerer juristischer Recherche. Zwar ist in den Landesverfassungen meist
von einer gemeinsamen Verpflichtung von Land *und* Gemeinden die
Rede, doch leiten die Kommunen (also Städte, Gemeinden und Kreise)
ihr Recht zur öffentlichen Kulturarbeit auch direkt vom Grundgesetz ab.
Dort heißt es in Art. 28 Abs. 2 GG: „Den Gemeinden muß das Recht gewährleistet sein, alle Angelegenheiten der örtlichen Gemeinschaft im
Rahmen der Gesetze in eigener Verantwortung zu regeln."

Als „alle Angelegenheiten des örtlichen Wirkungskreises" versteht

das Bundesverfassungsgericht „solche Aufgaben, die in der örtlichen
Gemeinschaft wurzeln oder auf die örtliche Gemeinschaft einen spezifischen Bezug haben und von dieser örtlichen Gemeinschaft eigenverantwortlich und selbständig bewältigt werden können" (zitiert nach
PAPPERMANN 1984: 4). Es ist allgemein unstrittig, daß hierzu auch kulturelle Angelegenheiten gehören, denn sie wurzeln in besonderem
Maße in der örtlichen Gemeinschaft – man denke nur an die örtlichen
Kulturvereine oder kulturelle Traditionen – und können – wie beispielsweise Konzerte und Ausstellungen – durchaus eigenverantwortlich und
selbständig von der örtlichen Gemeinschaft bewältigt werden. Zusammen mit den Landesverfassungen ergibt sich damit doch eine ein-
deutige Rechtslage, die zudem noch durch verschiedene höchstrichter-
liche Entscheidungen gestützt wird (vgl. hierzu HAEBERLE 1979,
STEINER 1984, STEINER 1986 und SCHEYTT 1989).

Bemerkenswert ist für alle Ebenen des öffentlichen Kulturbetriebs
(Bund, Länder und Kommunen), daß stets nur von einer grundsätzli-
chen Verpflichtung zum kulturellen Handeln beziehungsweise zu kultureller Förderung die Rede ist, nie aber konkrete Aufgaben genannt
werden. Selbst dort, wo gesetzliche Vorgaben vorhanden sind (z. B. im
Bereich der Weiterbildung und im Archivwesen), beschränken sich die
Gesetze und Rechtsverordnungen fast ausnahmslos auf institutionelle
Vorgaben, ohne auf die inhaltliche Arbeit der Institutionen einzugehen.
In der Umsetzung bedeutet dies, daß beispielsweise eine Stadt gesetzlich verpflichtet ist, das Kulturleben der Gemeinde zu fördern, doch mit
welcher Zielsetzung und vor allem im welchem Umfang sie dies tut, ist
allein ihr überlassen.

Juristisch ist daraus zu schließen, daß Kultur eine freiwillige und keineswegs eine Pflichtaufgabe der öffentlichen Hand ist. Welche Nachteile sich daraus für die Kulturarbeit ergeben, ist in Zeiten knapper
öffentlicher Finanzmittel immer wieder leidvoll festzustellen: Die Kulturausgaben stehen bei fast allen Finanzministern und Kämmerern ganz
oben auf der „Abschußliste", wenn es wieder einmal gilt, einen Haus-
haltsplan zum Ausgleich zu bringen. Doch entspricht ein solcher
sorgloser Umgang mit öffentlichen Kulturausgaben weder den Vorstellungen von einer kontinuierlichen Kulturarbeit noch einer „Staatszielbestimmung als Kulturstaat", wie dies im oben zitierten Urteil des Bundesverfassungsgerichts zum Ausdruck kommt. Das kulturelle Handeln
der öffentlichen Hand ist zwar nicht als Pflichtaufgabe gesetzlich festgeschrieben, aber es entspricht dem Selbstverständnis und der Zielbe-
stimmung dieses Staates; es ist deshalb ein wichtiges und unverzicht-
bares politisches Ziel. Der Deutsche Städtetag hat deshalb in letzter Zeit

die Sprachregelung vorgeschlagen, Kultur als eine „politische Pflichtaufgabe" zu bezeichnen.[7]

Wenn der Gesetzgeber darauf verzichtet hat, Zielsetzung und Inhalte
kulturellen Handelns der öffentlichen Hand in rechtlich verbindlicher
Form festzulegen, so ergibt sich daraus nicht nur die eben angedeutete
Gefahr einer gewissen Beliebigkeit und finanziellen Verfügungsmasse,
sondern vor allem die Chance politischer und administrativer Gestaltung. Kulturpolitik und Kulturadministration bieten einzigartige Möglichkeiten, Kreativität und Phantasie einzubringen und eigene Ideen in
die Tat umzusetzen. Wo das Baurecht dem Stadtplaner Grenzen setzt,
der Sozialpolitiker sich dem Sozialrecht unterordnen muß oder dem
Umweltpolitiker ein wirksames Handeln fast nur noch mit Hilfe von
Gesetzen möglich ist, bietet die Kultur den (fast) einzigartigen Freiraum, Ziele zu definieren, Ideen umzusetzen, Personen einzubinden
usw. Im Bereich der Kommunalverwaltung beispielsweise findet man
nur noch im Fremdenverkehrswesen einen ähnlichen Spielraum.

Doch weil dieser Freiraum so groß ist, kommt der Kulturpolitik
– und hier vor allem der Erörterung und Bestimmung kulturpolitischer
Ziele – eine so große Bedeutung zu. Bereits im Abschnitt 1.1.1 wurde
darauf hingewiesen, daß das besondere Merkmal des öffentlichen Kulturbetriebs eine Zielorientierung ist, die weitgehend kulturpolitisch
ausgerichtet ist, keinesfalls aber gewinnorientiert, wie dies in großen
Teilen des privatwirtschaftlich-kommerziellen Kulturbetriebs (notwen-
digerweise) der Fall ist. Man kann sogar sehr verkürzt sagen, daß der
Rentabilität als Erfolgskriterium der privatwirtschaftlich-kommerziellen Kulturwirtschaft im öffentlichen Kulturbetrieb die Verwirklichung kulturpolitischer Ziele entspricht. Folglich spielen im öffentlichen Kulturbetrieb die Kulturpolitik sowie die Erörterung und Bestimmung kulturpolitischer Ziele eine außerordentlich große Rolle.

2.2.1 Kulturpolitik

Unter Politik versteht man einerseits die Lehre vom Staat wie andererseits den Diskurs zur Regelung öffentlicher Belange. Öffentliche Belange sind solche Angelegenheiten, die für mindestens einen Teil der
Öffentlichkeit von Interesse sind, wobei Öffentlichkeit nicht eine bestimmte gesellschaftliche Gruppe meint, sondern stets eine unbe-
stimmte Größenordnung von Einzelpersonen oder Personengruppen.
Am Diskurs nehmen vorwiegend solche Personen oder Personengruppen teil, die entweder hierzu ein Mandat der Bürgerschaft haben

(Politiker), beruflich mit dieser Aufgabe verbunden sind (Beamte und Angestellte des öffentlichen Dienstes, Diplomaten usw.) oder die an der Regelung der öffentlichen Belange aus anderen Gründen interessiert sind (etwa die sogenannte Lobby, Pressevertreter usw.).

Auf die Kulturpolitik übertragen muß man unterscheiden zwischen den rechtlichen, organisatorischen und finanziellen Rahmenbedingungen kulturellen Handelns und wiederum dem Diskurs zur Regelung öffentlicher kultureller Belange (vgl. hierzu den Aufsatzband LIPP 1989 sowie GAU 1990).[8] Der kurze Blick auf die rechtlichen Rahmenbedingungen hat eben gezeigt, daß die rechtlichen Gestaltungsfreiräume im Bereich des öffentlichen Kulturbetriebs außerordentlich groß sind und deshalb zu einer intensiven Nutzung diskursiver Möglichkeiten geradezu einladen. Nicht zuletzt deshalb ist die Kultur ein Aufgabenbereich, in dem sich politisches Handeln besonders gut erproben und umsetzen läßt. Angesichts der Nähe, die unsere öffentliche Kultur zu unserer Lebensweise und deren Bedingungen hat, erhöht dies den Stellenwert öffentlicher Kulturarbeit nicht unwesentlich.

„Überall wird unser persönliches Leben politisch beeinflußt. Im besten Sinne des Wortes ist auch Kultur Politik. Gemeint ist damit nicht Kulturpolitik im Dienste der Macht, sondern Kultur als Lebensweise, die sich der Begegnung mit anderen Lebensformen stellt und sich ihnen mit Neugierde und Zuneigung öffnet" (Richard von Weizsäcker in seiner Rede anläßlich des Internationalen Musikfestes am 21. 9. 85 in Stuttgart; veröffentlicht in: VON WEIZSÄCKER 1987: 110).

Dieser Erörterungsprozeß kann (und darf) sich allerdings nicht beziehen auf kulturelle Inhalte und künstlerisch-ästhetische Beurteilungen und Bewertungen, sondern bleibt einzig und allein auf kulturpolitische Ziele beschränkt. Ein Gemeinderat hat das Recht und die Pflicht, sich beispielsweise zu den Sammlungsschwerpunkten eines Museums zu äußern. Aber es ist nicht seine Aufgabe, über die Qualität und Eignung eines zum Ankauf anstehenden Exponats zu urteilen.

Dies gilt in ähnlicher Weise auch für die Auslobung von Kunstpreisen, bei denen nach einem Parteienproporz besetzte politische Jurys keineswegs die Ausnahme sind. Hilmar Hoffmann warnt denn auch zu Recht: „Die Praxis staatlicher oder städtischer Auftragslenkung erzeugt [...] sowohl ein prinzipielles Legitimationsproblem des öffentlichen Auslobens als auch ein Problem der Objektivierung von Kunst. Da Kunst aber nicht objektivierbar ist, eine demokratische Legitimation jedoch allzu häufig über Mehrheitsentscheidungen herbeigeführt wird, laufen öffentliches Kunst-Engagement und öffentliche Ankaufstätigkeit nicht selten auf jenen Nenner hinaus, der zu Recht nur

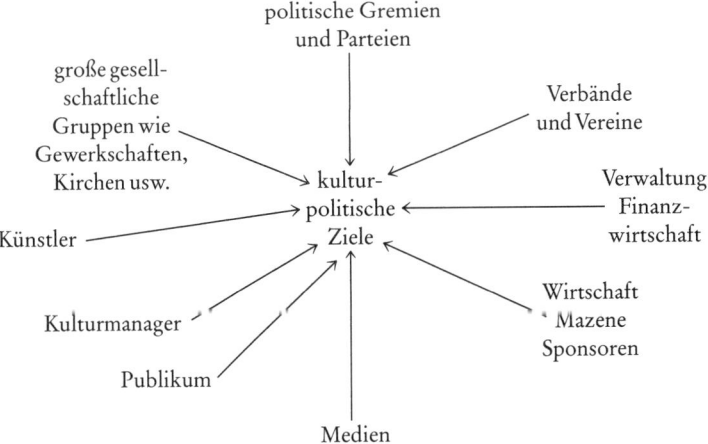

Abb. 5: Beteiligte des kulturpolitischen Diskurses.

noch als der kleinste gemeinsame bezeichnet werden kann und nicht wenig zur Verdünnung der Resultate beiträgt" (HOFFMANN, HILMAR 1990: 223).

Um es an einem dritten Beispiel nochmals zu verdeutlichen: Politische Gremien sollten sich sehr intensiv mit den Zielen befassen, die die Gemeinde beispielsweise mit der Einrichtung eines Theatergastspielbetriebs in einer Stadthalle verfolgt. Dazu gehören ein Finanzplan und eine Definition der anzusprechenden Zielgruppen ebenso wie die Grundlinien des inhaltlichen Konzepts. Keinesfalls aber sollte das politische Gremium Einfluß nehmen (etwa in Form eines politisch besetzten Beirats) auf die Auswahl einzelner Gastspiele; dies sollte man den dafür ausgewählten Personen überlassen, um sich keinesfalls dem Verdacht auszusetzen, künstlerisch-ästhetische Aspekte politisch beeinflussen zu wollen. Dagegen ist es allerdings unbedingt Aufgabe der politischen Gremien, am Ende einer Spielzeit sehr sorgfältig zu prüfen, ob die gesetzten kulturpolitischen Ziele auch erreicht wurden. Über Kulturpolitik kann man mehrheitlich entscheiden, über Kunst aber nicht!

Schon für allgemeine politische Fragen wurde eben angedeutet, daß sich nicht wenige gesellschaftliche Gruppen am Diskurs beteiligen. Mit Blick auf den eben wieder angesprochenen rechtlichen Freiraum gilt dies in besonderem Maße für die Kulturpolitik. Im wesentlichen sind es die in Abb. 5 dargestellten Gruppen und Institutionen, die sich an einem solchen Diskurs beteiligen oder indirekt auf ihn einwirken.

Es zeigt sich, daß am Diskurs öffentlicher kultureller Belange natürlich zunächst einmal alle diejenigen beteiligt sind, die auch zum Kulturbetrieb im weitesten Sinne gehören, also beispielsweise die Künstler, die Kulturmanager und das Publikum. Aber auch beispielsweise Verbände wie der Deutsche Sängerbund oder Vereinigungen wie der Kulturkreis des Bundesverbandes der Deutschen Industrie stehen der Erörterung kulturpolitischer Ziele – zumal wenn dies auf Bundes- oder Landesebene geschieht – nicht gleichgültig gegenüber. Ohne nun im einzelnen darauf eingehen zu müssen, wie eine solche Teilnahme am Diskurs erfolgt und wie sie im Einzelfall zu bewerten ist, kommt durch die Skizze doch vor allem zum Ausdruck, daß Kulturpolitik keine lineare Abfolge von logischen Schlüssen ist, sondern ein sehr lebendiger Prozeß mit ungewissem und deshalb stets spannendem Ausgang.

Wer als Kulturmanager auf kulturpolitische Ziele Einfluß nehmen möchte, sollte sich diese komplizierten und verschachtelten Zusammenhänge stets vor Augen halten und bereit sein, sich mit großer Offenheit an diesem Diskurs zu beteiligen. Jede Form der autoritären Einflußnahme würde den Diskurs zerstören und damit der Kulturpolitik ihr demokratisches Element nehmen.

Kulturpolitische Ziele in einem offenen und demokratischen Diskurs zu bestimmen hat in der Bundesrepublik der alten Bundesländer seit 1949 eine gute Tradition. Rückblickend läßt sich dabei feststellen, daß dieser Diskurs zu verschiedenen Zeiten durchaus zu verschiedenen Ergebnissen gekommen ist. (Für die Zeit von 1945 bis 1974 vgl. SCHWENCKE 1974, für die Zeit von 1968 bis 1988 vgl. WAGNER 1988; den gesamten Zeitraum erfassen HEINRICHS 1992: 37–50 sowie ausführlicher FRANK 1990, GÖSCHEL 1991 und MOSBACH/GÖSCHEL 1991.) Andere politische, wirtschaftliche und soziale Verhältnisse führten zu anderen Prioritäten und stärkten oder schwächten auch den Einfluß der einen oder anderen am Diskurs beteiligten Institution oder Interessengruppe. Wer heute im öffentlichen Kulturbetrieb arbeitet oder ihn im Rahmen anderer Kulturmanagementaufgaben in Anspruch nimmt, kann diesen Prozeß von Veränderungen nicht ignorieren, zumal es durchaus nicht ungewöhnlich ist, daß ältere Phasen dieses Prozesses in modifizierter Form noch heute neben jüngeren Entwicklungen stehen. Es ist – etwas verkürzt gesagt – die Rede von den Phasen der Kulturpflege, der Kulturarbeit und des Kulturbetriebs.

Die erste Phase kennzeichnet die Kulturpolitik der fünfziger und frühen sechziger Jahre, die sich sehr gut dokumentiert in den sogenannten „Stuttgarter Richtlinien", den 1952 vom Deutschen Städtetag verabschiedeten „Leitsätzen zur kommunalen Kulturarbeit". Dort heißt es u.a.:

„Die deutschen Städte, in ihrem Willen, für die Wohlfahrt ihrer
Bürger zu wirken, in langer Geschichte Hüter und Pfleger deutscher
Kultur, fühlen sich verpflichtet, trotz und gerade wegen der materiellen
Nöte unserer Zeit ihrer Kulturaufgabe treu zu bleiben. Sie sind dazu um
so mehr berufen, als durch die Veränderung der sozialen Verhältnisse
bisher kulturtragende Kräfte in den Hintergrund getreten oder unterge-
gangen sind. Die Pflege der Kultur ist für die Städte eine wichtige und
dringliche Aufgabe sowohl um der kulturellen Werte willen, die es zu
pflegen gilt, und der in dieser Pflege sich zeigenden geistigen Haltung
als auch wegen der Bedeutung, die dieser Pflege für das Gemeinschafts-
leben zukommt" (Städtische Kulturpolitik 1971: 104).
   Auffallend ist die mehrfache Verwendung des Wortes „Pflege". Hier
kommt zum Ausdruck, daß die Erhaltung des kulturellen Erbes im Mittelpunkt der kulturpolitischen Ziele stand. Nach den Zerstörungen des
Krieges war die bauliche Wiedererrichtung der kulturellen Institutionen – häufig in Form von Denkmal-Pflege – eine vorrangige Aufgabe. Zu Recht ist deshalb „Kulturpflege" der kennzeichnende Begriff
für die Kulturpolitik jener Zeit.
   Das änderte sich erst ab der Mitte der sechziger Jahre, als die traditionelle Kulturpflege verstärkt von gesellschaftspolitischen Zielsetzungen
in der Kulturpolitik überlagert wurde. Mit den Studentenunruhen 1968
und dem Regierungswechsel 1969 tauchten neue Begriffe auf und mit
ihnen neue politische und kulturelle Ziele.
   „Hatte zu Beginn der sechziger Jahre Kulturpolitik dazu gedient,
dem affirmativen Kulturverständnis wie der Festivalkultur die besten
Entfaltungsmöglichkeiten zu gewähren, so überwanden progressive
Kulturpolitiker seit Beginn der siebziger Jahre die kulinarisch bestimmte Indolenz; sie stellten einen theoretischen Reisevorrat zusammen, mit dem sie den langen Marsch durch die Dispositionen und
Institutionen zu bestehen hofften. [...] Nach langen Jahren der Diskussion um Schule und Bildung, vor allem des Streites um die Bildungs-
reform, begann man, das ‚Bürgerrecht Kultur' einzuklagen" (GLASER
1991: 365 f.).
   Kultur sollte nicht der Beglückung weniger dienen, sondern ein
Rechtsanspruch für alle werden: „Kultur für alle" (HOFFMANN, HILMAR
1979) wurde zum gängigen Schlagwort. Kultur sollte nicht länger für ge-
nußvollen Konsum stehen, sondern sollte politisch und gesellschaftlich
wirken. „Mehr Demokratie wagen", hatte Willy Brandt in seiner ersten
Regierungserklärung von 1969 gefordert. Viele Kulturpolitiker und
Künstler sahen sich aufgerufen, diese Forderung kulturell umzusetzen,
indem die kommunikativen und sozialen Möglichkeiten der Kultur

konsequent genutzt wurden. Soziokulturelle Kommunikationszentren und eine systematische Stadtteilkultur sollten eine neue Ebene schaffen, auf der Kultur nicht als Konsum in traditionsschweren Tempeln der Kunst, sondern als soziale Kommunikation und Hinführung zu „mehr Demokratie" erlebt werden sollte. Kulturpolitik wurde zur „Innenpolitik von morgen" (SILKENBEUMER 1980) und damit auch zu einer in hohem Maße politischen Angelegenheit.

Die Pflege eines kulturellen Erbes und die Bewahrung einer kulturellen Tradition traten in den Hintergrund zugunsten der Arbeit für die Bildung einer demokratischen Gesellschaft. Kultur sollte nicht etwas erhalten, sondern etwas erarbeiten. Folglich wurde der Begriff „Kulturpflege" der fünfziger und sechziger Jahre durch das Wort „Kulturarbeit" ersetzt.

In der zweiten Hälfte der achtziger Jahre kam es zu einer weiteren Veränderung im Verständnis von Kulturpolitik. Kultur wurde nun weniger im gesellschaftspolitischen als vielmehr im wirtschaftspolitischen Kontext gesehen. Dazu trugen vor allem die Gutachten und Publikationen bei, die eingangs dieses Kapitels aufgezählt sind. Jede Kulturarbeit der öffentlichen Hand wurde nun in einem größeren Zusammenhang der Kulturwirtschaft gesehen. Dabei wurden nicht zuletzt auch die Abhängigkeiten zwischen Kultur und Wirtschaft (vgl. hierzu Abschnitt 2.7) deutlich herausgestellt. Kultur wurde als ein Wirtschaftsfaktor beschrieben, der Industriestandorte sichern hilft und am Image einer Stadt oder eines Landes maßgeblich mitwirkt (zum „kulturellen Stadtmarketing" vgl. Abschnitt 2.2.3).

Doch nicht nur die volkswirtschaftlichen Zusammenhänge wurden gesehen, sondern auch Beziehungen, die etwa zwischen Arbeitsplatz und Freizeitbeschäftigung bestehen. Als wesentliche Herausforderungen am Arbeitsplatz wurden „Kreativität, Teamgeist, Denken in Zusammenhängen, Kommunikationsfähigkeit, Flexibilität im Sinne fortwährender Lernbereitschaft" (Staatsministerium Baden-Württemberg 1990: 5) erkannt. Lothar Späth, der maßgeblich an der Formulierung der kulturpolitischen Ziele der späten achtziger Jahre beteiligt war, forderte: „Wir brauchen Menschen mit kreativer Phantasie, die den Problemen der Gegenwart mit zukunftsgerichteten Ideen begegnen. Die aktive Beschäftigung oder die Auseinandersetzung mit künstlerischen Gestaltungen und Gehalten trägt ganz wesentlich dazu bei, solche Qualifikationen zu erwerben" (a. a. O.).

Kultur versteht sich seither als ein Potential von Kreativität und Phantasie, das gleichermaßen in der Freizeit der Entfaltung der individuellen Persönlichkeit wie auch im Beruf der Förderung beruflicher Möglichkeiten dient. Vor allem Kulturpolitiker aus dem Umfeld einer gesell-

schaftspolitisch orientierten Kultur sehen darin die Gefahr einer Instrumentalisierung: Kultur fördert unser kreatives Potential, dieses
solchermaßen geförderte Potential nutzt der Produktivität unserer Ar-
beitsplätze. Allerdings muß darauf hingewiesen werden, daß Kultur gerade auch in den siebziger Jahren in hohem Maße instrumentalisiert
war, nur zu jener Zeit eben für gesellschaftspolitische Zwecke. Die einzige überzeugende Gegenwehr gegen eine Instrumentalisierung, nämlich Kultur zu einem Wert an sich zu erheben, wurde gerade in den siebziger Jahren von Kulturpolitikern wie beispielsweise Olaf Schwencke
abgelehnt: „Kunst hat keinen Wert an sich, und Kulturpolitik erfüllt
keinen kommunikativen Selbstzweck; beides hat gesellschaftlich-funk-
tionale Bedeutung" (SCHWENCKE 1974: 36).
Gemeinsam mit den in den genannten Publikationen dargestellten
volkswirtschaftlichen Zusammenhängen richtet eine so verstandene
Kultur den Blick nicht mehr nur auf die Kultur der öffentlichen Hand,
sondern sieht den gesamten öffentlichen wie privatwirtschaftlichen
Kulturbetrieb als eine wirtschaftliche Einheit. Es scheint deshalb gerechtfertigt, statt von „Kulturpflege" und „Kulturarbeit" nun vom
„Kulturbetrieb" zu sprechen.
Allerdings hat sich dieser Begriff im täglichen Sprachgebrauch nicht
durchgesetzt. Dies hängt sicherlich einerseits mit durchaus noch vorhandenen Ressentiments vieler Kulturmanager gegenüber einer betriebswirtschaftlichen Terminologie zusammen wie andererseits auch
mit der Tatsache, daß der bei weitem größte Teil der Kulturmanager im
öffentlichen Bereich noch aus der Tradition der Kultur-Arbeit kommt.
Die Kulturpolitik bestimmt mit ihrer Definition von Zielen ganz entscheidend das kulturelle Handeln im öffentlichen Kulturbetrieb. In der
Verknüpfung mit anderen Politikfeldern bestimmt Kulturpolitik aber
auch wesentlich die personellen, organisatorischen und finanziellen
Rahmenbedingungen. Wo Interessen unterschiedlichster Art und Aufgaben von verschiedener sozialer und gesellschaftlicher Dringlichkeit
aufeinandertreffen, aber aus finanziellen und organisatorischen Gründen nicht alles gleichzeitig machbar ist, muß sich auch die Kultur am all-
gemeinpolitischen Wettbewerb um den sinnvollsten Einsatz knapper
Mittel beteiligen. Dieser Wettbewerb wird im wesentlichen als Kulturpolitik ausgetragen.
Neben der Definition von Zielen und der Teilnahme am allgemeinen
politischen Wettbewerb bestimmt die Kulturpolitik in einem dritten
Handlungsfeld die rechtlichen Rahmenbedingungen von Kultur, und
zwar ganz wesentlich auch außerhalb des öffentlichen Kulturbetriebs.
Hierzu gehören Gesetze und Verordnungen, die sich auf alle Bereiche

des Kulturbetriebs auswirken wie beispielsweise Urheberrecht, Verwertungsrechte, Künstlersozialversicherung, Steuerrecht für Kulturbetriebe usw. (Zu diesen Verflechtungen zwischen der Kulturpolitik der öffentlich-rechtlichen Hand und dem allgemeinen Kulturbetrieb vgl. auch Abschnitt 2.7.1.)

2.2.2 Das kulturelle Handeln der öffentlichen Hand

Wie bereits aus den Beträgen der Tabelle 3 ersichtlich ist, haben sich der Bund, die Länder und die Kommunen für ihr kulturelles Handeln Schwerpunkte gebildet. Gleichzeitig gibt es aber auch einige Bereiche, in denen Bund und Länder bzw. Länder und Kommunen gemeinsam tätig sind. Die kulturelle Zuständigkeit ist dem Prinzip nach vom Bund auf die Länder und von diesen wiederum auf die Kommunen übertragen. In der Praxis läuft die Kompetenzverteilung aber gerade umgekehrt: primär sind die Kommunen für die Kultur zuständig, was sich auch in einem Anteil von 55,8% an den Gesamtausgaben zeigt. Bei überörtlichen Aufgaben oder bei solchen Aufgaben, die die Leistungsfähigkeit der Kommunen übersteigen, werden die Länder tätig. Länderübergreifende Aufgaben wiederum werden vom Bund wahrgenommen. Angesichts unseres föderalistischen Systems, das die Zuständigkeit der Länder besonders betont (Art. 30 des Grundgesetzes), bleiben dem Bund die bei weitem wenigsten Aufgaben, was sich eben auch in dem Ausgabenanteil von nur 4,6% zeigt.

Der Bund
Die kulturellen Zuständigkeiten des Bundes sind über mehrere Ministerien verteilt, da die primäre Zuständigkeit der Länder die Einrichtung eines eigenen Bundeskulturministeriums nicht zuläßt.[9] In erster Linie sind allerdings das Bundesministerium des Innern und das Bundesministerium für Bildung und Wissenschaft betroffen sowie – für die auswärtige Kulturpolitik – das Auswärtige Amt. Eine Broschüre des Bundesministeriums des Innern nennt u. a. folgende kulturelle Aufgaben (Der Bundesminister des Innern, Bonn 1992: 127–146):
– Bewahrung und Schutz kulturellen Erbes
z. B. Schutz und Erhaltung herausragender Kulturdenkmäler, Förderung von Bibliotheken (z. B. Deutsche Bibliothek in Frankfurt am Main und Deutsche Bücherei in Leipzig) und Archiven (Bundesarchiv in Koblenz), Pflege und Bewahrung deutscher Kultur im Osten, Schutz von Kulturgut gegen Abwanderung (Verzeichnis national wertvollen Kul-

turgutes) sowie Schutz von Kulturgut im Rahmen der Zivilverteidigung nach der Haager Konvention;

– Förderung von bedeutsamen kulturellen Einrichtungen und Veranstaltungen

z. B. die Kulturstiftung der Länder, die Stiftung Preußischer Kulturbesitz in Berlin, das Schiller-Nationalmuseum mit Deutschem Literaturarchiv in Marbach, die Deutsche Akademie für Sprache und Dichtung in Darmstadt, das Germanische Nationalmuseum in Nürnberg oder die documenta in Kassel;

– Verbesserung der Rahmenbedingungen und Förderungsmaßnahmen zur Entfaltung von Kunst und Kultur

z. B. die Bonn- und Berlin-Förderung, die Förderung von deutschen Künstlern durch Studienaufenthalte im Ausland (z. B. in der Villa Massimo in Rom), die Förderung gesamtstaatlich bedeutsamer Kulturverbände und Künstlerförderungsprogramme (z. B. den Deutschen Werkbund, den Bundesverband Bildender Künstler oder die Stiftung „Lesen“), die Förderung des Films (Deutscher Filmpreis), die Schaffung von kulturfreundlichen gesetzlichen Regelungen (Urheberrecht, Stiftungsrecht, Befreiung von der Vermögenssteuer beim Erwerb von Werken lebender Künstler) sowie internationale kulturelle Aufgaben im Inland (z. B. die Förderung deutscher Sektionen internationaler kultureller Verbände und Vereinigungen).

Das Bundesministerium für Bildung und Wissenschaft ergänzt die Tätigkeit des Bundesinnenministeriums, indem es z. B.

– die Ausbildung der künstlerischen Berufe,
– Modellversuche zur kulturellen Bildung sowie
– den kulturwissenschaftlichen und kulturpolitischen Austausch fördert.

Während die Länder mit Sorgfalt darauf achten, daß diese beiden Bundesministerien nicht in die Zuständigkeiten der Länder eingreifen, ist das Engagement des Bundes für die Auswärtige Kulturpolitik unbestritten. Hierzu gehören vor allem die Mitwirkung in internationalen kulturellen Organisationen im Ausland (z. B. in der UNESCO), die deutsch-französische kulturelle Zusammenarbeit (z. B. über das Deutsch-französische Institut in Ludwigsburg) sowie die Verbreitung der deutschen Sprache und Kultur über die Goethe-Institute. Die Auswärtige Kulturpolitik wird dabei als das „Feld der Möglichkeiten gesehen, auf dem kulturelle Begegnungen und Informationen, Austausch und Partnerschaft, beharrlich gepflegt, vielerlei neue Früchte tragen können" (HAMM-BRÜCHER 1980: 25).

1989 gab der Bund für diese und andere kulturelle Aufgaben des Aus-

wärtigen Amtes netto 480 Mill. DM aus, während sich die Bemühungen
der Länder auf 11 Mill. DM beliefen.

Ob Bund und Länder die strenge Abgrenzung kultureller Zuständigkeiten auch in Zukunft einhalten werden, wird sich erst noch zeigen
müssen. Die Diskussion um eine Nationalstiftung bzw. um die Kulturstiftung der Länder hat gezeigt, daß der Bund offensichtlich bereit ist,
seine Kompetenzgrenzen immer wieder einmal neu auszuloten. Dies
belegt auch das selbstbewußte Auftreten des Bundes bei der Einrichtung der Stiftung „Haus der Geschichte der Bundesrepublik Deutschland" und der neuen Bundeskunsthalle. Sosehr hier die Länder noch
bemüht waren, ihre eigenen Interessen zur Geltung zu bringen, ver-
mißte man ein ähnliches Ländervotum bei der Sicherung der kulturellen
Grundlagen in den neuen Bundesländern. Hier hat sich der Bund erstmals in der Geschichte der Bundesrepublik in einem Maße kulturpolitisch engagiert, wie dies vor der Wiedervereinigung undenkbar gewesen
wäre. Sollte es dem Bund gelingen, aus dieser besonderen Situation
eigene kulturpolitische Kompetenzen auch auf Dauer für sich zu sichern, würde dies möglicherweise zu einer nicht unerheblichen Veränderung der generellen Zuständigkeiten führen (zur verfassungsrecht-
lichen Problematik des deutschen Kulturföderalismus, auch im Vergleich zu anderen Bundesstaaten, vgl. KÜSTER 1990).

Die Länder

Die Kulturpolitik und Kulturarbeit der Länder läßt sich bei weitem
nicht so klar und eindeutig beschreiben wie die des Bundes. Abgesehen
vom Grundsatz der Zuständigkeit bei überörtlichen und die Möglichkeiten einzelner Gemeinden und Kreise übersteigenden Aufgaben,
spielen hier auch länderspezifische Traditionen eine nicht unerhebliche
Rolle. So werden von den beiden süddeutschen Bundesländern Baden-
Württemberg und Bayern traditionell solche Theater, Museen, Archive,
Burgen, Schlösser und selbst Kirchen als Landeseinrichtungen geführt,
die bis zum Ende des Kaiserreichs im Besitz des fürstlichen Landes-
herrn waren. Aus dieser Tradition heraus ergibt sich wiederum eine beachtliche Förderung für bestimmte kommunale Einrichtungen, um die
Gemeinden, deren Theater und Museen früher im Besitz des Landes-
herrn waren, nicht gegenüber anderen zu bevorzugen. Nicht zuletzt
dieser Tradition verdankt Baden-Württemberg beispielsweise eine Thea-
terförderung von seltener Großzügigkeit: weil sich das Land an den
beiden (ehemals fürstlichen) Staatstheatern in Stuttgart und Karlsruhe
mit je 50% der ungedeckten Kosten beteiligt, zahlt es auch allen Stadt-
theatern im Land einen Zuschuß von 40%.

Tab. 5: Staatliche und kommunale Kulturförderung 1989
in Nordrhein-Westfalen und Baden-Württemberg

Aufgabenbereich	Land NRW	Kommunen NRW	Land BW	Kommunen BW
	(Nettoausgaben in Mill. DM)			
Theater und Musik (einschl. kommunale Musikschulen)	104	954	219	433
Museen, Sammlungen und Ausstellungen	23	291	125	164
Wissenschaftliche Museen	5	115	35	16
Volkshochschulen	55	146	26	66
Sonstige Weiterbildung	122	31	2	26
Bibliothekswesen	11	239	2	125
Wissenschaftl. Bibliotheken (ohne Hochschulbibliotheken)	32	15	57	–
Sonstige Einrichtungen und Fördermaßnahmen der Kunst- und Kulturpflege	17	142	45	129
Kirchliche Angelegenheiten	37	3	160	19
Verwaltung kultureller Angelegenheiten	4	68	21	36
Summen	410	2004	692	1014
prozentuale Anteile	17%	83%	41%	59%

(Eigene Berechnungen auf der Grundlage von Angaben aus Statistisches Bundesamt 1992b; da diese Quelle nicht zwischen Bundes- und Länderausgaben unterscheidet, sind in den Ländersummen jeweils die – relativ geringen – Bundesmittel enthalten. Von Interesse sind hier nur die Relationen; bei den absoluten Zahlen muß berücksichtigt werden, daß Baden-Württemberg nur etwa 60% der Einwohnerzahl Nordrhein-Westfalens aufweist.)

Dies schlägt sich entsprechend auch in der Statistik nieder: während das Land Nordrhein-Westfalen mit der größten Theaterdichte der Bundesrepublik 1989 nur netto 80 Mill. DM für Theater ausgab, waren es in Baden-Württemberg 193 Mill. DM und in Bayern sogar 249 Mill. DM (Statistisches Bundesamt 1992b: 113). Für die einzelnen Positionen der Tabelle 5 ergeben sich so zwischen Nordrhein-Westfalen (NRW) und Baden-Württemberg (BW) einige interessante Unterschiede.

Auffallend ist, daß im Bereich von Theater, Musik und Museen das Verhältnis zwischen Landes- und Kommunalausgaben in Baden-Württemberg deutlich ausgewogener ist als in Nordrhein-Westfalen; dies ist vor allem aus der eben angesprochenen kulturpolitischen Tradition heraus zu erklären. Während in Baden-Württemberg hier die Kommunalausgaben das Engagement des Landes (100%) nur um 173% übersteigen, beträgt die Vergleichszahl in Nordrhein-Westfalen (erstaunliche) 980%.

Ganz anders dagegen im Bereich der Volkshochschulen und der Sonstigen Weiterbildung (Zuschüsse an Verbände usw.), also einer kulturellen Aufgabe, die im wesentlichen erst in den sechziger und siebziger Jahren zu einer nennenswerten Größenordnung kam: während sich in Nordrhein-Westfalen Landesmittel und kommunale Mittel exakt die Waage halten, machen in Baden-Württemberg die Kommunalausgaben mehr als das Dreifache der Landesförderung aus.

Losgelöst von solchen traditionsbedingten Unterschieden erfolgt die Kulturförderung der Länder aber weitgehend einheitlich nach vier Prinzipien, wie sie beispielsweise im Land Baden-Württemberg der Kunstkonzeption[10] vorausgeschickt wurden (RETTICH 1990: 11–14):

– Liberalität

„Das Prinzip der Liberalität leitet sich aus dem grundgesetzlich normierten Gebot der Kunstfreiheit ab. Dies bedeutet nicht mehr und nicht weniger als die Forderung an Politik und Administration, die Eigenverantwortlichkeit der Künstler und der Kunstvermittler zu respektieren und dies auch dann, wenn Kunst unbequem und aggressiv wird."

– Pluralität

„Das Prinzip der Pluralität steht in einem unmittelbaren Zusammenhang mit dem Kunstfreiheitsprinzip. Denn die Vielfalt der Kunstformen und Kunsteinrichtungen kann nur im Zeichen einer liberalen Kunstförderung gedeihen. Dies gilt für die Spitzenkunst in gleicher Weise wie für die Breitenkunst. Es wäre ganz falsch, hier Gegensätze konstruieren zu wollen etwa in der Weise, daß die Elite gegen die Basis ausgespielt wird. Beides ist nötig."

– Subsidiarität

„Das Prinzip der Subsidiarität bedeutet Hilfe zur Selbsthilfe und wird im administrativen Alltag durch Mischfinanzierungen realisiert. Staatliches Handeln im Kunstbereich kann und darf nicht den Ehrgeiz haben, alles in ‚eigener Regie' betreiben zu wollen. Dies würde nicht nur dem Kulturauftrag der Städte und Gemeinden widersprechen, sondern auch bürgerschaftliche Initiativen und mäzenatische Aktivitäten aller Art

verhindern. Vielmehr sind Anreiz und partnerschaftliche Hilfe hier die geeigneten Förderungsinstrumente."
– Dezentralität
„Das Prinzip der Dezentralität [...] heißt, daß Kunstförderung nicht nur auf die großen Zentren beschränkt sein darf, sondern daß auch regionale Aktivitäten dieselbe Aufmerksamkeit verdienen und durch Finanzzuwendungen gefördert werden müssen. Dabei handelt es sich nicht um die Unterstützung einer ‚Sonderkultur für die Regionen' und auch nicht um ‚zufällige Einzelentscheidungen'."

Die Kommunen
Wie Tabelle 3 zeigt, ist der Anteil der Kommunen mit 55,8% an den Kulturausgaben der öffentlichen Hand bei weitem der größte. Dies ist insofern gerechtfertigt, als öffentliche Kulturarbeit immer die Bürgernähe braucht. Kultur ist ein Angebot, das der Bürger möglichst unmittelbar erleben sollte und in das er auch Elemente der Mitwirkung und des persönlichen Engagements sollte einbringen können. Kultur sollte deshalb möglichst „vor Ort" gestaltet werden und stattfinden, der Bund und die Länder finden ihr Tätigkeitsfeld in überörtlichen Aufgaben und in herausragenden Einrichtungen und Projekten, die von einer einzelnen Kommune nicht getragen werden können.
Anders als die Kulturförderung von Bund und Ländern steht die kommunale Kulturarbeit in einer engen Wechselbeziehung zu allen anderen Lebensbedingungen in einer Kommune. „Stadtkultur erschöpft sich nicht in der Tatsache, daß die Stadt Ort oberzentraler Einrichtungen und ästhetischer Erlebnisse ist. Stadtkultur ist eine konkrete Form des Lebens, und zwar aller Stadtbewohner" (HÄUSSERMANN/ SIEBEL 1987: 209).
Kommunale Kulturarbeit prägt ganz wesentlich das Bild einer Stadt, und zwar sowohl für die eigenen Bewohner als auch im Blick von außen. Sie ist dem Bürger Identifikation und sollte ihm deshalb auch in hohem Maße die Chance der Mitwirkung lassen. Gerade darum darf kommunale Kulturarbeit nicht nur ein Angebot zum Konsum sein (wohl auch das!), sondern muß auch Basiskultur im Sinne einer Mitmach-Kultur ermöglichen.
Dies gilt in gleichem Maße auch für die Dörfer und Kleinstädte (vgl. HEINRICHS 1982, HEINRICHS 1988 und HENKEL 1988), wo zwar kulturelle Traditionen besonders lebendig sind, wo aber auch die Gefahr besteht, daß eine eigenständige Kultur durch „Modernisierungsprozesse", die durch Medien oder durch Arbeitspendler extrem schnell über ein Dorf hereinbrechen können, gleichsam über Nacht zerstört

wird. Hier kommt den Kreisen und anderen Gemeindeverbänden eine
besondere Aufgabe zu, indem sie eine vorhandene, eigenständige Kulturtradition sichern helfen und gleichzeitig behutsam an neuere Entwicklungen heranführen. Denn keinesfalls kann es das Ziel einer Kulturarbeit im ländlichen Raum sein, sich nur auf die Traditionspflege zu
beschränken; wie jeder Großstadtbewohner hat auch der Dorfbewohner ein Recht darauf, an kulturellen Entwicklungen teilzunehmen.
Aber anders als der Großstadtbewohner besitzt der Dorfbewohner eine
oft über Jahrhunderte gewachsene kulturelle Identität, die nicht ohne
Not zerstört werden sollte.

Der kommunale Kulturbetrieb kennt drei Handlungsfelder (vgl.
hierzu ausführlich HEINRICHS 1988: 32–170 und HEINRICHS 1992: 91–
139 sowie in verkürzter Form HEINRICHS 1993 b), die unter rechtlichen,
organisatorischen und finanztechnischen Gesichtspunkten zu unterscheiden und deshalb für das Kulturmanagement von besonderem
Interesse sind:
– Kulturelle Einrichtungen
Die Kommunen unterhalten eine Vielzahl kultureller Einrichtungen
wie beispielsweise Theater, Museen, kommunale Galerien, Archive,
Volkshochschulen, Bibliotheken, soziokulturelle Zentren, Musikschulen, Kunstschulen, Kulturzentren, Stadthallen, Kommunale Kinos,
Künstlerhäuser, Kinder- und Jugendkulturzentren usw.

Diese Einrichtungen befinden sich meist in unmittelbarer Trägerschaft einer Gemeinde/Stadt oder eines Gemeindeverbandes/Kreises,
bilden dann also sogenannte „Regie-Betriebe". Nicht ungewöhnlich ist
aber auch eine gemeinsame Trägerschaft mehrerer Gemeinden oder eine
gemeinsame Trägerschaft von Gemeinde und Kreis (zu weiteren
Formen der Trägerschaft vgl. Abschnitt 2.3). Stets ist mit der Trägerschaft einer Einrichtung die Bindung von Investitionsmitteln, der Aufwand für die Unterhaltung und die Anstellung von Personal verbunden,
also relativ starre finanzielle, organisatorische und personelle Strukturen. Diese Bindungen können durchaus auch inhaltliche Auswirkungen haben, wenn etwa Galerieleiter oder Theaterleiter ausschließlich eine bestimmte Kunstrichtung bevorzugen.

Auf der anderen Seite tragen solche Einrichtungen in ganz besonderem Maße dazu bei, daß Kultur einen „Ort" hat in der Stadt, wo sie
für jeden Bürger jederzeit sichtbar wird. Über die Einrichtung weiß der
Bürger sich kulturell aufgehoben und dürfte dann auch bereit sein, diese
Kultur als etwas zu sehen, das ihn betrifft. Auch steht die Einrichtung
für Kontinuität in der Kulturarbeit, da sie in ihrer Existenz weit weniger
finanzpolitischen Launen ausgesetzt ist als ein Veranstaltungsangebot.

– Kulturelle Veranstaltungen

Was im Falle der kulturellen Einrichtung als Vorteil gepriesen wurde, erweist sich für kulturelle Veranstaltungen fast vollständig als Nachteil. Veranstaltungen haben keinen „Ort", an dem man auch noch am Tag nach der Veranstaltung etwas vom kulturellen Erlebnis spürt. (In der Stadthalle, in der gestern noch ein Konzert stattfand, wird heute vielleicht schon eine Ärztetagung vorbereitet.) Es fehlt oft genug an der notwendigen Kontinuität, zumal wenn Phasen der Rezession den Veranstaltungsetat empfindlich beschneiden. Auch entsteht keine persönliche Bindung zwischen den gastierenden Künstlern und der Bevölkerung, während der Museumsleiter oder der Bibliotheksleiter eben auch außerhalb ihrer Arbeitszeit in der Stadt anzutreffen sind und allein dadurch auch ein Stück kultureller Gegenwart repräsentieren.

Andererseits darf nicht übersehen werden, daß sich mit kulturellen Veranstaltungen auch zahlreiche Vorteile ergeben. Ein singulärer Raumbedarf besteht nicht, vielmehr können fast alle Veranstaltungsräume auch multifunktional genutzt werden. Der Personalbedarf ist sehr gering, da keine Künstler oder kaum anderes Fachpersonal beschäftigt werden müssen, sondern meist nur wenige Veranstaltungsmanager. Auch besteht eine erheblich größere Flexibilität sowohl inhaltlicher als auch personeller und finanzieller Art. Eine Stadt, die ein eigenes Theater unterhält, ist sehr abhängig von der Qualität dessen, was die engagierten Künstler und Regisseure gerade bieten. Eine Stadt mit einem ausgebauten Gastspielbetrieb (wie beispielsweise in der Stadt Ludwigshafen/Rheinland-Pfalz) kann hier wesentlich flexibler tätig werden.

Es gibt folglich durchaus gute Gründe für ein reichhaltiges Veranstaltungsangebot, weshalb viele Städte und Gemeinden ihren Bürgern Theatergastspiele, Konzerte, Ausstellungen, Lesungen, Kleinkunst usw. bieten. Auf diese Weise ist es am ehesten möglich, eine kulturelle Vielfalt, die wünschenswert ist, aber von keiner Stadt in vollem Umfang durch eigene Einrichtungen gewährleistet werden kann, zu erreichen. Dabei spielt die Offenheit, die mit der Verpflichtung von gastierenden Künstlern immer auch verbunden ist, eine besondere Rolle.

– Kulturelle Förderung

Das dritte Handlungsfeld ist die kulturelle Förderung, bei der die Gemeinde nicht selbst tätig wird oder als Veranstalter Künstler verpflichtet, sondern nur – durch finanzielle Zuschüsse oder andere Unterstützung – das kulturelle Wirken Dritter ermöglicht.

Die kulturelle Förderung ist für die Kommune – wie für die öffentliche Hand überhaupt – das wichtigste Instrument, um künstlerischen

und kulturellen Innovationen den Weg zu ebnen. Hierfür steht eine beachtliche Palette von Möglichkeiten zur Verfügung:
- Kunstpreise und Stipendien,
- Kunstankäufe und Ausstellungsmöglichkeiten (vor allem für junge, noch unbekannte Künstler),
- Kunst am Bau,
- Druckkostenzuschüsse (für junge Autoren),
- Konzerte für Nachwuchsmusiker, Ensembles in ungewöhnlicher Besetzung und für zeitgenössische Musik,
- Stadtfeste/Stadtteilfeste (wo Nachwuchsschauspieler, Kleinkünstler, Maler und Musiker sich einem Publikum vorstellen können),
- Probenräume für Jazz-, Rock- und Popgruppen.

Der zweite Wirkungsbereich kultureller Förderung ist die Vereinsförderung, über die das Engagement von Bürgern initiiert und gewürdigt werden kann. Hier wird vor allem eine kulturelle Identifikation der Bürger mit ihrer Stadt gefördert. In den Genuß einer solchen Förderung kommen die Kultur- und Traditionsvereine (Gesang- und Musikvereine, Trachten- und Trachtentanzgruppen, Schützenbruderschaften, Fastnachtvereine usw.) sowie die Geschichts- und Heimatvereine. Gerade mit Blick auf kulturpolitische Ziele und die Förderung eines kulturellen Innovationspotentials sollten aber auch andere Vereine berücksichtigt werden wie beispielsweise:
- Kunstvereine (als Veranstalter von Wechselausstellungen),
- Kulturfördervereine und Kulturförderkreise (vor allem als Veranstalter von Konzerten, Kleinkunst, Kabarett usw.),
- Theatervereine und Volksbühnen (Besucherorganisationen für Theaterbesuche vor allem außerhalb der eigenen Gemeinde),
- Amateurtheater und Mundartbühnen (Sprachpflege, Laienspiel),
- Orchestervereine (Zusammenschluß musizierender Bürger zu Laienorchestern),
- Ausländerkulturvereine (zur Pflege des heimischen Kulturguts in der Fremde und als Verständigungsbrücken zwischen deutschen und ausländischen Bürgern).

Gegenüber kulturellen Institutionen bietet die kulturelle Förderung den (verführerischen) „Vorteil", daß eine finanzielle Bindung an einen festen Betrieb nicht besteht; hier ergeben sich also durchaus Parallelen zum Veranstaltungssektor, der ebenfalls relativ leicht den finanziellen Möglichkeiten angepaßt werden kann. Allerdings gilt hier noch weit mehr als im Veranstaltungsbereich die Warnung, daß eine Unterbrechung von Kontinuität zu verheerenden Folgen führen kann. Das Engagement Dritter zu fördern, ist immer ein Akt des gegenseitigen Vertrauens. Die fördernde Kommune vertraut auf die ehrliche Absicht etwa eines Vereins, wie umgekehrt der Verein sich darauf verläßt, daß seine zumeist längerfristig angelegte Kulturarbeit auch auf Dauer von der Kommune unterstützt wird. Eine Unterbrechung dieser Kontinuität wird in aller Regel zu einem Ende der bürgerschaftlichen Mitwirkung führen, ohne die Möglichkeit, diese Mitwirkung ein oder zwei Jahre später wieder beleben zu können.

Kulturelle Förderung bedeutet aber auch Vertrauen in anderer Hinsicht. Mit der Förderung wird Dritten die Freiheit der künstlerischen und kulturellen Umsetzung zugestanden, d. h. die Kommune darf auf Inhalte keinen Einfluß nehmen. Der häufig augenzwinkernd erwähnte „goldene Zügel" ist nicht geeignet, die Freiheit von Kunst und Kultur im Sinne unseres Grundgesetzes umzusetzen. Dieser Verantwortung muß sich die Kommune – wie die öffentliche Hand überhaupt – gerade bei der Kunst- und Kulturförderung in besonderem Maße bewußt sein.

Die Vor- und Nachteile der drei kulturellen Handlungsfelder einer Kommune können stichwortartig zusammengefaßt werden (s. Tab. 6 auf S. 52).

Will man die Nachteile reduzieren, so empfielt es sich, die drei Handlungsfelder miteinander zu verknüpfen. Dies wird in der Tat häufig praktiziert, indem beispielsweise eine Bibliothek in ihren Räumen Lesungen veranstaltet oder eine Volkshochschule Konzerte anbietet. Dennoch bleiben gewisse Managementaufgaben zu unterscheiden, weshalb es gerade in einem Buch über Kulturmanagement sinnvoll ist, auf die unterschiedlichen Handlungsfelder hinzuweisen.

Trotz erster erfolgreicher Verknüpfungsversuche wird der Handlungsspielraum, den diese drei (nach organisatorischen, finanztechnischen und rechtlichen Gesichtspunkten unterschiedenen) Tätigkeitsfelder bieten, noch zu wenig genutzt. Um etwa ein Theaterangebot zu erstellen, kann die Kommune entweder ein eigenes Theater mit festem Ensemble betreiben (kulturelle Einrichtung) oder in einem spielfertigen Haus (mit Mittel- oder Vollbühne) Theatergastspiele durchführen (kulturelle Veranstaltung) oder aber auch einem am Ort ansässigen Privattheater durch eine entsprechende Förderung die Sicherstellung des Theaterangebots übertragen (kulturelle Förderung). Ähnlich gilt dies für viele andere Bereiche, wenn auch natürlich nicht für alle (z. B. nicht für Bibliotheken, Archive und einige Museen). Solchen Handlungsspielraum zu erkennen und zu nutzen wird gerade in der öffentlichen Kulturarbeit eine ganz wesentliche Managementaufgabe der nächsten Jahre sein (vgl. auch Abschnitt 2.2.3).

Tab. 6: Kulturelle Handlungsfelder der Kommune

Handlungsfeld	Vorteile	Nachteile
kulturelle Einrichtung	kultureller „Ort"; Bindung von Künstlern und Kulturvermittlern; große Gestaltungsmöglichkeiten; Wirtschafts- und Standortfaktor; fördert Kommunikation und Sozialisation	hoher Raumbedarf bei häufig singulärer Nutzung; hohe Personalkosten; bindet langfristig Finanz- und Investitionsmittel; unflexibel hinsichtlich Inhalten, Personen und Räumen
kulturelle Veranstaltungen	Mehrzwecknutzung von Räumen möglich; geringe Personalkosten im Stellenplan; geringe Fixkosten, steuerbare variable Kosten, damit evtl. hoher Kostendeckungsgrad; hohe Flexibilität in der Programmgestaltung	kein kultureller „Ort"; keine ständige Identifikation über Personen; sehr abhängig von der aktuellen Finanzlage; wenig Kontinuität; abhängig vom Angebot am „Markt"
kulturelle Förderung	Förderung des Engagements Dritter; Identifikation mit der eigenen Kommune; vielfältiges Kulturleben; innovativ und kreativ	kein Einfluß auf Inhalt und Qualität; vorwiegend langfristige Wirkungen; Förderung der „Vereinsmeierei"; politische Lobby-Bildung

2.2.3 Tendenzen und Herausforderungen im öffentlichen Kulturbetrieb der neunziger Jahre

Wie der Kulturbetrieb überhaupt hat sich auch der öffentliche Kulturbetrieb permanent mit besonderen Herausforderungen auseinanderzusetzen. Dazu gehört beispielsweise immer die Aufgabe, der Kultur – in der Konkurrenz mit anderen politischen Zielen – die notwendigen Haushaltsmittel und den verwaltungsinternen Stellenwert zu sichern. So groß (und berechtigt) das Lamento über Mittelkürzungen in Jahren der Rezession ist, so ist es doch keine Herausforderung, die man als besonders kennzeichnend für die neunziger Jahre einstufen könnte.

Im übrigen sollte man die Hoffnung nie aufgeben, daß sich doch eines Tages die Erkenntnis durchsetzen wird, daß „der Kulturbereich (wie die Bildung) nicht mehr als finanzieller Steinbruch herhalten ⟨darf⟩. Wer behauptet, er messe der Kultur einen hohen, ja höchsten Stellenwert bei, aber gleichzeitig ⟨den⟩ Kulturetat dezimiert, sägt den Ast ab, auf dem Phantasie und Kreativität sitzen" (ENGHOLM 1987: 18).

Doch statt des Dauerthemas fehlender Finanzen sind andere Themen von Gewicht und grundsätzlicher Bedeutung erkennbar, die tendenziell das Angebot des öffentlichen Kulturbetriebs nachhaltig verändern können und deshalb als Herausforderung angenommen werden sollten. Dabei handelt es sich keineswegs immer um „Gefahren" für die öffentliche Kultur; manche Entwicklung dürfte sogar zu einer willkommenen Verbesserung führen. Es sind – wertfrei formuliert – Tendenzen, von denen man annehmen kann, daß bei deren Verwirklichung der öffentliche Kulturbetrieb am Ende dieses Jahrzehnts anders aussehen wird, als wir ihn heute kennen.

Vier Stichworte stehen für diese sich heute abzeichnenden Tendenzen und Herausforderungen:

– das Zusammenwirken verschiedener Aspekte in der kulturpolitischen Zielsetzung,
– die verstärkte Nutzung des administrativen und strukturellen Spielraums in den Handlungsfeldern,
– die Tendenzen zur Privatisierung kultureller Veranstaltungen öffentlicher Träger,
– die konsequente Professionalisierung im Management des öffentlichen Kulturbetriebs.

Alle diese Tendenzen stehen in Begründungszusammenhängen, die nur peripher kulturell-künstlerisch ausgerichtet sind (am ehesten wohl noch die unter dem ersten Spiegelstrich genannte Tendenz). Deshalb ist mit jedem Thema die Frage zu verbinden, wie sich dies essentiell auf die Kultur auswirken wird; die Beschränkung auf formale Aspekte wäre eine unakzeptable Verkürzung.

Aktuelle Aspekte kulturpolitischer Zielsetzung

Die lebhaften Diskussionen der vergangenen Jahrzehnte über die politischen Ziele öffentlicher Kulturarbeit scheinen gegenwärtig an Stellenwert zu verlieren. Dies zeigt sich einerseits an der Neigung zu bilanzierenden Rückblicken (vgl. z.B. FRANK 1990 und Deutscher Städtetag 1992) wie auch andererseits am intensiven Interesse an Möglichkeiten des praktischen Handelns, wie sie beispielsweise im Kulturmanagement zum Ausdruck kommen. Statt dessen ist eine große Bereit-

schaft erkennbar, verschiedene kulturpolitische Zielsetzungen, die zu
unterschiedlichen Zeiten und anderen wirtschaftlichen und gesellschaftspolitischen Bedingungen entstanden sind, nebeneinander gelten
zu lassen; auch für die Kulturpolitik ist „Pluralität – die postmodern ra-
dikal gewordene Pluralität – Axiom und Kriterium" (WELSCH 1989:
50). Dies kann man als „postmoderne Beliebigkeit" abtun, man kann
darin aber auch den Vorteil sehen, daß sich sinnvolle und wünschenswerte Zielsetzungen offensichtlich auch dann noch behaupten, wenn
neue Zielsetzungen hinzugekommen sind. Die neunziger Jahre
scheinen weniger durch radikale Schnitte als vielmehr durch ein organi-
sches Wachsen von Zielsetzungen bestimmt zu sein. Folglich kann es
nicht überraschen, wenn sich heute in der Praxis ein öffentlicher Kulturbetrieb zeigt, der durch kunstfördernde, bildungspolitische, gesellschaftspolitische, wirtschaftspolitische und Marketing-Aspekte höchst
unterschiedlich kulturpolitisch bestimmt ist:
– Förderung der Künste
Der traditionsreichste Aspekt der Kulturpolitik war in den siebziger
Jahren vorübergehend ein wenig an den Rand gedrängt worden, kann
aber heute wieder auf eine sich festigende Position verweisen. Dies zeigt
nicht zuletzt das seit Jahren große Interesse an Kunstmuseen und
Kunstausstellungen, das hohe Umsatzniveau des Kunstmarkts, das an-
haltende Wachstum des Konzert- und Festspielbetriebs und die relative
Konstanz des Literaturbetriebs.
– Bildungspolitische Aspekte
Schon die Kulturpolitik der fünfziger Jahre kannte bildungspolitische
Ziele (Kultur als Bildungsgut), die sich in den siebziger Jahren auf gänzlich neue Weise etablierten (etwa in Form der Weiterbildung oder der
musisch-ästhetischen Bildung in Musik- und Kunstschulen).
    Heute machen Volkshochschulen, Bibliotheken, Musikschulen,
Kunstschulen oder die kulturpädagogische Arbeit in Museen und Thea-
tern einen wesentlichen und unbestrittenen Teil von öffentlicher Kulturarbeit aus.
– Gesellschaftspolitische Aspekte
Die Kulturangebote der öffentlichen Hand unter gesellschaftspolitischen Gesichtspunkten zu sehen, ist vor allem ein Verdienst der siebziger Jahre. Kultur für alle, Demokratisierung durch Kultur, Emanzipation als kulturelle Möglichkeit usw. sind dazu die Stichworte.
    Diese Zielsetzung zeigt sich bis heute in den vielfältigen Formen der
Soziokultur, von der kulturellen Stadtteilarbeit bis hin zu soziokulturellen Zentren. Dabei haben viele Elemente der Soziokultur auch dort
Eingang in die praktische Kulturarbeit gefunden, wo man glaubt, sich

– aus welchen Gründen auch immer – gegen eine solche Kultur ver-
schließen zu müssen. Gerade mit Blick auf Herausforderungen, die
durch den wachsenden Anteil von Ausländern in unserer Gesellschaft
entstehen, gewinnt eine gesellschaftspolitisch orientierte Kultur wieder
verstärkt an Bedeutung.

– Wirtschaftspolitische Aspekte
Wie bereits mehrfach erwähnt, haben verschiedene Gutachten und
Publikationen seit Mitte der achtziger Jahre die volkswirtschaftliche
Bedeutung von Kultur herausgearbeitet. Kultur wurde zu einem Wirtschaftsfaktor, der beträchtliche Umsätze und eine nennenswerte Größenordnung von Arbeitsplätzen sichert. Dabei wurde nicht zuletzt
auch die Erkenntnis mit besonderem Interesse aufgenommen, daß der
öffentliche Kulturbetrieb eine maßgebliche Schubwirkung auf andere
Bereiche des Kulturbetriebs ausübt. Beispielsweise würde der gesamte
Musikalienmarkt (von der Produktion und vom Vertrieb von Musik-
instrumenten bis zum Handel mit Musiknoten) größten Schaden
nehmen, gäbe es nicht die Nachfrage, die über den Musikunterricht der
allgemeinbildenden Schulen, über die kommunalen Musikschulen und
die vielen öffentlich finanzierten Konzerte, Orchester und Chöre entsteht. Insofern – und in anderen Sparten gibt es ähnliche Zusammenhänge – erscheint es durchaus gerechtfertigt, die Kulturausgaben der
öffentlichen Hand statt als Kultursubventionen besser als Kulturinvesti-
tionen zu bezeichnen.

Allerdings finden diese wirtschaftspolitischen Gesichtspunkte in der
praktischen Arbeit des öffentlichen Kulturbetriebs kaum einen Nieder-
schlag. Der Bund, der noch am ehesten an diesen volkswirtschaftlichen
Zusammenhängen ein Interesse hat, ist nur marginal am öffentlichen
Kulturbetrieb beteiligt. Die Kommunen aber, die den Hauptanteil
tragen, interessieren sich weniger für volkswirtschaftliche Aspekte in
nationalen Zusammenhängen, da sie an deren Auswirkungen (Umsatz-
steuer, Einkommensteuer) nur gering beteiligt sind. Lediglich die
Länder finden an diesem Thema Interesse, wenn auch in höchst unterschiedlicher Intensität (vgl. beispielsweise die Untersuchung der Landesregierung Baden-Württembergs zur wirtschaftlichen Bedeutung
von Kunst und Kultur – Landesregierung BW und Statistisches Landesamt BW 1990: 49–78 – sowie den Kulturwirtschaftsbericht Nordrhein-Westfalen – Ministerium für Wirtschaft, Mittelstand und Technologie des Landes Nordrhein-Westfalen 1992).

Der öffentliche Kulturbetrieb wird sich aber nicht damit zufriedengeben können, immer nur rückblickend (mit Stolz) auf seine volkswirtschaftliche Bedeutung hinzuweisen. Vielmehr wird es erforderlich sein,

diese Bedeutung noch viel stärker als bisher auch als Zielsetzung zu
erkennen und umzusetzen.[11]
– Marketing-Aspekte
Die neuerkannten Zusammenhänge von Kultur und Wirtschaft zeigen
dagegen weit konkretere Auswirkung im Bereich des Marketings der
öffentlichen Hand. Kultur, als weicher Standortfaktor und gewichtiger
Imagefaktor erkannt, wird sehr bewußt eingesetzt, um die Attraktivität
eines Landes oder einer Stadt zu erhöhen. In den Kommunen ist „kulturelles Stadtmarketing" zu einem ganz wesentlichen Entwicklungs-
motor geworden. Die Städte werben auf Plakaten und in großforma-
tigen Anzeigen überregionaler Zeitungen mit ihren kulturellen Spitzen-
angeboten. Stuttgart beispielsweise hat den alten (heimeligen) Slogan
„Stadt zwischen Wald und Reben" längst aufgegeben und stellt nun die
Staatsgalerie und das Ballett in den Mittelpunkt ihrer Werbung. Der
ehemalige „Kohlenpott" präsentiert sich mit kulturellen Highlights als
„Ein starkes Stück Deutschland", und selbst ein Flächenland wie
Schleswig-Holstein wirbt für Industrieansiedlungen mit dem Slogan
„Wo Luft für Kultur ist, hat jeder Tag etwas von Festival" und spielt
damit natürlich auf das Schleswig-Holstein-Musik-Festival an.

Kaum eine Stadt kann es sich noch leisten, auf kulturelles Stadtmarketing zu verzichten (vgl. auch HEINRICHS 1993 a). Traditionelle Veranstaltungen und Einrichtungen gewinnen dabei ebenso neu an Stellenwert
wie neue Veranstaltungen, die gezielt mit Blick auf Imagewerbung geschaffen werden. Das kann ein namhaftes Ballett sein (Stuttgart, Wup-
pertal), eine Ansammlung interessanter Museen (Museumsufer Frankfurt
am Main), internationale Kunstausstellungen (Kunsthalle Tübingen),
renommierte Festspiele (Salzburg, Bayreuth, Schleswig-Holstein-
Musik-Festival), aber auch international angesehene Preise (Georg-
Büchner-Preis, Darmstadt) oder exklusive Veranstaltungen der Avantgarde (Donaueschinger Musiktage für zeitgenössische Musik). Dabei
verlieren aber die überkommenen administrativen Strukturen (z.B. die
Kulturämter der Städte) an Bedeutung; kulturelles Stadtmarketing wird
zu einer Angelegenheit der Verkehrsämter und Pressereferate oder zur
Hauptaufgabe neugegründeter Marketing-Gesellschaften (vgl. auch
Abschnitt 2.7).

Alle fünf genannten Aspekte können heute ihren Stellenwert beanspruchen. Sie stehen durchaus nebeneinander, wenn auch von Land zu
Land und von Kommune zu Kommune unterschiedliche Gewich-
tungen vorgenommen werden. Aber insgesamt gesehen muß aus der
heutigen Position davon ausgegangen werden, daß diese fünf Aspekte in

den neunziger Jahren am stärksten die kulturpolitische Zielsetzung in Deutschland beeinflussen werden.

Im Kontext dieser Perspektive erweist sich die Offenheit für verschiedene Aspekte als sehr vorteilhaft. Eine Konzentration nur auf den neuesten und modernsten Aspekt – in diesem Fall wohl Marketing – wäre für die Kultur kaum wünschenswert. Unser öffentlicher Kulturbetrieb wäre seines Lebenszentrums beraubt, wenn man ihm die bildungs- und gesellschaftspolitische Orientierung amputieren würde. Insofern erweist sich die oft nur spöttisch verstandene „postmoderne Beliebigkeit" als großes Glück für unsere Kultur.

Die Vielfalt in den Aspekten und Zielsetzungen öffentlicher Kulturarbeit zu erhalten muß deshalb auch ein Ziel der Kulturpolitik der neunziger Jahre sein. Es kann nicht sein, daß die Kultur in ihrer Funktion als Marketing-Instrument die Oberhand gewinnt und – in Zeiten bescheidenerer Haushaltsmittel – Bibliotheken und Volkshochschulen „zurückgefahren" werden, damit die imageträchtigen Highlights noch finanziert werden können. Vielmehr sollte das Verhältnis von kunstfördernden, bildungspolitischen und gesellschaftspolitischen Aspekten einerseits sowie Marketing-Zielen und wirtschaftspolitischen Aspekten andererseits eher im Bild einer Pyramide gesehen werden (s. S. 58).

Diese Angebotspyramide ist nicht nur als Dreieck, sondern durchaus räumlich zu verstehen, um so auch bildlich noch einmal die Bedeutung einer gesellschaftspolitisch orientierten Kulturarbeit zu unterstreichen. Dies muß die Basis sein, auf der jede Form von öffentlicher Kultur – gleich unter welchen Aspekten – aufbaut. Die wirtschaftspolitisch und unter Marketing-Gesichtspunkten ausgerichtete Kultur kann immer nur die Spitze einer solchen Pyramide sein.

Doch was für die Basis gilt, gilt mit gleicher Bestimmtheit auch für die Spitze: eine Pyramide ohne Spitze ist nur ein Torso. (Die sogenannte „Knickpyramide" von Dahschur in Unterägypten – mit abgeknickter Spitze – ist zwar eine touristische Attraktion, aber sie ist doch weit entfernt von der ästhetischen Vollkommenheit der Pyramiden von Giseh.) Folglich gehört auch die Spitzenkultur zum Gesamtangebot und mit ihr Ziele der Imagepflege und der Standortqualität. Weniger die (möglicherweise sogar ideologisch geprägte) Bevorzugung oder Ausgrenzung einzelner Aspekte kann Thema der neunziger Jahre sein als vielmehr das richtige Verhältnis der verschiedenen Gesichtspunkte im Kontext einer kulturpolitischen Zielsetzung.

Das bedeutet aber keineswegs, daß eine Plazierung innerhalb der Pyramide nach starren Regeln erfolgen muß. Der soziokulturell angelegte „Unnaer Sommer" ist für die Stadt Unna ebenso ein imageförderndes

Abb. 6: Angebotspyramide.

Highlight wie die Stadtbibliothek für die Stadt Gütersloh. Andererseits verfolgt eine Event-Kultur wie die „Freilichtspiele Schwäbisch Hall", an denen Vereine und Bürger aus der Stadt als Statisten mitwirken, durchaus auch gesellschaftspolitische Ziele. Eine gewisse Durchlässigkeit zwischen den drei Pyramiden-Ebenen ist also möglich und sinnvoll.

Handlungsspielraum nutzen

Im vorausgegangenen Abschnitt (2.2.2) wurden die Handlungsfelder des öffentlichen Kulturbetriebs nach rechtlichen, organisatorischen und finanztechnischen Merkmalen unterschieden; es war die Rede von
– kulturellen Einrichtungen,
– kulturellen Veranstaltungen und
– kultureller Förderung.
Am Beispiel des Theaterangebots wurde auch bereits darauf hingewiesen, daß für das Kulturmanagement innerhalb dieser drei Handlungsfelder ein gewisser Spielraum gegeben ist. Dieser Spielraum wurde in der Vergangenheit wenig genutzt; die achtziger Jahre waren sehr

durch die Schaffung zahlreicher neuer und den Ausbau vorhandener Einrichtungen geprägt.

Das Bonner Zentrum für Kulturforschung hat 1991 (Kulturforschung 2, Januar 1991) einen Zehnjahresvergleich zu den kommunalen Kulturausgaben für den Zeitraum von 1979 bis 1989 vorgelegt. Nach Aufgabenbereichen gegliedert (hier nur ein Auszug) ergaben sich folgende Steigerungsraten (nominal):

Musikschulen	+ 120%
Museen	+ 116%
Volkshochschulen	+ 93%
Theater	+ 79%
Orchester	+ 78%
Bibliotheken	+ 62%
Theatergastspiel- und Konzertveranstaltungen	− 5%

Diese Statistik, der die jeweiligen Brutto-Ausgaben zugrunde liegen, zeigt sehr überzeugend, daß die Steigerungsraten, die in den kommunalen Kulturetats innerhalb dieses Zehnjahreszeitraums zu verzeichnen waren (durchschnittlich nominal 82%, inflationsbereinigt immerhin noch 48%), die kulturellen Einrichtungen überproportional begünstigten. Verlierer dagegen waren und sind die Veranstaltungen. Das Kulturhoch der siebziger und achtziger Jahre war in erster Linie ein Hoch der Institutionen und hier vorzugsweise der Museen. In Baden-Württemberg hat in jener Zeit die Landesregierung keine Gelegenheit ausgelassen, um darauf hinzuweisen, daß die Eröffnung des 1000. Museums im Lande unmittelbar bevorstünde (bei nur 1110 Gemeinden!). Erweitert man den Rückblick auch auf den Weiterbildungsbereich, so wird die hier angesprochene Tendenz noch deutlicher, weil Ende der siebziger Jahre in Nordrhein-Westfalen, Hessen und Niedersachsen die Volkshochschulen wie Pilze aus dem Boden schossen.

Mit der Neugründung und dem Ausbau der kulturellen Einrichtungen verband man die Zielsetzung, öffentliche Kulturarbeit im wahrsten Sinne des Wortes zu institutionalisieren; Kultur sollte für jedermann sichtbar seinen festen Platz in der Gemeinde haben.

Dies war und ist durchaus eine richtige Überlegung, nur ist sie in der Intensität der Umsetzung möglicherweise übertrieben worden. Wie bereits weiter oben gesagt wurde, bindet eine Einrichtung nicht nur Investitionsmittel und Anlagevermögen (ein Museumsgebäude läßt sich nicht gleichzeitig anderweitig nutzen), sondern verursacht auch erhebliche Personal- und Sachkosten. Diese Auswirkungen haben beispielsweise viele kleinere Gemeinden nicht überlegt, als sie sich in den acht-

ziger Jahren von der „Museumswelle" mitreißen ließen und ein Heimatmuseum einrichteten. In Zeiten wirtschaftlicher Rezession nämlich
wird ein solches Museum zu einem wahren „Klotz am Bein", da man es
nur schweren Herzens wieder schließen kann, Einsparungsmöglich-
keiten aber kaum gegeben sind. Also bleibt der Kommune, die noch vor
wenigen Jahren so stolz war auf ihr neues Heimatmuseum, keine andere
Wahl, als Einsparungen bei den kulturellen Veranstaltungen und der
Förderung vorzunehmen. Folglich verarmt das Kulturleben, zumal
inzwischen alle Kleinstadtbewohner das Museum in- und auswendig
kennen und es nicht mehr als ein besuchenswertes Kulturangebot betrachten.

So oder ähnlich ergeht es zur Zeit vielen Gemeinden in Deutschland,
und das gilt nicht nur für Museen, sondern auch für Musikschulen,
Kunstschulen und Städtische Galerien. Lediglich bei den Bibliotheken
und Volkshochschulen ist das Bild etwas besser, weil sie sehr stark nachgefragt werden und weil zumindest bei den Volkshochschulen auch
erhebliche Einnahmen anfallen.

Diese unbefriedigende Situation hätte sich vermeiden lassen, wenn
man den Handlungsspielraum, den es zwischen Einrichtungen, Veranstaltungen und Förderung gibt, früher erkannt und besser genutzt
hätte. Um es noch einmal am Beispiel der Museen zu verdeutlichen:
Gerade die doch eher bescheidenen Bestände der kleinen Heimat- und
Spezialmuseen könnte man weit besser in regelmäßigen Wechselausstellungen zeigen. Entsprechend aufbereitet und didaktisch gestaltet, sprechen solche Wechselausstellungen weit mehr Bürger immer wieder neu
an als die stets gleiche Dauerausstellung im kleinen Museum.

Oder der Bereich der Musikschulen: warum sollte es nicht möglich
sein, das Unterrichtsangebot so weit zu differenzieren, daß die musikalische Früherziehung und die musikalische Grunderziehung, der Gruppenunterricht und das Ensemblespiel als kostendeckende Teile bei einer
Musikschule verbleiben, während der gesamte Einzelunterricht (instru-
mental und vokal) über private Musiklehrer erfolgen könnte, die direkt
mit den Eltern der Schüler ihre Unterrichtshonorare abrechnen? Ohnehin sind heute viele dieser Lehrer über Lehraufträge für die Musikschulen tätig. Gerade im ländlichen Raum würde man zum gleichen
flächendeckenden Unterrichtsangebot kommen, wenn man den Privat-
unterricht, den ein Schüler bei einem dieser Lehrer nimmt, so bezu-
schussen würde, daß das Unterrichtsgeld sozial verträglich wird. Dazu
bedarf es dann lediglich noch der zwei oder drei Unterrichtsräume für
den Gruppenunterricht und vielleicht noch eines Kulturmanagers, der
die Unterrichtsangebote koordiniert bzw. Zuschüsse zum Einzelunter-

richt auszahlt. Eine solche Kombination von Einrichtung und Förderung würde den Bestand des Musikschulangebots sichern und gleichzeitig die Trägergemeinden finanziell erheblich entlasten.

Mit einiger Phantasie läßt sich für die verschiedenen Aufgabenbereiche des öffentlichen Kulturbetriebs ein erstaunlicher Handlungsspielraum entdecken, der nicht nur zu finanziell befriedigenden Ergebnissen führen kann, sondern auch eine neue Vielfalt des Kulturlebens mit sich bringen wird (vgl. Wechselausstellungen statt Museum).

Privatisierungstendenzen

Die Privatisierung öffentlicher kultureller Einrichtungen (z. B. Theater, Stadthallen, Musikschulen, Volkshochschulen) wird bereits seit Jahren diskutiert und wurde auch bereits in vielen Fällen praktiziert (vgl. hierzu Abschnitt 2.3). Dies ist keine Tendenz der neunziger Jahre.

Völlig neu dagegen ist die Entwicklung, daß auch kulturelle Veranstaltungen, wie sie traditionell von der öffentlichen Hand angeboten werden, einer zunehmenden Privatisierungstendenz unterliegen. Diese Entwicklung zeichnete sich Mitte der achtziger Jahre zuerst im Bereich der Konzertveranstaltungen ab. Bis dahin war es üblich, daß eine Kommune Konzerte in eigener Zuständigkeit veranstaltete und hierzu in hohem Maße auf Angebote der einschlägigen Agenturen zurückgriff. Die Agentur stellte ein Ensemble für eine Aufführung zur Verfügung und erhielt dafür ein festes Honorar. Das wirtschaftliche Risiko der Veranstaltung (Deckung der Ausgaben durch Eintritte) trug allein die veranstaltende Gemeinde.

Die neue Entwicklung geht nun dahin, daß eine Agentur den Konzertsaal der Stadt anmietet und die Veranstaltung auf eigenes Risiko selbst durchführt. Dabei handelt es sich allerdings nur selten um einzelne Konzerte, sondern fast immer um Veranstaltungsreihen, weil nur so das Risiko einer wirtschaftlich mißglückten Veranstaltung aufgefangen werden kann. Eine in Stuttgart ansässige große Konzertagentur beispielsweise organisiert heute eigenverantwortlich (und ohne öffentliche Zuschüsse) große Teile des ehemals städtischen Konzertangebots in Stuttgart, Freiburg i. Br. und Ulm.

Seit wenigen Jahren scheint sich diese Entwicklung auf dem Ausstellungssektor zu wiederholen. Inzwischen gibt es zahlreiche private Ausstellungsmacher, die Kunstausstellungen zusammenstellen und Kommunen und Kunstvereinen zur Übernahme anbieten. Die Gemeinde erhält für einen relativ geringen Betrag eine hängefertige Ausstellung mit Katalog und Plakat; zusätzlich organisiert der Ausstellungsmacher die Vernissage, sorgt für die Pressearbeit usw. Der Aufwand der Kom

mune, vor allem der fachliche Aufwand, ist also denkbar gering; die
Stadt hat nur noch die Qual der Wahl zwischen den verschiedenen
Angeboten.

Da die Ausstellung im ganzen deutschsprachigen Raum – bei mehr-
sprachigen Katalogen sogar darüber hinaus – angeboten wird und
somit etliche Male gezeigt wird, ist dies für den Ausstellungsmacher
eine wirtschaftlich durchaus attraktive Angelegenheit. Angesichts
der großen geographischen Streuung muß eine Stadt auch nicht die
Sorge haben, daß die gleiche Ausstellung vier Wochen vorher in der
Nachbarstadt gezeigt wird (was sich ja auch vertraglich ausschließen
läßt).

Ähnliche Erfahrungen kann man bei Theatergastspielen, in der Rock-
und Pop-Musik, in Ansätzen in der Kleinkunst und vor allem im Bereich der Stadtfeste machen. Gerade auf den Sektor der Stadt- und
Marktplatzfeste haben sich einige Firmen bereits spezialisiert, die vom
Empfang für eine ausländische Delegation für hundert Personen bis zur
mehrtägigen Großveranstaltung mit zehntausenden Besuchern alles
anbieten. Zum Angebot gehören möblierte Zelte mit Bewirtung ebenso
wie Schausteller und Musikgruppen, alles „schlüsselfertig" gegen eine
Pauschale.

Es ist leicht einzusehen, daß ein solches privatwirtschaftliches Veranstaltungsmanagement für jede Kommune von großem wirtschaftlichen
Reiz ist. Sie spart vor allem Personalkosten, muß aber auch beispielsweise keine Büros für das Veranstaltungsmanagement bereithalten und
entgeht auch dem wirtschaftlichen Risiko, das etwa mit dem Druck von
Katalogen oder wetterabhängigen Veranstaltungen im Freien immer
verbunden ist.

Allerdings muß man auch sehen, daß der Kommune damit ein Teil
ihrer kulturellen Gestaltungsmöglichkeit genommen ist. Ein privater
Konzert- oder Theaterveranstalter wird natürlich nur solche Auffüh-
rungen und Konzerte in sein Programm aufnehmen, die voraussichtlich
große Zustimmung beim Publikum finden. Popularität wird deshalb
möglicherweise zu einem wesentlichen Auswahlkriterium. Auch kann
ein „gekauftes" Ausstellungsangebot nicht jene Wirkung erlangen wie
beispielsweise eine Kunstausstellung, die aus der besonderen Tradition
einer Stadt heraus erwächst oder in der sich die Fortsetzung eines bestimmten inhaltlichen Konzepts zeigt. Bedenken bestehen auch etwa
hinsichtlich der fehlenden Mitwirkung von Vereinen und bürgerschaftlichen Gruppen bei Stadtfesten, die von einem privaten Festmanager
organisiert werden. Gerade mit Blick auf kommunikative und soziale
Aspekte, die man mit einem Stadtfest immer verbinden sollte, ist der

„Einkauf" einer solchen Veranstaltung eher bedenklich: sie macht auch das soziokulturelle Mit-Mach-Fest noch zum passiven Konsum.

Bei allen Vorteilen, die sich in der Zusammenarbeit mit privaten Veranstaltungsanbietern ergeben, sollte man diese Einwände nie aus dem Auge verlieren. Wenn kommunale und öffentliche Kulturarbeit mehr sein soll als nur die Vorhaltung von konsumierbarer kultureller Unterhaltung, wenn gesellschaftspolitische und bildungspolitische Aspekte ernst genommen werden sollen, dann kann es nicht akzeptiert werden, daß ganze Aufgabenbereiche bedingungslos an private Veranstalter abgegeben werden. Andererseits steht dem die hohe Wirtschaftlichkeit aus der Sicht öffentlicher Haushalte – also letztlich Steuermitteln – gegenüber. Eine Kommune wird zwischen beiden Zielen sorgfältig abwägen müssen, d. h. das eine tun (die Zusammenarbeit mit privaten Anbietern), ohne das andere zu lassen (die eigenen Veranstaltungen zur Umsetzung gesellschafts- und bildungspolitischer Ziele).

Professionalisierung im Management
Schon die beiden zuletzt angesprochenen Tendenzen und Herausforderungen machen deutlich, daß es immer schwieriger werden wird, öffentliche Kulturarbeit ohne ein professionelles Management anzubieten. Tabelle 3 hat gezeigt, daß jährlich netto 10,6 Mrd. DM in den alten Bundesländern vom Staat für Kultur ausgegeben werden. Allein innerhalb des administrativen Bereichs beschäftigt der Staat hierfür Tausende von Mitarbeitern. Es ist geradezu unglaublich, daß es für diese – sicherlich nicht ganz einfache – Aufgabe keine spezifische Berufsqualifizierung gibt. Außerhalb der fachspezifischen Ausbildung etwa für Kunsthistoriker in Museen oder Bibliothekare in Bibliotheken oder Theaterwissenschaftler in Theatern kennen wir in Deutschland erst seit wenigen Jahren eine eigenständige Ausbildung für eine Tätigkeit im Kulturmanagement.

Doch ist hier eine gezielte Professionalisierung und Qualifizierung dringend erforderlich:
– Der Bereich der öffentlichen Kultur ist nicht Hoheitsverhaltung, sondern weitgehend ein privatwirtschaftliches Handeln des Staates. Folglich reicht eine Verwaltungsausbildung für eine solche Tätigkeit immer weniger aus; erforderlich sind auch Kenntnisse betriebswirtschaftlicher Art.
– Kaum ein anderer Aufgabenbereich der öffentlichen Verwaltung ist so sehr auf Außenkontakte angewiesen, sei es zu Künstlern und anderen Kulturanbietern, sei es zu politischen Gremien, Verbänden, Medien und gesellschaftlichen Gruppen. Eine vielseitige, die Ver-

waltungsausbildung deutlich übersteigende Qualifikation, etwa kulturwissenschaftlicher Art, ist hierzu von großem Nutzen. Kulturmanagement steht auch im öffentlichen Bereich immer stärker unter der Herausforderung der Wirtschaftlichkeit. Damit dies nicht Einschränkungen im Angebot zur Folge hat, müssen die Planungstechniken verfeinert, die Ablauforganisation verbessert, die Zielgruppen genauer angesprochen und ein Controlling eingeführt werden. Ohne selbst schon zu einem auf Rentabilität ausgerichteten Wirtschaftsunternehmen zu werden, kann sich das Kulturmanagement auch in der öffentlichen Verwaltung jener Methoden und Techniken bedienen, die die Betriebswirtschaftslehre für ähnlich strukturierte Aufgaben entwickelt hat. Nur so kann es zu einem wirtschaftlicheren Einsatz der Finanzmittel kommen – einer Wirtschaftlichkeit, die man auch nachweisen kann – und erreicht damit wahrscheinlich, daß weit mehr Kultur ermöglicht werden kann, als dies angesichts geringer Haushaltsmittel scheinbar zu erwarten ist.

Dazu ist es allerdings erforderlich, daß die öffentlichen Verwaltungen nicht nur Mitarbeiter einstellen, die die erforderliche Mehrfachqualifikation besitzen – Hochschulen in Hamburg, Berlin, Hagen, Ludwigsburg und Wien bieten eine entsprechende Ausbildung an –, sondern daß die Verwaltungen auch Strukturen schaffen, die ein solches Arbeiten möglich machen. Dazu gehören beispielsweise

- eine größere Flexibilität hinsichtlich der Bewirtschaftung von Haushaltsmitteln (etwa über das Ende des Haushaltsjahrs hinaus),[12]
- eine Rechnungslegung, die auch ein differenziertes Controlling möglich macht,
- eine Trennung von Politikfeldern und Managementaufgaben sowie
- eine Verlagerung der Entscheidungskompetenzen auf die Ebene, die dazu die fachliche Kompetenz hat und die Bereitschaft mitbringt, für eine Entscheidung die Verantwortung zu übernehmen (einschließlich der sog. dezentralen Ressourcenverwaltung).

Die Diskussion dieser Herausforderungen hat auch in der öffentlichen Verwaltung begonnen, zumal sich im Fremdenverkehrsbereich, in der Stadtwerbung oder auch in den verschiedenen sogenannten kostenrechnenden Einrichtungen (Stadtbäder, Zoos, Sportstadien usw.) ähnliche Bedürfnisse zeigen. Vielleicht darf man mit ein wenig Optimismus erwarten, daß sich hier im Laufe der neunziger Jahre Veränderungen ergeben werden.

2.3 Der privatwirtschaftlich-gemeinnützige Kulturbetrieb

Dem öffentlichen Kulturbetrieb am ehesten vergleichbar ist der privatwirtschaftlich-gemeinnützige Kulturbetrieb. Hier wie dort besteht nicht das Ziel, durch den Kulturbetrieb Gewinne zu erwirtschaften. Ein wesentlicher Unterschied ist allerdings insofern gegeben, als der privatwirtschaftlich-gemeinnützige Kulturbetrieb dem Grundsatz nach nicht die Umsetzung kulturpolitischer Ziele verfolgt, sondern die Realisierung von Zielen, die der Rechtsträger vorgibt.

2.3.1 Rechtsformen und Gemeinnützigkeit

Der privatwirtschaftlich-gemeinnützige Kulturbetrieb kann in verschiedenen Rechtsformen auftreten. Voraussetzung ist eine privatrechtliche Form[13] (also keine öffentlich-rechtlichen Körperschaften, Stiftungen und Anstalten), der eine Gemeinnützigkeit im Sinne des Steuerrechts zuerkannt werden kann. Deutlich bevorzugte Rechtsformen sind der eingetragene Verein und die privatrechtliche Stiftung.

„Der Verein ist ein auf gewisse Dauer angelegter körperschaftlich organisierter und vom Wechsel seiner Mitglieder nicht abhängiger Zusammenschluß mehrerer Personen unter einem Gesamtnamen zur Verfolgung gemeinsamer Zwecke" (BISCHOFF 1990: 136). Rechtsgrundlagen sind die Vorschriften des Bürgerlichen Gesetzbuches (§§ 21 bis 54 BGB) sowie die Vereinssatzung, die dem Verein große rechtliche Gestaltungsmöglichkeiten bieten. Um Rechtsfähigkeit zu erlangen, muß der Verein in das Vereinsregister beim Amtsgericht eingetragen werden. (Zu Einzelheiten des Vereinsrechts vgl. die einschlägigen Kommentare zum BGB [§§ 21 ff. BGB] sowie OTT 1987, SAUER/LUGER 1988, KEMPFLER 1989, SAUTER/ SCHWEYER 1990 und FELDMANN 1992.)

Während ein Verein durch den Zusammenschluß von mindestens sieben Personen entsteht und es darüber hinaus weiterer Voraussetzungen kaum bedarf, ist die Stiftung an einen Stifterwillen und ein Stiftungsvermögen gebunden. Jede Stiftung – ganz gleich, ob privatrechtlicher oder öffentlich-rechtlicher Natur – ist durch folgende Merkmale gekennzeichnet:
- – Stifterwille,
- – Stiftungszweck,
- – Stiftungsvermögen,
- – Dauerhaftigkeit und
- – staatliche Stiftungsaufsicht.

Durch die Dauerhaftigkeit der Stiftung, weitgehend gesichert durch eine auf Kontinuität ausgerichtete Organisation, unterscheidet sich die Stiftung von der Spende, die nur für einen einmaligen Zweck zur Verfügung gestellt wird. Damit dem Stifterwillen gegebenenfalls auch noch nach dem Tod des Stifters Folge geleistet wird, stehen alle Stiftungen unter einer staatlichen Aufsicht. Dies hat zur Folge, daß es neben den grundsätzlichen Rechtsvorschriften des Bürgerlichen Gesetzbuches (§§ 80 ff. BGB) auch noch zahlreiche Landesvorschriften gibt (vgl. NEUHOFF u. a. 1983, SEIFERT 1987, BISCHOFF 1990: 120 ff.).

Die privatrechtliche Rechtsform bietet eine große Handlungsflexibilität. Dies gilt vor allem für den Bereich des Finanzmanagements, wo privatwirtschaftliche Strukturen und Arbeitsweisen dem öffentlich-rechtlichen Haushaltsrecht – da es sich in der Kulturarbeit nie um Hoheitsaufgaben handelt – deutlich überlegen sind. So können, vor allem in Vereinen, Rücklagen gebildet werden, vermehrte Einnahmen unmittelbar den Ausgaben zugeführt werden und das Rechnungsjahr beispielsweise dem Veranstaltungsjahr angepaßt werden.

Von besonderem finanzwirtschaftlichen Interesse wird eine solche Rechtsform vor allem dann, wenn sich mit ihr auch eine Gemeinnützigkeit im Sinne des Steuerrechts verbinden läßt. Entgegen einer öffentlich-rechtlichen Einrichtung, die weitgehend von jeder Steuerpflicht befreit ist, sind privatrechtliche Vereine und Stiftungen grundsätzlich steuerpflichtig, und zwar für Körperschafts-, Gewerbe-, Vermögens-, Grund-, Erbschafts- und Kapitalverkehrssteuer. Das Steuerrecht kennt aber eine Befreiung oder Ermäßigung von der Steuerpflicht, sofern die Institutionen laut Satzung oder Stiftungsurkunde „ausschließlich und unmittelbar gemeinnützigen [...] Zwecken dienen" (§ 5 Abs. 1 Nr. 9 Körperschaftssteuergesetz). Eine solche Steuerbefreiung muß beim zuständigen Finanzamt beantragt werden (vgl. BISCHOFF 1990: 49 ff. und BORST 1992).

Mit der Anerkennung der Gemeinnützigkeit ergibt sich nicht nur der Vorteil der Befreiung von der Steuerpflicht, sondern auch die – häufig weit interessantere – Berechtigung, Spenden entgegenzunehmen, die der Spender steuerbegünstigend einsetzen kann. Dabei unterscheidet man die sogenannte Große und die Kleine Gemeinnützigkeit. Die Große Gemeinnützigkeit gilt nur für Einrichtungen in Wissenschaft und Forschung, während die Kleine Gemeinnützigkeit im Bereich von Kunst, Kultur und Denkmalpflege zur Anwendung kommt. In der Praxis bedeutet dies, daß die Inhaber der Großen Gemeinnützigkeit (also beispielsweise wissenschaftliche Hochschulen oder Forschungsinstitute) ihre Spendenbescheinigungen direkt ausstellen können, während sowohl privatrechtliche als auch öffentlich-rechtliche Einrichtungen der Kunst, Kultur und Denkmalpflege als Zwischenstation eine Körperschaft der öffentlichen Hand benötigen, um eine Spendenbescheinigung erteilen zu können.

Die Geldspende beispielsweise an einen Kunstverein muß also an die Gemeindekasse gezahlt werden, die die Spendenbescheinigung ausstellt und die Spende an den Kunstverein überweist. Dies bedeutet keinerlei rechtliche oder finanzielle Konsequenzen, aber vielleicht doch eine zusätzliche Barriere, weil sich weder Spender noch Begünstigter ungern in die Karten sehen lassen. Museen und Archive, die privatrechtlich-gemeinnützig organisiert sind, werden deshalb immer versuchen, neben ihrer Sammlungs- und Ausstellungstätigkeit auch Wissenschaft und Forschung als Aufgabenbereich hervorzukehren, um dann dank der Zuordnung zur Großen Gemeinnützigkeit direkt Spendenbescheinigungen ausstellen zu können (vgl. BISCHOFF 1990: 49 f., BORST 1992: 10 ff. und Finanzministerium des Landes Nordrhein-Westfalen o. J.).

Wegen der finanziellen Vorteile, die sich aus dem Status der Gemeinnützigkeit ergeben (und der damit verbundenen finanziellen Nachteile für den Staat), achtet das Finanzamt allerdings sehr darauf, daß die Tätigkeit eines Vereins oder einer Stiftung wirklich ausschließlich gemeinnützigen Zwecken dient. § 5 Abs. 1 Nr. 9 des Körperschaftssteuergesetzes schränkt denn auch ein: „Wird ein wirtschaftlicher Geschäftsbetrieb unterhalten, ist die Steuerbefreiung insoweit ausgeschlossen."

Ein solcher wirtschaftlicher Geschäftsbetrieb ist beispielsweise dann gegeben, wenn ein Verein aus Vereinsfesten oder dem Betrieb einer Vereinsgaststätte Bruttoeinnahmen von mehr als 60 000 DM im Jahr erzielt. Dann unterliegt der gesamte Gewinn aus dem wirtschaftlichen Geschäftsbetrieb der Körperschaftssteuer und der Gewerbesteuer.

Nehmen die wirtschaftlichen Zwecke solche Ausmaße an, daß sie als Hauptzweck der Institution zu gewichten sind, droht der Verlust der Gemeinnützigkeit. Es ist dann dringend geboten, den wirtschaftlichen Geschäftsbereich vom gemeinnützigen Bereich rechtlich abzutrennen, etwa durch Bildung eines weiteren Vereins ohne Gemeinnützigkeit oder einer Gesellschaft mit beschränkter Haftung.

2.3.2   Freie Kulturinitiativen
        und (kommunale) Vereine bzw. Stiftungen

Die privatrechtlich-gemeinnützige Rechtsform eignet sich vorzüg-
lich für den Kulturbetrieb, weshalb sowohl private Initiatoren als auch
die öffentliche Hand von ihr rege Gebrauch machen. Private Initiatoren
sind überall dort anzutreffen, wo engagierte Bürger sich zu Musik-, Ge-
sang-, Kunstvereinen usw. zusammenschließen oder wo ein großher-
ziger Stifter einen Teil seines Vermögens einer Stiftung zuführt.
   Von besonderem Interesse sind gemeinnützige Vereine auch für sogenannte „freie Kulturinitiativen". Darunter werden Gruppen zusammengefaßt, die sich in einem soziokulturellen Umfeld kulturell engagieren.
Die Palette reicht von der Künstlerkneipe mit Kleinkunstbühne über
Theaterwerkstätten bis hin zu kleineren soziokulturellen Zentren mit
vielseitigen Veranstaltungsangeboten. Die freien Kulturinitiativen setzen
auf Alternativen zum etablierten (und bürgerlichen) Kulturangebot der
öffentlichen Hand und sind deshalb häufig das „Salz in der Suppe", auf
das eine Stadt nicht verzichten kann/sollte. Ihr Management zeichnet
sich durch einen hohen Grad an Selbstverwaltung, Offenheit und Flexibilität aus, wie es beispielsweise einem in die Hoheitsverwaltung einer
Stadt eingebundenen Kulturamt kaum zur Verfügung steht.
   BAER/FUCHS (1992: 153) weisen deshalb zu Recht darauf hin, daß
gerade für freie Kulturinitiativen aus dem soziokulturellen Umfeld „die
juristische Form nicht nur pragmatischer Nebenaspekt ist, sondern wesentlich in die Ziele und Inhalte der Praxis eingreift". Die juristische
Form des gemeinnützigen Vereins bietet neben der rechtlichen Basis,
wie sie beispielsweise für Vertrags- und Haftungsfragen unumgänglich
ist, auch ein Gerüst für ein zwar offenes, aber doch effektives Management. Denn auch hier werden Kenntnisse darüber gebraucht, „wie die
äußerst heterogen zusammengesetzten Arbeitsteams organisiert werden können, wie die im Team vorhandenen endogenen Fähigkeiten bei
der Entwicklung der Gesamtkonzepte genutzt werden können, wie die
weithin praktizierten Methoden des 'trial and error' und des 'learning
by doing' durch Verfahren ersetzt werden können, die weniger Ver-
schleiß an Zeit, Geld und Nerven mit sich bringen" (BAER/FUCHS 1992:
165).
   Der gemeinnützige Verein bietet deshalb für freie Kulturinitiativen
der Soziokultur beides: eine ideale Rechtsform und eine angemessene
Managementbasis.
   Während der Gründung von Musik- und Gesangvereinen oder von
freien Kulturinitiativen ideelle Motive zugrunde liegen, ist die Aus-

gangssituation eine andere, wenn beispielsweise eine Stadt ihre Musikschule oder ihre Volkshochschule als eingetragenen Verein führt oder
wenn ein Museum als Stiftung errichtet wird. Solche (kommunalen)
Vereine und Stiftungen sind es nur der Rechtsform nach, nicht aber aufgrund des Engagements und Idealismus von Bürgern. Einige Beispiele
machen deutlich, welche Motive zur Gründung solcher Vereine und
Stiftungen führen:

– Mehrere Gemeinden bilden zusammen eine Volkshochschule; um
 nicht eine Kommune als Träger zu bevorzugen, wählt man eine neue
 rechtliche Plattform, den gemeinnützigen Verein, dem dann die
 partizipierenden Gemeinden als Mitglieder angehören.

– Ein Sammler stellt der Stadt Exponate für Museumszwecke zur Verfügung; damit die Sammlung nicht formal in das Eigentum der Stadt
 übergeht, gründet der Sammler eine gemeinnützige Stiftung, die
 dann das Museum oder die Sammlung – zugunsten der Stadt – be-
 treibt.

– Eine städtische Musikschule verfügt über eine Reihe spendenfreu-
 diger Schüler und Eltern; um nicht den Eindruck zu erwecken, die
 Spenden würden im großen „Sack“ des Kämmerers verschwinden
 und um die Spendenfreudigkeit weiter zu erhalten, gründet die Stadt
 einen Förderverein für die Musikschule, der über die Verwendung
 der Spenden (zugunsten der Musikschule) befindet.

Nur in den seltensten Fällen sind Management-Überlegungen die
ausschlaggebenden Motive für eine solche Vereins- oder Stiftungsgrün-
dung im öffentlichen Bereich, im Vordergrund stehen in der Regel politische oder auch emotionale Gründe. Dies überrascht insofern, als sich
durch die Herauslösung kultureller Aufgaben aus dem Organisations-
gefüge der öffentlichen Hand wirkliche Managementvorteile ergeben
können. Erwähnt wurden bereits die Vorzüge hinsichtlich der Bildung
von Rücklagen, der Wiederverwendung von Einnahmen und der An-
passung des Rechnungsjahres an das Veranstaltungsjahr. Hinzu kommt
eine größere Flexibilität in der Mittelbewirtschaftung (beispielsweise
ohne die starren Regelungen, die für die Haushaltszuordnung und -ab-
wicklung gelten) sowie eine deutliche Verlagerung von Entscheidungen
auf die Ebene der handelnden Personen.

Allerdings darf nicht verschwiegen werden, daß sich für (kommunale) Vereine durchaus auch Nachteile ergeben. So bildet der Vereins-
haushalt eine in sich geschlossene Einheit, in der zusätzliche Verluste
häufig nur durch einen weiteren Zuschuß des Trägers ausgeglichen
werden können. Dies aber ist politisch oft weitaus schwieriger zu be-
werkstelligen, als wenn es sich nur um den Ausgleich eines Unterab-

schnitts in einem größeren Gesamtetat handelt, weil der Vereinszu-
schuß als Freiwilligkeitsleistung der Gemeinde gesondert beraten und
vom Gemeinderat beschlossen werden muß.

Die wirklichen Vorteile solcher privatwirtschaftlich-gemeinnütziger
Kulturbetriebe (mit öffentlicher Trägerschaft) zeigen sich deshalb nur,
wenn die öffentlichen Träger bereit sind, eine gewisse Zuschußsumme
in Koppelung an bestimmte Ausgaben auf längere Zeit zu garantieren.
Dies kann beispielsweise in der Weise erfolgen, daß einer Vereins-Volks-
hochschule die Zusage gemacht wird, alle Personalkosten des fest angestellten Personals durch Zuschüsse der Trägergemeinden abzudecken,
während der laufende Veranstaltungs- und Kursbetrieb durch eigene
Einnahmen der Volkshochschule zu finanzieren ist:

Ausgaben	Einnahmen
Personalausgaben	Zuschüsse der Trägergemeinden
Honorare für Lehrkräfte Referentenhonorare Unterhaltung der Einrichtungen und Geräte Unterrichtsmaterialien	Kursgebühren und Eintritte zu Veranstaltungen

Abb. 7: Finanzierung einer privatwirtschaftlich-gemeinnützigen
         Volkshochschule.

Dies wäre dann eine Lösung im Sinne eines modernen Managements,
weil sie gesicherte Rahmenbedingungen schafft, innerhalb deren die
Volkshochschule eigenverantwortlich arbeiten kann und gleichzeitig
für die Trägerkommunen den Zuschußbedarf doch auf Dauer überschaubar macht.

2.4 Der privatwirtschaftlich-kommerzielle Kulturbetrieb

Zwischen dem öffentlichen, dem privatwirtschaftlich-gemeinnützigen und dem privatwirtschaftlich-kommerziellen Kulturbetrieb gibt
es zahlreiche Gemeinsamkeiten. Alle drei müssen gleichermaßen auf
eine effiziente Organisation Wert legen, müssen einen rationellen Umgang mit knappen Ressourcen anstreben und sollten vor allem wirtschaftlich arbeiten. Dagegen unterscheidet sich der privatwirtschaftlich-kommerzielle Kulturbetrieb von den beiden anderen Betriebs-

formen ganz maßgeblich durch das Kriterium der Gewinnorientierung. Der privatwirtschaftlich-kommerzielle Kulturbetrieb kann seine Unkosten nicht aus Steuermitteln und anderen öffentlichen Einnahmen decken, wie dies im öffentlichen Kulturbetrieb regelmäßig der Fall ist. Er kann sich auch nicht mit einer bloßen Deckung der Ausgaben zufriedengeben, wie dies der privatwirtschaftlich-gemeinnützige Kulturbetrieb tut, weil er Rücklagen bilden muß für Investitionen oder rezessive Phasen und weil nur der Gewinn auf Dauer die Einkommen der Mitarbeiter sichert.

Setzt man den Gewinn in Relation zum eingesetzten Kapital oder zum erzielten Umsatz, so ergibt sich eine Quote, die man als Rendite oder (allgemeiner) Rentabilität bezeichnet. Die Höhe dieser Rentabilität ist ein wesentliches Erfolgskriterium für jeden privatwirtschaftlich-kommerziellen Betrieb. Ein Unternehmen, das keine Rentabilität erreicht, ist nicht existenzfähig, und dies gilt für den privatwirtschaftlich-kommerziellen Kulturbetrieb in gleicher Weise wie für jeden anderen kommerziellen Wirtschaftsbetrieb. Diese Bedingung hat aber zur Folge, daß privatwirtschaftlich-kommerzielle Betriebe nur dort in der Kulturwirtschaft tätig werden, wo diese Rentabilität mit einiger Gewißheit erwartet werden darf.

2.4.1 Abgrenzung und Größenordnung

Der privatwirtschaftlich-kommerzielle Kulturbetrieb kennt einen Kernbereich, der überwiegend von künstlerischen Sparten gekennzeichnet ist, und einen darüber hinausgehenden Bereich, der häufig nur indirekt mit diesem Kernbereich zu tun hat. Demnach sind zum privatwirtschaftlich-kommerziellen Kulturbetrieb folgende Branchen zu rechnen (zum Teil in Anlehnung an FOHRBECK/WIESAND 1989a: 44f.):

kommerzielle Kulturwirtschaft im engeren Sinne:
- freiberufliche Künstler und Publizisten (vgl. Abschnitt 2.1.2),
- Theater- und Konzertagenturen sowie freiberufliche Veranstaltungsmanager (z.B. Ausstellungsmacher),
- Musikwirtschaft (Herstellung von und Handel mit Instrumenten und Tonträgern, Musikverlage, Klangkörper usw.),
- Buchmarkt (Verlage, Buchhandel, Übersetzungsbüros usw.),
- Kunstmarkt (Kunstverlage, Kunsthandel, Ausstellungswesen, Design, Kunsthandwerk usw.),
- Filmwirtschaft (Hersteller/Verleih/Vertrieb, Filmtheater),

- darstellende und Unterhaltungskunst (Privattheater, Varietés usw.),
- Hörfunk- und Fernsehanstalten (vgl. Abschnitt 2.5.2);

kommerzielle Kulturwirtschaft im weiteren Sinne:

- Architektur- und Designbüros,
- Antiquitäten/Kunsthandwerk (z. B. Gold- und Silberschmiede),
- Flohmärkte und filmtechnische Betriebe (Herstellung, Handel, Service, Kopieranstalten usw.),
- Pressemarkt (Verlage und Handel, Zeitungsdruckereien, Nachrichtenbüros, sonstige Verlage),
- Werbegestaltung/Medienwerbung,
- Buchdruckereien,
- Rundfunkgeräte- und Phono-Markt (Herstellung und Handel),
- Sonstiges (z. B. Schausteller).

Es zeigt sich, daß der privatwirtschaftlich-kommerzielle Kulturbetrieb außerordentlich vielseitig ist und dabei einen Kulturbegriff zugrunde legt, der relativ weit gefaßt ist, nämlich beispielsweise von den freiberuflichen Künstlern über den Handel mit Musikalien bis zur Herstellung von Fernsehgeräten. Den Kulturbetrieb so weit zu fassen ist sinnvoll, wenn man auf volkswirtschaftliche Zusammenhänge eingehen will, weil nur dann Multiplikatoreneffekte und ökonomische Verflechtungen im Kultursektor sichtbar werden können. Vor allem solche Zusammenhänge sind Gegenstand der in der Einleitung zum zweiten Kapitel aufgeführten Gutachten und Publikationen; auch Abschnitt 2.7.2 geht hierauf kurz ein.

Will man Aussagen treffen über die Größenordnung des privatwirtschaftlich-kommerziellen Kulturbetriebs, so stellt sich das bereits angesprochene Problem der Abgrenzung ebenso wie das der ökonomischen Vergleichbarkeit. „Die Erfassung des Kunst- und Kulturbereichs bereitet teilweise außerordentliche Schwierigkeiten. Das vorhandene Datenmaterial ist lückenhaft und teilweise sehr unterschiedlich hinsichtlich der Abgrenzung der erfaßten Bereiche" (HUMMEL/BERGER 1988: 55). Die Unterscheidung zwischen der Kulturwirtschaft im engeren und der im weiteren Sinne (FOHRBECK/WIESAND 1989a) ist dabei ebenso eine Verlegenheitslösung wie die Aufgliederung in vor- und nachgelagerte Bereiche (HUMMEL/BERGER 1988: 106ff.). Da die Finanz- und Wirtschaftsstatistik wiederum nach anderen Gesichtspunkten ordnet, ist es kaum möglich, die Aussagen zweier Publikationen zu diesem Thema miteinander zu vergleichen.[14]

Die Vergleichbarkeit wird noch dadurch erschwert, daß häufig von verschiedenen wirtschaftlichen Meßwerten ausgegangen wird. Wäh-

rend HUMMEL/BERGER (1988: 115) den Produktionswert und die Bruttowertschöpfung bevorzugen, nehmen FOHRBECK/WIESAND (1989 a:
44 f.) und HUMMEL/BRODBECK (1991: 45) die Umsätze zum Maßstab.
Die „Qual der Wahl" zwischen diesen drei Größenordnungen hängt
vor allem mit der Schwierigkeit zusammen, Daten eines Wirtschaftsun-
ternehmens mit denen des öffentlichen Kulturbetriebs zu vergleichen;
was soll man dem Zuschußbedarf (Netto-Ausgaben) für kulturelle Aufgaben in öffentlichen Haushaltsplänen als betriebswirtschaftliche
Größenordnung in einem privatwirtschaftlich-kommerziellen Kulturbetrieb entgegensetzen? Da aber beide Bereiche sehr eng miteinander
verbunden sind, ist der Wunsch, hier zu sinnvollen Vergleichsdaten zu
kommen, nur verständlich.

Der Umsatz kennzeichnet den Wert der innerhalb eines Jahres veräußerten Güter und Dienstleistungen. Er ist Grundlage des betrieblichen Rechnungswesens und der Rentabilitätsberechnung, aber für
eine volkswirtschaftliche Bewertung nur bedingt verwendbar. Da die
öffentliche Hand nur in geringem Umfang Dienstleistungen und
Güter veräußert, ist die „Umsatzgröße" kaum als Vergleichsgröße
geeignet.

Der Produktionswert geht deutlich über die Umsätze hinaus und bezieht daneben auch die Bestandsveränderungen an Halb- und Fertig-
fabrikaten (Lagerbestände) sowie die selbsterstellten Anlagen (z. B. eine
neue Produktionshalle) mit ein. „Als Produktionswert des Staates, für
dessen Leistungen es im allgemeinen keine Marktpreise gibt, werden die
Aufwendungen des Staates (staatliche Materialkäufe sowie Löhne und
Gehälter an öffentliche Bedienstete) angesetzt" (MENTZEL/WITTELS-
BERGER 1977: 319).

Zieht man vom Produktionswert, der auch als Bruttoproduktions-
wert bezeichnet wird, die von anderen Bereichen erbrachten Vorleis-
tungen ab (z. B. Rohmaterial, Betriebsstoffe, Halbfabrikate, an anderer Stelle erbrachte Lohnarbeiten), so erhält man den Nettoproduk-
tionswert, der häufig als Bruttowertschöpfung – oder, sehr verkürzt, als
Summe der „Einkommen" – bezeichnet wird. Diese Bruttowertschöpfung „ist eine Meßgröße für die eigene wirtschaftliche Leistung eines
Bereichs. Sie setzt sich zusammen aus
– den Einkommen aus unselbständiger Arbeit,
– den Einkommen aus Unternehmertätigkeit und Vermögen,
– den Abschreibungen und
– dem Saldo von Produktionssteuern (Gewerbesteuer, Grundsteuer,
   Kfz-Steuer u. a.) abzüglich Subventionen (laufende Zuschüsse zur
   Produktion u. ä.).

Bei Institutionen wie öffentlichen Theatern, die keine Gewinnerzielungsabsicht haben, enthält die Bruttowertschöpfung nur die Abschreibungen, die Produktionssteuern und die Einkommen aus unselbständiger Arbeit. Die Verluste und die Verlustabdeckung durch die öffentliche Hand werden hier nicht erfaßt, sondern gesondert – im Rahmen der Übertragungen – verbucht" (HUMMEL/BERGER 1988: 55).

Für die gesamte Kulturwirtschaft im öffentlichen und privatwirtschaftlichen Bereich der alten Bundesländer ergaben sich 1988 folgende Produktionswerte (brutto) und Bruttowertschöpfungen (Nettoproduktionswerte) (nach HUMMEL/WALDKIRCHER 1992, vgl. Tab. 7).

Von besonderem Interesse wäre eine Zusammenstellung, aus der die Verteilung der Bruttowertschöpfung zwischen dem öffentlichen und dem kommerziellen Kulturbetrieb ablesbar wäre. Leider enthalten die einschlägigen Publikationen (FOHRBECK/WIESAND 1989a, HUMMEL/BERGER 1988, HUMMEL/BRODBECK 1991 sowie HUMMEL/WALDKIRCHER 1992) dazu keine exakten Angaben. Auf der Grundlage der vorhandenen Daten von 1988 kann man aber wohl davon ausgehen, daß von der Bruttowertschöpfung der gesamten Kulturwirtschaft 1984 etwa 85% oder fast sechs Siebtel dem privatwirtschaftlich-kommerziellen Kulturbetrieb zuzurechnen sind. Bei dieser Relation ist es nicht mehr verwunderlich, daß es über Steuern und Abgaben zu einer so hohen Netto-Übertragung des privatwirtschaftlich-kommerziellen Kulturbetriebs an den Staat kommt (vgl. Abschnitt 2.7).

2.4.2 Kunst und Markt

Wenn Management als Steuerungshandlung zur Erstellung von Gütern oder Dienstleistungen in arbeitsteiligen Prozessen definiert wird, dann ist ein solcher Managementbegriff weitgehend problemlos im privatwirtschaftlich-kommerziellen Kulturbetrieb anwendbar. Mehr als im öffentlichen Kulturbetrieb kommt es hier ganz entscheidend auf die Leistungserstellung für den Kunden an, mit dem Ziel, für eine gute Leistung eine angemessene Gegenleistung – in Form von Geld – zu erhalten. Kulturpolitische Ziele etwa, die im öffentlichen Kulturbetrieb von entscheidender Bedeutung sind, treten hier in den Hintergrund, wenn sie nicht gar gänzlich unerheblich sind. Wo aber die Erzielung von Gewinnen und die Sicherung von Rentabilität im Vordergrund stehen, also Zielsetzungen aus einem betriebswirtschaftlichen Kontext, bedarf es keiner Begründung für die Anwendung von Management oder an-

Tab. 7: Produktionswerte, Bruttowertschöpfung und Erwerbstätige in allen Bereichen des Kulturbetriebs (1988)

Bereiche	Pro-duktions-werte	Brutto-wert-schöpfung	Anzahl der Erwerbs-tätigen
	in Mill. DM		
Kernbereich	59 150	25 050	382 400
Selbständige Publizisten und Künstler	2 800	1 400	50 000
Verlage	33 570	12 090	144 000
Theater und Orchester	3 360	2 580	38 000
Tonträger	2 170	620	13 000
Film/Video	4 700	2 400	39 000
Hörfunk und Fernsehen	8 670	3 540	34 700
Museen, Ausstellungen	1 510	830	16 600
Denkmalschutz und -pflege	80	40	2 000
Sonstige Kunst- und Kulturpflege (einschl. Kulturverwaltung)	1 070	460	8 100
Ausbildung (Kunsthochschulen, Musikschulen und Volkshochschulen)	1 220	1 090	37 000
Vorgelagerte Bereiche (Unternehmen, die Vorleistungen liefern, wie z. B. Papier, Filmmaterial, sowie Unternehmen, die Geräte für die Erstellung oder Vermarktung von Leistungen herstellen, z. B. Musikinstrumente, Fotogeräte, Papiermaschinen)	36 890	13 140	203 800
Nachgelagerte Bereiche (Handel mit Büchern, Zeitschriften, Schallplatten, Musikinstrumenten usw. sowie Bibliotheken)	54 220	12 320	202 000
Kulturwirtschaft insgesamt	150 260	50 510	788 200

derer betriebswirtschaftlicher Instrumente (z. B. Marketing oder Kostenrechnung); Kulturmanagement ist die selbstverständliche und naheliegende Steuerungshandlung im privatwirtschaftlich-kommerziellen Kulturbetrieb.

Einschränkungen gibt es höchstens dort, wo arbeitsteilige Prozesse nicht vorliegen oder wo künstlerische Aspekte von ausschlaggebender

Bedeutung sind. Dies gilt vor allem für freiberufliche Künstler und Publizisten. Da sie in ihrem Tun auf die Erzielung von Gewinnen ausgerichtet sein müssen, sind sie zwar dem kommerziellen Kulturbetrieb zuzuordnen, doch entzieht sich ihr unmittelbares künstlerisches Wirken weitgehend einer Steuerung durch Management. Für sie wird Kulturmanagement erst von Bedeutung, wenn sie auf den Kunst-, Literatur- oder Musikmarkt treffen und anstreben, ihr künstlerisches Werk zum Publikum zu bringen.

Doch ist der Eintritt in den Markt für den Künstler und sein Werk nicht ohne Risiken. Dies gilt sicherlich zunächst einmal für den Fall, daß sich der Markt – aus welchen Gründen auch immer – diesem Werk verschließt. Dies gilt aber in noch weit höherem Maße für den Fall, daß der Markt das Werk für kommerzielle Zwecke „ausschlachtet". So erfreulich es im Einzelfall für den Künstler oder Publizisten sein mag, wenn er mit seiner Arbeit auch auf dem Kulturmarkt erfolgreich ist und dadurch auch seinen Lebensunterhalt und seine Arbeitsbedingungen sichern kann, so steht dem doch immer auch die Gefahr entgegen, daß der kommerzielle Erfolg den künstlerischen Qualitätsanspruch überlagert. Damit soll keinesfalls gesagt werden, Kunst dürfe nicht vermarktet werden; ganz im Gegenteil, es wäre absurd, würde man nicht akzeptieren, daß sich auch Kunst dem Wettbewerb eines Marktes stellen muß.

Nur sollte man sich dabei bewußt bleiben, daß auf dem Kulturmarkt zwei Mechanismen zusammentreffen:
- für ein Kunstwerk – gleich welcher Sparte – gibt es eine künstlerisch-ästhetische Bewertung, die sehr langfristig angelegt ist und in der Kriterien von Künstlern und Fachleuten aus verschiedenen kulturwissenschaftlichen und kulturhistorischen Disziplinen (z. B. Kunstgeschichte, Musikwissenschaft, Literaturwissenschaft) von großem Gewicht sind;
- der Markt – gleich welcher Branche – wird wesentlich bestimmt durch die Nachfrage; diese Nachfrage läßt sich – beispielsweise durch ein entsprechendes Marketing – vorübergehend steuern, so daß bei deutlich erhöhter Nachfrage ein höherer Preis erzielt oder ein Produkt wesentlich häufiger verkauft werden kann.

Treffen nun beide Mechanismen zusammen, so kann es zu einem Übergewicht der Marktgesetze kommen. So wurde beispielsweise für den Roman „Scarlett" von Alexandra Ripley (als „Fortsetzung" zu Margaret Mitchells Buch „Vom Winde verweht") eine gewaltige Nachfrage erzeugt, noch bevor der Roman überhaupt fertig war und es damit zu einer ersten künstlerisch-ästhetischen Beurteilung kommen konnte (was rückblickend betrachtet die Verleger wohl auch eher zu befürchten als zu erhoffen hatten). Nicht unähnlich war die Situation nach Umberto Ecos Roman „Der Name der Rose". Setzte sich sein erstes Romanwerk noch aufgrund seiner künstlerischen Qualität (und des genial dargebotenen historischen Kriminalstoffs) durch, so entwickelte sich der zweite Roman („Das Foucaultsche Pendel") zum Bestseller, weil das Marketing sehr geschickt an den ersten Romanerfolg anknüpfte. Die Kritiker dagegen – und wohl auch viele Leser – äußerten sich über das zweite Werk eher enttäuscht.

Ähnlich ist die Situation im Bereich der bildenden Kunst, wo der Kunstmarkt ein großes Interesse daran hat, jeweils eine kleine Gruppe von Werken (die Regel der knappen Güter) zu sehr hohen Preisen zu handeln. Um dies zu erreichen, wird der Markterfolg eines Künstlers stark in den Vordergrund gestellt, um dadurch dessen Werke auch für andere Interessenten begehrenswert zu machen. Ein Sponsoring-Manager eines Stuttgarter Unternehmens beantwortete gegenüber einer meiner Studentinnen die selbstgestellte Frage, wer der bedeutendste Künstler der Gegenwart sei, folglich verblüffend einfach: „Georg Baselitz, denn er erzielt die höchsten Verkaufspreise." Ganz deutlich wird hier das Gesetz des Marktes mit den Regeln künstlerisch-ästhetischer Bewertung verwechselt.

Die Zeitschrift „Capital" ermittelt seit 1970 jährlich die 100 erfolgreichsten Künstler und gibt dabei gleichzeitig Einblick in die Mechanismen, die zur Bewertung von Kunst am Kunstmarkt führen. Jeder Künstler erhält eine bestimmte Anzahl von Punkten für eine Beteiligung an wichtigen Gruppenausstellungen, für Einzelausstellungen in herausragenden Museen oder Galerien und für eine Besprechung in einer international angesehenen Kunstzeitschrift (vgl. „Capital" Heft 11, 1992: 150–155). So gibt es für eine Teilnahme an einer documenta 500 Punkte und für eine Einzelausstellung in der Berliner Nationalgalerie 400 Punkte, für Ausstellungen in weniger renommierten Instituten entsprechend weniger. Ähnlich verfährt man mit der Erwähnung in Kunstzeitschriften: eine Titelgeschichte in der „art" bringt 150 Punkte, eine einfache Rezension ohne Abbildung gerade noch 50, wobei es unerheblich zu sein scheint, zu welcher Bewertung die Besprechung kommt, Hauptsache ist, der Künstler wird überhaupt rezensiert.

„Sieger" des „Kunstkompaß 1992" wurde Bruce Naumann, der durch seine große Installation im Eingangsbereich des Fridericianums die 9. documenta ganz wesentlich mitgeprägt hatte. Der Erfolg in Kassel beflügelt den Erfolg im „Kunstkompaß". Zwar fließt auch eine künstlerisch-ästhetische Bewertung insofern ein, als Ankaufs- und Ausstellungsentscheidungen der Museen berücksichtigt werden, doch werden sie vorrangig als Maßstäbe für die Preisbewertung eingesetzt. Das Wirtschaftsmagazin „Capital" vergißt deshalb auch nicht, im Falle Bruce Naumanns die Preisbewertung – wie in einer Bewertung von Aktien – als „sehr günstig" anzugeben, was man geradezu als Aufforderung zum Kauf verstehen muß. Wie risikobelastet allerdings auch die „Aktie Kunst" ist, macht „Capital" sogleich selbst deutlich: „Ob Künstler wie Bruce Naumann [...] auch noch in 50 Jahren Welt- und Marktgeltung haben, vermag niemand vorherzusagen. Denn Mode- und Markttrends haben auch in der Kunst Einzug gehalten. Ein herausragendes Beispiel dafür sind die sogenannten Jungen Wilden, die in den achtziger Jahren unangefochten den Markt und die Museen beherrschten, heute aber im Kunstgeschehen kaum noch eine Rolle spielen [...]" (Capital 11/1992: 140). Ob dies künstlerische oder gesellschaftspolitische Gründe hat, interessiert in diesem Zusammenhang offensichtlich nicht.

Die Regeln des Marktes und der Wert der „Aktie Kunst" sind entscheidend; künstlerisch-ästhetische Bewertungen von Ausstellungsmachern und Museumsdirektoren werden hier geradezu für Marktzwecke instrumentalisiert, wobei nicht verschwiegen werden darf, daß sich manche von ihnen diesen Mechanismen gerne unterordnen. Der Bildhauer Jürgen Weber sprach schon 1981 in seinem (zornigen) Buch „Entmündigung der Künstler" von einer „Symbiose von Kunsthandel und Museen" (WEBER 1981: 149) und zeigte ausführlich, wie Museumsleiter, Kritiker und Galeristen Künstler „machen". Wenn sogar Akademieleiter (hinter vorgehaltener Hand) davon sprechen, Künstler würden heute „geklont", zeigt dies deutlich, welchen Stellenwert die Gesetze des Marktes heute im Kunstbetrieb haben.

Leider nicht viel anders ist die Situation in der Musik. Der mexikanische Sänger Francisco Araiza wurde einmal gefragt, ob mehr als nur eine Stimme erforderlich sei, um ein ganz großer Tenor zu werden: „Um eine Karriere nach modernen Gesichtspunkten zu gestalten, muß man vor allem auch medienwirksam agieren, ja die Medien benutzen. Ein Vorgänger der ,Drei von Rom' 〈José Carreras, Placido Domingo und Luciano Pavarotti; Anmerkung W. H.〉 hat einmal verbittert geäußert, daß er noch in einer Zeit an die Spitze gekommen sei, in der man aufgrund seiner Leistungen dorthin gelangte und nicht aufgrund von Werbemaßnahmen. Man muß also sehen, wieviel vom Image eines Sängers durch gute Leistungen bedingt ist und wieviel durch gute Werbung. Von der sängerischen Leistung her kann man nach nicht viel mehr streben als nach dem, was ich erreicht habe. Ich habe wichtige Premieren mit namhaften Dirigenten und Regisseuren gemacht, habe Schallplatten, CDs und Videos aufgenommen und zähle zu den bedeutendsten Tenören. Aber der Beste zu werden, das schafft man heutzutage wohl nur noch mit Hilfe der Medien. Und die Medien sind nicht sonderlich an Nachfolgern interessiert, solange die anderen noch auf dem Thron sitzen. Das geht nur durch Ablösung."[15]

In allen Sparten sind die gleichen Gefahren zu erkennen: die Gesetze des Marktes drohen, die künstlerisch-ästhetische Bewertung von Kunst zu überlagern. Marketing, Image und die Aussicht auf einen materiellen Gewinn bestimmen oft weit mehr den Stellenwert eines Kunstwerks als eine langfristig orientierte ästhetische Bewertung.

Allerdings ist vor der Hoffnung zu warnen, dieses Mißverhältnis ließe sich mit leichter Hand überwinden; man würde sich wohl dem Vorwurf aussetzen, eine äußerst schwierige Situation allzu naiv zu beurteilen. Im Gegensatz zum Kunst- und Kulturmarkt, der im Spiel von Angebot und Nachfrage ein weitgehend rational ablaufendes Regelwerk besitzt, verfügt die künstlerisch-ästhetische Bewertung über keinen auch nur halbwegs vergleichbaren Mechanismus. Nach wie vor haben Künstler und Kulturwissenschaftler der verschiedensten Disziplinen und Fakultäten allergrößte Schwierigkeiten damit, überhaupt zu sagen, was Kunst ist, geschweige denn eine Aussage darüber zu treffen, was große und bedeutende Kunst sei. Einzig im historischen Rückblick entsteht eine Art Konvention, bestimmte Kunstwerke als herausragende Arbeiten ihrer Zeit zu benennen.

Für die Gegenwart aber ist ein solches Urteil scheinbar nur möglich mit Hilfe des gesamten Kulturbetriebs. Für Paul Wember beispielsweise, dem früheren Direktor des Krefelder Kaiser-Wilhelm-Museums, war das große Engagement für die Avantgarde der fünfziger und sechziger Jahre nur möglich gewesen, weil er sich von Kritikern und Galeristen den hohen Wert seiner Ankäufe bestätigen lassen konnte. Auf die Stadt Krefeld, als Träger des Museums und Dienstherrn des Museumsleiters, wirkten die Ankäufe eher befremdlich; sie ließ Wember nur deshalb gewähren, weil die sehr preiswerten Ankäufe der Arbeiten von Yves Klein, Tinguély, Mack, Piene, Uecker u. a. am Kunstmarkt sehr bald zu wesentlich höheren Preisen gehandelt wurden.[16] Dieses Beispiel zeigt deutlich, daß auch dort, wo scheinbar Entscheidungen nur nach künstlerisch-ästhetischen Gesichtspunkten fallen sollten, die Regeln des Kunstmarktes dankbar als Hilfsargument angenommen werden. Unser vor allem von Rationalität geprägtes Handeln sucht auch in Kunst und Kultur der subjektiven Entscheidung zu entkommen. Der Kulturmarkt mit seinen nachvollziehbaren Regeln von Angebot und Nachfrage

bietet hier eine verlockende Lösung. Wenn viele Künstler, Kultur-
freunde, Sammler oder Kulturvermittler dieser Verlockung erliegen, so
mag man dies zwar bedauern, aber man muß es nicht zwangsläufig
verteufeln.

Bedauern mag man es deshalb, weil jede Form von Kunst auch die
Aufgabe hat, Journal zu sein für die spezifische Befindlichkeit einer
Zeit, seismographisch Veränderungen aufzuspüren, die sich (noch un-
sichtbar) andeuten, und uns „wahrsagerisch" auf die Zukunft vorzube-
reiten. Kunst ist – neben ästhetischen und anderen Funktionen – immer
auch ein Ausdruck unserer Zeit und ein Wegweiser des Menschlichen.
Wenn Kunst und Kultur vorrangig den Gesetzen des Marktes unterworfen werden, wird es nicht leicht sein, diese Funktionen zur Geltung
zu bringen, weil eine Kunst in solcher Funktion häufig unbequem und
auch unverständlich wirkt.

Kulturmanagement aber hat – unabhängig von kommerziellen Zielen – das oberste Ziel, Kultur zu ermöglichen (vgl. Abb. 2). Wenn Kultur
mehr und mehr eine Angelegenheit des privatwirtschaftlich-kommerziellen Kulturbetriebs wird, dann muß auch dieser Teil des Kulturbetriebs verstärkt die Verantwortung für diese Funktionen von Kultur
mitübernehmen. Angebot und Nachfrage, der Preis, Hitlisten und Mar-
ketingstrategien sollten auch im privatwirtschaftlich-kommerziellen
Kulturbetrieb immer nur Hilfsinstrumente sein, die der Rentabilität
eines Kulturbetriebs dienen, bei dem aber die Ermöglichung von Kultur
stets im Vordergrund steht.

2.5 Der mediale Kulturbetrieb

Das Statistische Bundesamt hat ermittelt, daß 1990 in Vierpersonen-
haushalten von Angestellten oder Arbeitern mit mittlerem Einkommen
im früheren Bundesgebiet von allen Aufwendungen für Freizeitgüter allein 23,3% auf Medien entfielen (Statistisches Bundesamt 1992a: 156).
Dazu rechnen die Statistiker Bücher, Broschüren, Zeitungen, Zeitschriften, Rundfunk- und Fernsehgeräte und -gebühren, Foto- und
Kinogeräte, einschließlich Filmmaterial u. ä. Der hohe Anteil von fast
einem Viertel aller Freizeitausgaben entspricht fast dem Ausgabenanteil
für die Urlaubsgestaltung (24,9%).

Eine Umfrage des Instituts Allensbach nach den bevorzugten Freizeitaktivitäten über 16jähriger in der früheren Bundesrepublik ergab
1984 auf den ersten sieben Plätzen folgende Reihenfolge (bezogen auf
100 Befragte; Mehrfachnennung war möglich):

Fernsehen	69
Zeitungen, Zeitschriften lesen	68
Gemütlich zu Hause bleiben	67
Spazierengehen	57
Freunde, Verwandte besuchen	52
Radio hören	50
Bücher lesen	49

(Tokarski/Schmitz-Scherzer 1985: 91, zitiert nach Nahrstedt 1990: 156).

Beide Erhebungen machen den hohen Stellenwert der Medien in unserer Freizeitgesellschaft deutlich; nach der Allensbach-Umfrage entfallen immerhin vier der ersten sieben bevorzugten Freizeitaktivitäten auf eine Mediennutzung. Die intensive und zeitaufwendige Nutzung medialer Angebote in Freizeit und Beruf ist zweifellos in diesem Jahrhundert die am stärksten ins Gewicht fallende Veränderung unserer Lebensgestaltung. Sie hat unmittelbare Auswirkungen auf unsere Kultur und auf die Art und Weise, wie wir an kulturellen Angeboten partizipieren. Dies wird im Hörfunk besonders deutlich. „Man geht nicht mehr zur Musik hin, in ein Theater oder Café, sondern die Musik kommt ins Haus, ganz privat" (Flender/Rauhe 1989: 63).

Dabei ist allerdings die Medienwirtschaft in ihrer Gesamtheit nicht gleichzusetzen mit dem medialen Kulturbetrieb, obwohl enge Verbindungen und Überschneidungen bestehen, die es fast unmöglich machen, eine generelle Trennlinie zu definieren. Zur Zeitung gehört das Feuilleton und zum politischen Teil die kulturpolitische Nachricht. Das Fernsehen kennt nicht nur reine Kultursendungen (z. B. „Kulturweltspiegel" oder „aspekte"), sondern auch die Nachrichtensendungen und politischen Magazine, die immer wieder auch kulturelle Themen aufgreifen, oder auch Talkshows, die von einem kulturellen Angebot kaum noch zu unterscheiden sind (z. B. „Baden-Badener Disput"). Noch schwieriger wird eine Abgrenzung im Bereich der Literaturverfilmung und des Fernsehspiels oder bei der Zuordnung von Verlagspublikationen. Nahezu unmöglich wird es, das Musikangebot des Hörfunks oder Tonträger nach kulturellen und nicht-kulturellen Anteilen zu unterscheiden. Die leidige Differenzierung der Verwertungsgesellschaften zwischen U- und E-Musik sollte hierfür jedenfalls keine Gesprächsgrundlage sein.

Vor allem wenn von Größenordnungen die Rede ist, wird man deshalb besser mit Gesamtgrößen arbeiten, ohne eine Unterteilung auch nur zu versuchen. Entscheidend ist ohnehin der Stellenwert dieser Branche und der Einfluß, der davon auf andere Teile des Kulturbetriebs ausgeht.

2.5.1 Druckmedien

Zu den Druckmedien gehören Zeitungen und Zeitschriften sowie Bücher, einschließlich Musiknotenbücher und -hefte, aber auch Druckgrafiken, Faksimile-Drucke usw. Der Zeitungs- und Zeitschriftenmarkt (Haupt- und Nebenausgaben) hatte Ende 1989 im alten Bundesgebiet folgende Größenordnung:

Tab. 8: Zeitungs- und Zeitschriftenmarkt im früheren Bundesgebiet

	Anzahl der Titel	Auflage je Erscheinungstag (Mill. Exempl.)	Jahresumsatz (Mrd. DM)	Finanzierung durch Anzeigen
Zeitungen	1217	25,1	12,6	ca. 66%
Zeitschriften	7831	309,0	12,2	ca. 50%

(Quelle: Statistisches Bundesamt 1992 a: 161 f.)

Bei den Zeitschriften machten die Fachzeitschriften (z. B. aus Wissenschaft und Forschung) mit 41,8% den größten Teil der 7831 Titel aus, doch schlugen sie bei den Auflagen nur noch mit 20% zu Buche. „Am oberen Ende der Auflagenskala befanden sich 99 Zeitschriften (1,3% aller Titel) mit Auflagen von einer halben Million und mehr. Sie vereinigten mit 142 Mill. Exemplaren fast die Hälfte der gesamten Zeitschriftenauflage für sich" (Statistisches Bundesamt 1992 a: 163).

Von ebenfalls beeindruckender Größenordnung ist der Buchmarkt. 1989 erschienen allein im alten Bundesgebiet fast 66000 Buchtitel, wovon 48400 Erstauflagen und 17600 Neuauflagen waren. Im gleichen Jahr erschienen in der damaligen DDR etwas mehr als 6000 Titel. Sowohl in der BRD als auch in der DDR machten belletristische Titel (einschließlich Sprach- und Literaturwissenschaften) mit 22,3% bzw. 36,3% sowie sozialwissenschaftliche Publikationen mit 21,6% bzw. 23,6% jeweils die höchsten Anteile an den neu erschienenen Titeln aus (vgl. Statistisches Bundesamt 1992 a: 164).

Die Ifo-Studie von 1988 nennt für den gesamten Verlagsbereich (Zeitungs-, Zeitschriften- und Buchverlage) in den alten Bundesländern für 1984 einen Umsatz von 30287 Mill. DM bzw. eine Bruttowertschöpfung von 10390 Mill. DM und zählt insgesamt etwa 135000 Beschäftigte (ohne Zusteller) (HUMMEL/BERGER 1988: 75–81). Damit beläuft sich die Bruttowertschöpfung des Verlagsbereichs auf mehr als ein Viertel der Bruttowertschöpfung des gesamten Kunst- und Kulturbereichs (40070

Mill. DM); von den 682 800 Erwerbstätigen des Kunst- und Kulturbereichs ist jeder fünfte im Bereich der Druckmedien tätig.

„Allen Verlagsarten gemeinsam ist […], daß sie zwischen dem Sub-
stanzenmarkt (Autoren, Lizenzen) und dem Käufermarkt (Buchhändler, „Endverbraucher") eine Art Scharnier bilden" (HAENEL 1991:
89). Darin kommt die vermittelnde Position zum Ausdruck, die das Verlagsmanagement mit dem Kulturmanagement durchaus gemeinsam hat.
Gleichzeitig läßt diese Formel aber auch die Nähe des Verlagswesens
zum Textproduzenten, zum Schriftsteller und Publizisten, erkennen.
Zu Recht spricht man deshalb auch von einer „(vertraglich geregelten)
Ehe" (HAENEL 1991: 91), weil Schriftsteller und Publizisten vom Verlag
abhängig sind und umgekehrt ein Verlag ohne seine Autoren weder Bücher noch Zeitschriften produzieren kann. Der Verlagsbereich ist deshalb von elementarer Wichtigkeit, um Kultur – hier: Literatur und Texte
– zu ermöglichen. Hierbei kommt vor allem dem Buchlektor eine besondere Bedeutung zu, dem „die Betreuung des jeweiligen Buchpro-
jekts innerhalb des Verlags und nach außen" (RÖHRING 1987: 15) übertragen ist.

Steht der Autor als Teil des Kulturbetriebs am Anfang jeder Verlags-
produktion, so finden sich neben dem Zeitschriften- und Buchhandel
vor allem auch die öffentlichen und wissenschaftlichen Bibliotheken am
Ende dieser Kette. Dabei wird die Bedeutung der Bibliotheken für das
Verlagswesen häufig falsch eingeschätzt; nach wie vor besteht das Vorurteil, Bibliotheken würden den Verlagen und dem Buchhandel
schaden, weil sie statt zum Buchkauf nur zur Entleihe führen würden.
Dazu ist zunächst einmal festzuhalten, daß die etwa 11 000 öffentlichen
und etwa 1000 wissenschaftlichen Bibliotheken im alten Bundesgebiet
mit insgesamt etwa 250 Mill. Medieneinheiten (vorwiegend Bücher,
aber auch Zeitschriften und Tonträger) für die Verlage ein ganz wesentlicher Markt sind. Öffentliche Bibliotheken ergänzen oder erneuern
jährlich etwa 5 bis 7% ihres Bestands, was Buchankäufe in einer
Größenordnung von 5 bis 7 Mill. Exemplaren bedeutet. Bei einem
Buchpreis von durchschnittlich etwa 35 DM ergibt sich daraus eine Ge-
samtsumme von 175 bis 250 Mill. DM jährlich, die – aus Steuermitteln
finanziert – dem Buchhandel und den Verlagen zufließt. (Bei wissenschaftlichen Bibliotheken ist die Relation zwischen Neuerwerbungen
und Altbestand wesentlich kleiner, weshalb sich hier eine niedrigere,
aber immer noch beachtliche Summe ergeben dürfte.) Zum zweiten ist
der Leser, der nur entleiht, eher die Ausnahme. In aller Regel ist der Bi-
bliotheksnutzer auch ein guter Kunde des Buchhandels, weil er durch
die Bibliotheksnutzung einen positiven Zugang zum Medium Buch hat

(vgl. SAXER/LANGENBUCHER/FRITZ 1989 sowie FRITZ 1991). Wer diesen
positiven Zugang nicht hat, ist weder Nutzer der Bibliothek noch
Kunde des Buchhandels. Viele Buchhändler und Verleger unterstützen
deshalb mehr und mehr die Bibliotheken bei ihrer Arbeit, was das Beispiel des Bertelsmann-Verlags in der Zusammenarbeit mit der Stadtbibliothek Gütersloh besonders überzeugend belegt.

2.5.2 Hörfunk und Fernsehen

Hörfunk und Fernsehen erreichen inzwischen fast jeden Haushalt.
1990 verfügten im früheren Bundesgebiet 99,6% aller Haushalte über
ein Hörfunkgerät. 1992 zählte das Statistische Bundesamt in den alten
Bundesländern in 89% und in den neuen Bundesländern sogar in 94%
aller Haushalte ein Farbfernsehgerät.[17]
   Das Zweite Deutsche Fernsehen (ZDF) hat für 1990 folgende Aufgliederung nach Programmbereichen (Anteile an der Gesamtsendezeit)
vorgelegt:

Tab. 9: Programmstatistik des ZDF (1990)

Kultur	8,2%
Theater und Musik	4,1%
Fernsehspiel und Film	23,1%
Unterhaltung	7,4%
Kinder, Jugend, Familie	10,0%
Reihen und Serien (Vorabend)	7,5%
Sport	7,6%
Politik und Aktuelles	23,7%
Werbefernsehen	2,2%
Sonstiges	6,2%

(Erstellt nach Statistisches Bundesamt 1992a: 161.)

Hier wird deutlich, daß – wie bereits an anderer Stelle erwähnt – eine
klare Trennung zwischen kulturellen und anderen Programmanteilen
kaum möglich ist. Eine anspruchsvolle Literaturverfilmung oder die
Aufzeichnung eines Konzerts findet sich unter anderen Rubriken als
Kultur; folglich läßt sich aus einer solchen Aufstellung kaum etwas über
den „kulturellen Charakter" eines Programms sagen.
   Daß „die" Kultur angeblich im Fernsehen zu kurz kommt bzw.
immer erst kurz vor Mitternacht stattfindet, ist ein hinlänglich be-
kannter Vorwurf. Dem hält Rudi Sölch, der Verwaltungsdirektor des

ZDF, entgegen, daß das Fernsehen ein Programm zu bieten habe, das den Wünschen und Bedürfnissen aller Zuschauer zu entsprechen habe. Die Statistik mache deutlich, „daß allein die beiden Hauptabteilungen Kultur und Musik über 10% des Gesamtangebots erbringen. Das Interesse an Kultur im engeren Sinn ist in unserer Gesellschaft nicht anders ausgeprägt als das Interesse der Fernsehzuschauer und als das Programm. Nur etwa 10% der Bundesbürger besuchen regelmäßig Theater, Konzerte, Museen und Bibliotheken. Diese Zahl korreliert mit den Erfahrungen im Fernsehen. Etwa 10% erklären dort ein starkes Interesse für Kunst und Kultur, etwas weniger für Oper und Konzert" (SÖLCH 1991: 307).

Das mag zwar in der statistischen Relation so stimmen, doch bietet es noch keine Erklärung dafür, daß die Programmanteile Kultur, Theater und Musik seit Jahren kontinuierlich zurückgehen. 1970 bot das ZDF 14,3% Programmanteile Kultur und 5,9% Theater und Musik (ZDF-Jahrbuch 1970, zitiert nach FOHRBECK/WIESAND 1972: 145). Allein diese beiden Gruppen schrumpften somit von zusammen 20,2% auf (1989) 12,3%, ein Rückgang um immerhin 40% innerhalb von nicht einmal 20 Jahren. Hierin vor allem kommt zum Ausdruck, wie sich der „Stellenwert" von Kultur im Programmangebot einer öffentlich-rechtlichen Fernsehanstalt verändert hat.

Der zweite Vorwurf lautet, daß „das Fernsehen dabei ⟨sei⟩, unsere Kultur in eine riesige Arena für das Showbusiness zu verwandeln" (POSTMAN 1985: 102). Es geht mir, schreibt Postman, „nicht darum, daß das Fernsehen unterhaltsam ist, sondern darum, daß es die Unterhaltung zum natürlichen Rahmen jeglicher Darstellung von Erfahrung gemacht hat. [...] Problematisch am Fernsehen ist nicht, daß es uns unterhaltsame Themen präsentiert, problematisch ist, daß es jedes Thema als Unterhaltung präsentiert" (POSTMAN 1985: 110).

Hermann Glaser greift diese Kritik auf, differenziert sie aber mit Blick auf den besonderen deutschen Markt, der durch das Nebeneinander von kommerziellen und öffentlich-rechtlichen Fernsehanstalten gekennzeichnet ist: „Unter dem Sog der Kommerzialisierung [...] wird die durchaus mögliche Vieldimensionalität der Fernsehwelt heruntergewirtschaftet, zur total platten Scheinwelt gemacht [...] Man spricht von Medienpluralismus, meint aber nichts anderes als die Monotonie und Monokratie des Kommerziellen" (GLASER 1988: 79f.).

Was Hermann Glaser hier anspricht, ist leider in zunehmendem Maße zu beobachten: der Kommerzialisierungsdruck, der von den privaten Fernsehanstalten ausgeht, schlägt sich sehr negativ auch im öffentlich-rechtlichen Angebot nieder. Freilich ist dies mehr ein Eindruck, der sich nach wenigen Jahren des Nebeneinanders von kommerziellem und öffentlich gefördertem Fernsehen noch nicht statistisch belegen läßt. Ebensowenig läßt sich schon jetzt mit letzter Gewißheit sagen, wie eine Dominanz der platten und vordergründigen Unterhaltung im Fernsehen sich auf die nicht-medialen Kulturangebote auswirken wird. Werden wir auch dort „die Unterhaltung zum natürlichen Rahmen jeglicher Darstellung von Erfahrung" (POSTMAN 1985: 110) machen müssen, damit überhaupt noch jemand kulturelle Angebote wahrnimmt (statt der „Podiumsdiskussion" nun auch in der Bibliothek die „Talkshow"?), oder wird es vielmehr gelingen, durch ein bewußt anspruchsvolles Kontrastprogramm fernsehmüde Bevölkerungsteile wieder für außer-mediale Kulturerlebnisse zu gewinnen? Angesichts der kommunikativen und sozialen Vorteile, die eine solche Kulturbegegnung gegenüber dem Fernsehen ins Feld führen kann, sollte für die zweite Alternative wohl eine realistische Chance gegeben sein. Dann allerdings, so forderte 1985 Hilmar Hoffmann, muß „in die Entwicklung der gegensteuernden ‚lebendigen Kultur' [...] genauso viel investiert werden wie in die Infrastruktur der neuen Technologien" (HOFFMANN, HILMAR 1985: 73). Eine Forderung, die sich leider längst als obsolet erwiesen hat.

Vielleicht ist es aber auch einfach erforderlich, künftig konsequenter zwischen „Unterhaltung" und „Zerstreuung" zu unterscheiden. Kultur sollte immer unterhaltend sein, aber nie zerstreuend. Zerstreuung im Fernsehen kann folglich nicht Wahrnehmung eines Kulturauftrags sein. Nur fällt es angesichts eines überaus großzügig erweiterten Kulturbegriffs immer schwerer, zwischen Unterhaltung und Zerstreuung eine (kulturell begründete) Grenze zu ziehen.

Etwas anders ist die Situation im Hörfunk, weil hier der Kommerzialisierungsdruck sich nicht so prägend auf das Programm der öffentlich-rechtlichen Rundfunkanstalten auswirkt. Auch haben es die öffentlich-rechtlichen Anbieter schon früh verstanden, durch eine gezielte Diversifikation (drei bis vier verschiedene Hörfunkprogramme pro Sender) die unterschiedlichsten Zielgruppen anzusprechen. Daß dies allerdings Auswirkungen auf den relativen Stellenwert von Kultur im Gesamtprogramm eines Senders haben kann, hat sich sehr deutlich beim Westdeutschen Rundfunk (WDR) nach der Einführung des vierten Programms (1984) gezeigt (s. Tab. 10, S. 87).

Nach der Einführung des vierten Programms, das weitgehend durch Musik- und Wortbeiträge mit unterhaltendem Charakter geprägt ist, hat sich der Anteil von Kultur und Musik am Gesamtangebot relativ von 75% auf 71% reduziert, obwohl die absoluten Sendeminuten deutlich zugelegt haben. Davon haben, wie die letzte Spalte zeigt (Zu-/Ab-

Tab. 10: Kultur im Hörfunk des WDR 1981–85

Programm-Sparten (nach interner WDR-Organisation)	Sendezeiten-Anteile in Prozent			Ent- wicklung (1981 = 100)
	1981	1983	1985	
Summe Kultur	8	9	6	102
darunter:				
Kultur und Wissenschaft	3	3	2	94
Summe Musik	64	63	63	148
darunter:				
Sinfonie und Oper	10	11	7	106
Neue Musik	2	2	1	80
Kammermusik	7	7	5	117
Volksmusik	2	2	2	148
Alte Musik	2	3	2	103
Unterhaltende Musik	38	38	43	168
Jazz	1	1	1	93
Hörspiel	1	1	1	104
Unterhaltung	2	2	2	102
Summe Hörfunkprogramm	100	100	100	
darunter:				
Kultur und Musik	76	75	71	
	absolut (in Tsd. Minuten)			
Summe Hörfunkprogramm	1419	1436	2131	150
darunter:				
Kultur und Musik	1072	1083	1505	141

(Quelle: FOHRBECK/WIESAND 1989b: 146.)

nahme der tatsächlichen Sendezeiten in nunmehr vier Programmen gegenüber ehemals drei Programmen), alle Sparten profitiert, lediglich die Bereiche Neue Musik und Jazz sind auch absolut die Verlierer in dieser Entwicklung.

Aus betriebswirtschaftlicher Sicht wird die Kooperation zwischen verschiedenen Sendern in Form gemeinsamer Produktionen (sogenannte Koproduktionen) als ein wirksames Mittel zu vermehrter Wirtschaftlichkeit im öffentlich-rechtlichen Hörfunk angesehen. Doch so sinnvoll solche Koproduktionen für die wirtschaftlichen Ziele der Anstalten sind, so nachhaltig erweisen sie sich doch für Texter, Komponisten, Sprecher, Musiker und Schauspieler. Vor allem Schriftsteller beziehen einen wesentlichen Teil ihrer Einnahmen aus Honoraren der Rundfunk- und Fernsehanstalten: der „Autorenreport" ermittelte 1972 immerhin 36% (zitiert nach FOHRBECK/WIESAND 1989 a: 40 und wortgleich in FOHRBECK/WIESAND 1989 b: 80; vgl. auch Abschnitt 2.1.2). Rundfunkhonorare waren in der Nachkriegszeit für viele Autoren sogar die Haupteinnahmequelle; man denke nur an die damals so populären Hörspiele. Kommt es nun zu Koproduktionen mehrerer Sender, so wird nur noch einmal ein Honorar an die Künstler gezahlt, während bei den früher üblichen Übernahmen zumindest ein Übernahmehonorar gezahlt wurde.

In diesem Zusammenhang ist auch der Hinweis angebracht, daß die privaten Rundfunkanstalten gänzlich und die privaten Fernsehanstalten noch weitgehend auf Eigenproduktionen verzichten, so daß auch hier keine Honorarzahlungen anfallen. Zum dritten neigen die öffentlich-rechtlichen Fernsehanstalten als Folge des Popularisierungsdrucks der „Privaten" dazu, verstärkt populäre Unterhaltung ins Programm zu nehmen, für die aber immer wieder die gleichen Autoren herangezogen werden. Für viele Künstler ist deshalb die Veränderung unserer „Rundfunk- und Fernseh-Landschaft" mit erheblichen wirtschaftlichen Einbußen verbunden.

2.5.3 Foto, Film und Video

„Von allen Bildmedien ist der Kinospielfilm das beliebteste; dies zeigen allein die Zahlen über die am meisten bevorzugten Fernsehsendungen. Allerdings ist dies nur eine Seite der Medaille. Die andere: Jahrzehntelang haben sich das Fernsehen und zunehmend die Videobranche des Kinofilmstocks bedient, ohne sich finanziell zu sehr anzustrengen. Das Kino mußte dadurch fast zwangsläufig in Turbulenzen geraten" (KUTTER 1989: 125).

Obwohl vor allem der sogenannte „Neue Deutsche Film" seit dem „Oberhausener Manifest" von 1962 durchaus auf beachtliche künstlerische Erfolge verweisen kann und auch die Filmförderung des Bundes mit 11,3 Mill. DM (1989) keineswegs geringfügig ist, krankt das Kino an weiterhin rückläufigen Besucherzahlen. Zwar ist der Rückgang nicht mehr so dramatisch wie in den Jahren zwischen 1956 und 1968, als die Zahl der Kinobesuche von etwa 800 Mill. auf weniger als 200 Mill. zurückging, doch ist bis heute ein anhaltender Schwund zu verzeichnen: 1989 registrierten die 3216 ortsfesten Filmtheater im alten Bundesgebiet gerade noch 102 Mill. Besuche. Ähnlich verlief auch die

Entwicklung in der DDR: waren es dort 1960 noch 240 Mill., so registrierte man 1989 nur noch 69 Mill. Besuche.

Zweifellos trug vor allem das Fernsehen mit seinem Spielfilmangebot zu dieser Entwicklung bei, die seit den achtziger Jahren durch die privaten Fernsehanstalten (über Kabelanschluß oder via Satellit) noch zusätzlich unterstützt wird.

Nimmt man noch die Konkurrenz des Videos hinzu (über Videotheken oder per Aufzeichnung auf dem heimischen Video-Recorder), so wird der Markt für den Kinofilm immer kleiner. Angesichts der unmittelbar bevorstehenden Verbreitung hochauflösender Bildschirme (HDTV), die eine Qualität ins Wohnzimmer bringen, die dem Kino kaum noch nachsteht, wird sich der Druck auf den Kinofilm kurzfristig noch verstärken.

Doch wird diese Entwicklung keineswegs einhellig als Verlust angesehen: „Die neuen technischen Möglichkeiten in den audiovisuellen Medien werden neue Typen von Spielfilmen und Serien, neue Möglichkeiten zu Aufzeichnungen und Live-Übertragungen, auch von Kulturereignissen wie z. B. Operninszenierungen sowie neue Anwendungen auch in den Bereichen des Industrie- und Werbefilms eröffnen" (HUMMEL/BRODBECK 1991: 173).

Allerdings verliert eine solche Film- und Video-Kultur immer mehr einen „Ereignis-Charakter"; sich in den Sessel zu hängen und die Fernbedienung zur Hand zu nehmen ist schließlich kein „Ereignis", der Kino-Besuch dagegen ist es durchaus. Film wird so zum totalen Konsum, den der Konsument weitgehend nach eigenem Belieben steuern kann (Programmwechsel per Fernsteuerung; Schnell-Vorlauf beim Video, wenn es langweilig wird). Das erzählerische Element im Film wird dann zwangsläufig verlorengehen, weil der Zuschauer es bald verlernt haben dürfte, geduldig zuzuhören und zuzusehen. Schon jetzt zeichnen sich viele Filmproduktionen durch eine handlungsarme Abfolge von Action-Szenen oder eine geistlose Aneinanderreihung von „Lachern" aus.

Dies wirft nicht nur die Frage auf, inwieweit ein solcher Kulturkonsum ohne narrative Elemente auch unsere Alltagskultur beeinflussen wird: beispielsweise in der privaten Gesprächssituation des Erzählens und Zuhörens. Es berechtigt auch zu der Vermutung, daß sich nach der Musik nun auch Film und Video zu einem Background unseres Alltags entwickeln werden. Schon jetzt läuft in vielen Haushalten Amerikas – und zunehmend auch Europas – das Fernsehgerät ununterbrochen zur beiläufigen Unterhaltung während alltäglicher Routinearbeiten. Wenn sich aber Fernsehen und Video weiter zu reiner

Unterhaltung und Background-Berieselung entwickeln sollten, könnte dies wieder zu einer neuen Chance für den anspruchsvollen künstlerischen Kinofilm führen. Deshalb dürfen Film und Video als kreatives künstlerisches Medium nicht aufgegeben werden, sondern müssen – gerade auch mit den Mitteln des Kulturmanagements – erhalten bleiben. Die neben der Fotografie einzige wirklich originäre künstlerische Ausdrucksform des 20. Jahrhunderts darf nicht zum bildnerischen Umfeld für Werbespots verkommen.

Ein Blick auf die Entwicklung der Fotografie gibt hier wirklich zu hoffnungsfroher Erwartung Anlaß. Auch die Fotografie hatte sich nach anfänglicher künstlerischer Nutzung in den sechziger und siebziger Jahren zu einem Konsumgut für jedermann entwickelt. Preiswerte Kleinbildkameras von guter Qualität und die maschinelle Bildentwicklung haben das Fotografieren zu einem billigen Vergnügen gemacht, bei dem es auf 100 Fotos mehr oder weniger nicht ankommt. Und dennoch hat sich im vergangenen Jahrzehnt die künstlerische Fotografie neu etabliert; Kunstmuseen mit einer Abteilung für Fotografie oder Fotoausstellungen in Galerien und Kunsthallen sind heute eher die Regel als die Ausnahme. In diesem Zusammenhang hat sich auch ein Markt für Fotografie und Fototechnik entwickelt, der sich deutlich vom Angebot der Urlaubs- und Freizeitfotos absetzt. Wenn man bedenkt, daß der künstlerische Film über die vielen Kommunalen Kinos und dank der Bundesfilmförderung schon immer eine wesentlich bessere Absicherung erfuhr, als es die Fotografie je hatte, so darf eigentlich mit gutem Recht erwartet werden, daß es auch für den anspruchsvollen Film wieder eine Renaissance geben wird.

2.5.4 Neue Medien

Weit mehr noch als im unmittelbaren Konsumentenbereich zeigt sich in der wissenschaftlichen, technischen und künstlerischen Anwendung eine mediale Weiterentwicklung; Video, Satelliten-Fernsehen, HDTV oder Computer-Spiele sind nur ein kleiner Teil dessen, was sich im Bereich der sogenannten Neuen Medien – also alles, was über Printmedien, Fotografie und Film hinausgeht – abzeichnet. Diese Neuen Medien werden in der künstlerischen Darstellung und in der Vermittlung kultureller Inhalte künftig eine wesentliche Rolle spielen und werden deshalb zunehmend auch Gegenstand von Kulturmanagement sein.

„Die durch das CAD ergänzte ‚visuelle Kommunikation' oder durch computerisierte Maschinen (CAM) präzisierten Verfahren des Produktdesigns haben die traditionellen Designfächer von Grund auf verändert. Neue Perspektiven eröffnen sich auch für den mit Laser oder der computerisierten Beleuchtung arbeitenden Szenografen. Die klassischen Fächer wie etwa Plastik werden multimedial erweitert; die Videoskulptur und die Videoinstallation sind neue ausdrucksstarke Gattungen der Plastik, die die Kunstszene wesentlich beeinflußt haben" (KLOTZ 1992 a: 5).

Augenfälliges Zeichen dieser Entwicklung sind beispielsweise die 1988 in Karlsruhe gegründete „Hochschule für Gestaltung" und das damit verbundene „Zentrum für Kunst und Medientechnologie" (ZKM). Das Wirtschaftsmagazin „Forbes" charakterisierte beide Einrichtungen als „High-Tech-Werkstatt, in der Künstler, Designer und Philosophen aus aller Welt ihre Utopien für das kommende Jahrtausend entwickeln".[18] Und in der Tat geht es darum, die alltagsprägende Kraft in der Entwicklung unserer Medien nicht nur soziologisch zu untersuchen, sondern gleichzeitig auch künstlerisch mitzugestalten. Wenn die Neuen Medien nicht nur eine Technologie für die Rationalisierung von Industrieproduktionen oder für Vermittlung und Speicherung unendlich vieler Informationen bleiben, sondern auch die Lebenswelt und Lebensqualität des nächsten Jahrhunderts prägen sollen, dann müssen diese Neuen Medien auch Eingang finden in die Sprachen, die Zusammenhänge zwischen Alltag und Beruf, zwischen Fortschritt und Lebenssinn, zwischen Rationalität und Irrationalität beschreiben. Dies war und ist wesentlich eine Aufgabe der Kunst und der Philosophie (früher auch einmal der Religion).

Nicht mehr und nicht weniger ist der Anspruch der beiden Karlsruher Institutionen: „Es muß in Deutschland einen Ort geben, wo der Versuch unternommen wird, die künstlerischen und medientechnologischen Resultate für die Zukunft fruchtbar zu machen und unter Beteiligung der besten schöpferischen Kräfte eine Synthese der Künste und der Medientechnologien anzustreben. Die Ermöglichung des multimedialen Gesamtkunstwerks wie auch die Erforschung der speziellen Techniken, die Beförderung des Neuen wie auch die Kritik einer blinden Medieneuphorie sind das angestrebte Ziel" (KLOTZ 1992 b: 9).

Auch an anderer Stelle befinden sich ähnliche Einrichtungen im Aufbau oder in Planung, erinnert sei beispielsweise an die Kunsthochschule für Medien Köln. Sie alle lassen erwarten, daß die Neuen Medien aller Wahrscheinlichkeit nach nicht eine Marginalie unseres medialen Konsumverhaltens bleiben werden, sondern ganz entscheidend in unseren Lebensalltag eingreifen werden. Wenn aber diese Erwartung ansteht, kann sie gerade auch aus der Sicht des Kulturmanagements nicht unbeachtet bleiben, denn sie wird sich ganz wesentlich als kulturelle Entwicklung zeigen. Konkret bedeutet dies, daß das Kulturmanagement die aktive Ermöglichung von Kultur mit Hilfe der Neuen Medien zeigen und vermitteln muß. Sind die bisherigen elektronischen Medien fast ausschließlich passiv nutzbar, so erschließt sich mit den Neuen Medien eine neue Dimension der aktiven medialen Gestaltung. Medienmuseen, wie sie gerade in Karlsruhe entstehen, vermitteln sich dem Besucher nicht mehr in rezeptiver Passivität, sondern vorwiegend in körperlicher und kreativer Mitwirkung. Soziale Interaktionen und Kommunikation im weitesten Sinne sind dabei häufig unabdingbare Voraussetzungen.

Nicht nur die Kunst, sondern auch das Kulturmanagement erfährt durch die Neuen Medien eine ungeahnte Bereicherung. Das eigentliche Problem für das Kulturmanagement besteht allerdings wohl darin, daß es im traditionellen künstlerischen und kulturellen Umfeld noch wenig gesichert ist und damit die Basis fehlt, von der aus Schritte in eine neue und andersartige Herausforderung mit der Gewißheit der eigenen Sicherheit getan werden können. Doch kann diese fehlende Verankerung im Traditionellen auch eine Chance sein, wenn es nämlich gelingt, das (neue) Kulturmanagement im Gleichschritt mit den Neuen Medien zu etablieren.

2.6 Kultur und Europa

Kaum ein Thema hat in letzter Zeit im Kulturbetrieb so sehr die Phantasie von Tagungsorganisatoren[19] und Buchherausgebern[20] beflügelt wie das Stichwort „Kultur und Europa". Das Bonner Zentrum für Kulturforschung spezialisiert sich mehr und mehr auf europarelevante Kulturthemen und hat ein „Netz kultureller Datenbanken" angeregt (Kulturforschung 6/7, 1992: 5 ff., vgl. auch WIESAND 1987), der Deutsche Kulturrat hat gemeinsam mit europäischen Partnerräten am 10. 9. 1992 eine Entschließung für Grundsätze und Empfehlungen der Kulturförderung in der Europäischen Gemeinschaft verabschiedet, und auch die Kulturpolitische Gesellschaft hat diesem Thema unter dem Titel „Kulturgesellschaft Europa?" eine Ausgabe ihrer „Kulturpolitischen Mitteilungen" gewidmet (Heft 56 I/1992). Dem darin zum Ausdruck kommenden intensiven Bemühen um eine adäquate Annäherung an ein schwieriges Thema steht die Skepsis gegenüber, die sich etwa in Formulierungen wie „Kultur als Auslegeware für das Haus Europa?" (HOFFMANN, HILMAR 1990: 181) oder an einem prozentua-

len Anteil der Kulturausgaben am EG-Etat von nur 0,00016% (das ist
kein Druckfehler!) erkennen läßt.

Unsere Erfahrung kulturellen Erlebens ist ganz wesentlich geprägt
durch räumliche Nähe und Unmittelbarkeit. Wenn wir Kultur nicht me-
dial erleben, suchen wir sie in einem lokalen oder regionalen, höchstens
noch nationalen Bezug. Obwohl wir mit großer Selbstverständlichkeit
von der abendländischen Kulturtradition sprechen, tun wir uns mit
einer europäischen Kultur als einem persönlichen Anliegen recht
schwer. Dieser Widerspruch verschwindet aber seltsamerweise, wenn
wir im Zusammenhang weltwirtschaftlicher Wettbewerbe zwischen den
Kulturräumen Fernost, Nordamerika oder Europa zu unterscheiden
haben. Die Gefahr, daß die Kultur Europas in erster Linie die Kennzeichnung eines Weltmarkt-Segments ist, läßt sich in diesem Zusammenhang nicht ganz von der Hand weisen.

Was also ist unter Kultur und Europa oder gar einer europäischen
Kulturpolitik und Kulturarbeit zu verstehen? Geht es um den grenz-
überschreitenden Kulturbetrieb, um eine internationale Kulturarbeit,
oder geht es um die Wahrung einer Kulturtradition, die sich in unserer
Kunst, Musik und Literatur, aber auch in unserem Alltagsgeschmack
niederschlägt?

Liest man die „Kulturklausel" (Artikel 128) im Vertrag von Maastricht (in der Fassung vom 9./10. 12. 1991), so geht es genau um dies
alles:

„(1) Die Gemeinschaft leistet einen Beitrag zur Entfaltung der Kul-
turen der Mitgliedstaaten unter Wahrung ihrer nationalen und regionalen Vielfalt sowie gleichzeitiger Hervorhebung des gemeinsamen
kulturellen Erbes.

(2) Die Gemeinschaft fördert durch ihre Tätigkeit die Zusammenarbeit zwischen den Mitgliedstaaten und unterstützt und ergänzt erfor-
derlichenfalls deren Tätigkeit in folgenden Bereichen:

– Verbesserung der Kenntnis und Verbreitung der Kultur und Geschichte der europäischen Völker,
– Erhaltung und Schutz des kulturellen Erbes von europäischer Bedeutung,
– nichtkommerzieller Kulturaustausch,
– künstlerisches und literarisches Schaffen, einschließlich im audiovisuellen Bereich.

(3) Die Gemeinschaft und die Mitgliedstaaten fördern die Zusammenarbeit mit dritten Ländern und den für den Kulturbereich zuständigen internationalen Organisationen, insbesondere mit dem Europa-
rat.

(4) Die Gemeinschaft trägt den kulturellen Aspekten bei ihrer Tätigkeit aufgrund anderer Bestimmungen des Vertrags Rechnung.

(5) Als Beitrag zur Verwirklichung der Ziele dieses Artikels, erläßt der Rat

– gemäß dem Verfahren des Artikels 189 b nach Anhörung des Ausschusses der Regionen Fördermaßnahmen unter Ausschluß jeglicher Harmonisierung der Rechts- und Verwaltungsvorschriften der Mitgliedstaaten; der Rat beschließt im Rahmen des Verfahrens des Artikels 189 b einstimmig;

– einstimmig auf Vorschlag der Kommission Empfehlungen."

In der Tat kehren alle Stichworte der Eingangsfrage in diesem Artikel wieder: von der „nationalen und regionalen Vielfalt" ist ebenso die Rede wie vom „gemeinsamen kulturellen Erbe", die „Unterstützung von Aktionen" (Kulturarbeit) wird gleichermaßen erwähnt wie das „künstlerische und literarische Schaffen". Aber immer wird sorgfältig auf die Abstimmung mit den Mitgliedstaaten hingewiesen und die „Wahrung ihrer nationalen und regionalen Vielfalt" beachtet. Zwangsläufig denkt man eher an eine neue administrative Ebene für Kulturförderung als an eine eigenständige europäische Kultur und Kulturpolitik.[21] Eine „Kulturgesellschaft Europa" ist damit aber sicherlich nicht zu erreichen.

Colette Flesch, die EG-Generaldirektorin des Ressorts „Audiovisuelle Medien, Information, Kommunikation und Kultur", geht deshalb in ihren Forderungen weit über solch administrative Rahmenbedingungen hinaus:

„Ich rede [...] von Kultur durchaus in einem weiten, umfassenden Sinne, denn der Zukunftsdiskurs Europa wird sein:

– ein Geschichtsdiskurs,
– ein Ökologie- und Ökonomiediskurs,
– ein Technik- und Wissenschaftsdiskurs,
– ein Diskurs über Europa als Wanderungs- und Einwanderungsland,
– ein Diskurs über Eigenes und Fremdes, Kulturkontakt und Kulturaustausch und ein Religions- und Toleranzdiskurs"

(FLESCH 1992: 14). Und an anderer Stelle im gleichen Aufsatz heißt es:

„Wir müssen darauf reagieren, daß das Modell Westeuropa weder ökologisch, ökonomisch, technologisch noch geistig beliebig expandierbar ist. Es muß sich qualitativ ändern" (FLESCH 1992: 14).

Darin kommt ein gänzlich anderer Anspruch zum Ausdruck, eine eigene qualitative Dimension von Kultur in einem europäischen Bezugsrahmen (vgl. KOSLOWSKI 1992). In einem Europa der unterschiedlichen Nationen mit eigenständigen politischen, wirtschaftlichen und gesellschaftlichen Traditionen, mit erheblichen Sprachbarrieren und der Last vieler Kriege kann es nicht viele Wege geben, über die der umfangreiche, von Colette Flesch angesprochene „Zukunftsdiskurs" geführt werden könnte. Vielleicht der einzige Weg in diese Richtung, vielleicht unsere letzte Chance ist der kulturell orientierte Diskurs.

Leider ist davon im Vertrag von Maastricht nicht die Rede, denn die Völkerrechtler scheinen hierfür keinen Handlungsbedarf zu sehen. „Aufgrund der funktionalen Zuständigkeitsordnung der EWG-Organe (Politikverflechtung) ist ein Eingreifen der EG in die nationale Kulturpolitik in einzelnen Sachmaterien, wie z. B. zur Herstellung des freien Warenverkehrs, der Niederlassungs- und Dienstleistungsfreiheit, durchaus möglich und zulässig. Andererseits verfügt die EG nicht über eine generelle Kulturkompetenz. Im Gegenteil, diese steht nach wie vor den Mitgliedstaaten zu. Auch über die Zielsetzung eines ‚immer engeren Zusammenschlusses' und der Verpflichtung der Mitgliedstaaten zur Herstellung einer Europäischen Union nach Artikel 1 der Einheitlichen Europäischen Akte läßt sich eine Kulturkompetenz der EG nicht begründen, von Maßnahmen zur Funktionserhaltung einmal abgesehen. Diese können aber kaum ins Gewicht fallen. Daher ist die Schaffung eines europäischen Kulturraumes – der existiert, aber nicht der EG-Regelung bedarf – keine Aufgabe einer Wirtschaftsgemeinschaft" (RESS 1990: 5).

Statt dessen wird Kultur eher als ein Kreativitätspotential angesehen, das die Innovationen sichert, die für eine Behauptung europäischer Produkte am Weltmarkt notwendig sind. Das kommt sehr deutlich zum Ausdruck, wenn Lothar Späth – sich dabei auf Jack Lang berufend – etwa sagt: „Wir erkennen alle, daß unsere Produkte im weltweiten Wettbewerb künftig immer schwerer abzusetzen sind, weil wir eben sehr teure Waren anbieten. Wenn das so ist, dann müssen wir aber in zwei Dingen besonders gut sein: In der technischen Innovation und im Design. Was bedeutet, daß Design, Kreativität und kulturelles Umfeld eine immer größere Rolle spielen werden" (SPÄTH 1990: 135).

In dieser Position klingt vieles von dem an, was Jack Lang zu Beginn der 80er Jahre als „Modernisierungsstrategie" bezeichnet hat (vgl. HADESBECK 1991). Da zur gleichen Zeit der Einfluß Frankreichs auf die Kulturpolitik in Europa am größten war, weil von dort die innovativsten Ansätze kamen, entwickelte sich „Kultur als Modernisierungsstrategie" fast zu einer europäischen Kulturpolitik. Lothar Späth, der in den achtziger Jahren „Bevollmächtigter der Bundesregierung für kulturelle Angelegenheiten im Rahmen des deutsch-französischen Vertrags" war, hat die Position Jack Langs in hohem Maße übernommen (vgl. SPÄTH

1985) und hierbei vor allem auch den Medien einen großen Stellenwert
zuerkannt; die Entstehung des deutsch-französischen Kulturkanals
„arte" ist eine direkte Folge dieser gemeinsamen kulturpolitischen
Überlegungen.[22]
Allerdings muß man wohl eingestehen, daß die deutsche Anlehnung
an die französische „Modernisierungsstrategie" oder die Zusammenarbeit am Kulturkanal „arte" eher Ausnahmen sind. Vor allem über die
deutsch-französische Zusammenarbeit hinaus sind Ansätze oder gar
Projekte, die auf eine gemeinsame europäische Kulturpolitik hinweisen,
nur noch spärlich vorhanden. Europäische Kulturpolitik – wenn sie
noch so genannt werden darf – kann sich statt dessen nur durch ein
Angebot größter Offenheit kennzeichnen.

In völlig richtiger Erkenntnis dieser besonderen Situation hat deshalb
schon 1988 der Deutsche Kulturrat Freizügigkeit, Freiwilligkeit in der
Zusammenarbeit, Offenheit und die gegenseitige Anerkennung von Besonderheiten als die vier Prinzipien für die kulturellen Aktivitäten in
Europa empfohlen (vgl. AUSTEN/CORNEL 1989: 14). Nur diese Freizügigkeit und Offenheit – und dies keineswegs nur in der körperlichen
Überwindung von Grenzen – macht den „Zukunftsdiskurs", von dem
Colette Flesch spricht, möglich. Es ist zugleich das beste Mittel für
einen „Kampf gegen Provinzialismus, gegen den Rückzug auf Schre-
bergärten aller Art, die Überprüfung identitärer Nabelschau, der
Kampf gegen Fremdenfeindlichkeit, gegen Nationalismus und gegen
jede Form der Irrationalität, die sich gegenüber der Ungewißheit einzu-
kapseln versucht oder auf falsche Propheten hereinfällt" (PICHT 1992:
32).

Eine so verstandene Kulturpolitik der Offenheit verlangt eine nicht
unerhebliche Veränderung auch im Einsatz von Kulturmanagement.
Ein europäisches Kulturmanagement kann nur Rahmenbedingungen
für koordiniertes oder gemeinsames Handeln bereitstellen; als Steuerungshandlung zur Überwindung von Unterschieden und zur Realisierung einer zwischenstaatlich definierten Kulturpolitik müßte es scheitern. Dies allerdings darf nicht als Beschränkung erlebt werden; vielmehr „muß die Fähigkeit entwickelt werden, die Unterschiede als
Reichtum zu akzeptieren" (BIEDENKOPF 1989: 21). „Das heißt, wir
müssen diese kulturellen Unterschiede erforschen, sie darstellen und sie
in der gesamten kulturellen Substanz auch immer wieder anbieten und
deutlich machen, sonst ist die Toleranz, die wir brauchen, nicht zu erreichen" (BIEDENKOPF 1989: 22).

Ein Kulturmanagement, das in diesem Kontext Kultur ermöglichen
will, unterliegt folglich nicht einer Beschränkung, sondern steht statt

dessen vor deutlich erweiterten Herausforderungen. Gaben wir uns beispielsweise noch vor wenigen Jahren damit zufrieden, daß die Romani-
stik-Lehrstühle unserer Universitäten sich auf die Erforschung der fran-
zösischen Literatur- und Kulturgeschichte beschränkten, so haben wir
heute an das Institut für Frankreich-Forschung (Freiburg i. Br.) oder an
das Deutsch-Französische Institut (Ludwigsburg) gänzlich andere,
weit darüber hinausgehende Anforderungen. Was für die wissenschaftliche Forschung gilt, muß auch für das Kulturmanagement gelten:
europäische Kulturpolitik und europäische Kulturarbeit müssen so angelegt sein, daß der „Reichtum der Unterschiede" erkennbar gemacht
und – im Sinne des erwähnten kulturell orientieren Diskurses – gewinnbringend umgesetzt werden kann.

2.7 Verflechtungen im Kulturbetrieb

Bereits in der Einleitung zum zweiten Kapitel wurde darauf hingewiesen, daß die Teile des Kulturbetriebs nicht gesondert und voneinander unabhängig zu sehen sind, sondern durch die verschiedensten
Verflechtungen miteinander verknüpft sind (vgl. S. 23). Heute ist in
einem Stadttheater kaum noch eine Aufführung möglich, ohne daß freiberufliche Künstler über eine privatwirtschaftliche Agentur für diese
Aufführung verpflichtet werden; der gemeinnützige Gesangverein
wählt für sein von der öffentlichen Hand bezuschußtes Jahreskonzert
einen aus Hörfunk und Fernsehen bekannten Solisten; die kommerziell
orientierte Kunstgalerie läßt sich das Vorwort zum Ausstellungskatalog
von einem renommierten Museumsleiter schreiben, um so das Ansehen
ihres Künstlers aufzuwerten usw. Es ist fast schon schwieriger, einen
Fall klarer Abgrenzung zwischen den Bereichen des Kulturbetriebs zu
finden, als Beispiele für Verflechtungen.
    Dennoch ist es in einer „Einführung" sicherlich sinnvoll, die ein-
zelnen Bereiche des Kulturbetriebs zunächst getrennt vorzustellen, weil
dies der Klarheit der Darstellung und der Übersichtlichkeit des Themas
dient. Am Ende aber ist es erforderlich, Zusammenhänge wieder deutlich zu machen, weil der Kulturbetrieb nur so in der konkreten Anwendung von Kulturmanagement erlebt wird.
    Die Verflechtungen im Kulturbetrieb werden vor allem dann deut-
lich, wenn man von Fragestellungen ausgeht, die sich querschnittartig
durch alle Bereiche des Kulturbetriebs ziehen. Traditionell sind dies
zunächst einmal rechtliche Fragen und seit den achtziger Jahren zunehmend auch volkswirtschaftliche und betriebswirtschaftliche Fragen. In

dieser Publikation stehen die betriebswirtschaftlichen Fragen – in der
Form der Managementlehre – im Vordergrund; sie ziehen sich als roter
Faden durch das gesamte Buch. Die volkswirtschaftliche Fragestellung
ist in letzter Zeit an anderer Stelle sehr intensiv untersucht und darge-
stellt worden, weshalb hier lediglich eine summarische Darstellung an-
gemessen sein dürfte. Die rechtlichen Fragen haben zwar schon in der
Vergangenheit stets eine Rolle gespielt, doch als eigenständiges Thema
– Kunstrecht oder Kulturrecht – begegnet man ihnen erst in jüngster
Zeit (vgl. BISCHOFF 1990).

2.7.1 Kultur und Recht

Der Staat als gesetzgebende Gewalt hat darauf verzichtet, über kulturelle und künstlerische Inhalte und Ziele eine normierende Aussage zu
machen. Statt eines „Kulturgesetzes", das sagen könnte, was Kultur ist
und welchen Zwecken sie dient, beschränkt sich der Staat auf einige wenige Vorgaben, die die Rahmenbedingungen für eine künstlerische und
kulturelle Tätigkeit sichern.
Wichtigste Rahmenbedingung ist zweifellos der Art. 5 Abs. 3 des
Grundgesetzes (GG): „Kunst und Wissenschaft, Lehre und Forschung
sind frei." „Diese Freiheitsverbürgung ist sowohl eine institutionelle
Garantie, eine objektive, das Verhältnis des Lebensbereichs ‚Kunst' zum
Staat regelnde Grundsatznorm; sie ist zugleich aber auch subjektives,
individuelles Freiheitsrecht derjenigen, die hier agieren" (BISCHOFF
1990: 81 f.). Daß das Bundesverfassungsgericht diese Kunstfreiheitsgarantie auch als „Staatszielbestimmung" versteht, wurde bereits an
anderer Stelle erwähnt (vgl. Abschnitt 2.2).
Die Kunstfreiheitsgarantie steht im Zusammenhang mit dem wichtigen Grundrecht der Meinungs- und Pressefreiheit (Art. 5 Abs. 1 GG).
Diese Bestimmung wird allerdings im zweiten Absatz dahingehend eingeschränkt, daß die Meinungs- und Pressefreiheit ihre Schranken findet
„in den Vorschriften der allgemeinen Gesetze, den gesetzlichen Bestimmungen zum Schutze der Jugend und in dem Recht der persönlichen
Ehre" (Art. 5 Abs. 2 GG). Bemerkenswert ist nun, daß die Kunstfreiheitsgarantie erst im dritten Absatz folgt, mithin nicht unter die Einschränkung des Absatzes 2 fällt. Dies sichert der Kunst einen außerordentlich großen Gestaltungsraum zu, was beispielsweise im Zusammenhang mit Karikaturen von entscheidender Bedeutung sein kann.
Lediglich dort, wo die Persönlichkeitsrechte des Art. 1 Abs. 1 GG („Die
Würde des Menschen ist unantastbar") berührt werden, kann es zu

einer Einschränkung der Kunstfreiheit kommen. Das Bundesverfassungsgericht hat allerdings stets darauf hingewiesen, daß eine Verletzung von Persönlichkeitsrechten durch künstlerische Werke im Einzelfall durch Abwägung zu klären ist; eine generelle Regelung hat es immer abgelehnt.

Auch haben Gesetzgeber und Bundesverfassungsgericht mit kluger Sorgfalt auf eine „Niveaukontrolle" verzichtet, durch die es zu einer qualitativen Bewertung kommen könnte, die „auf eine verfassungsrechtlich unstatthafte Inhaltskontrolle" (BISCHOFF 1990: 82) hinausliefe. In einem Rechtsstreit – beispielsweise unter Berufung auf Art. 1 Abs. 1 GG – kann ein Gericht lediglich eine Entscheidung darüber treffen, ob es sich um Kunst handelt oder nicht. Dagegen ist es ihm versagt, eine Bewertung im Sinne guter oder schlechter Kunst vorzunehmen.

Daß die Frage, ob es sich um Kunst handelt oder nicht, auch außerhalb des Grundsatzes der Kunstfreiheit von Interesse sein kann, zeigt das Steuerrecht. Eine künstlerische Tätigkeit befreit von der Gewerbesteuerpflicht und wirkt sich aus auf die Höhe des Mehrwertsteuersatzes (15% oder 7%). Der Bundesfinanzhof hat deshalb in einer Grundsatzentscheidung festgehalten, daß der Steuerpflichtige eine künstlerische Tätigkeit dann ausübt, „wenn er
- eine eigenschöpferische Leistung vollbringt,
- in dieser Leistung seine individuelle Anschauungsweise und Gestaltungskraft zum Ausdruck kommt
- und sie über eine hinreichende Beherrschung der Technik hinaus eine künstlerische Gestaltungshöhe erreicht".
(Urteil des Bundesfinanzhofes vom 15. 8. 1980, veröffentlicht im Bundessteuerblatt II 1981, Seite 171.)

Wie zu erwarten, bietet auch dieses Urteil keine für jeden Einzelfall zweifelsfreie Definition von Kunst bzw. von künstlerischer Tätigkeit. Die Steuerbehörden sind deshalb darauf angewiesen, sich in ihren Einzelfallentscheidungen durch geeignete Gutachten unabhängiger Sachverständiger bzw. sachkundiger Verbände abzusichern (vgl. BORST 1992).

Neben der Garantie der Kunstfreiheit als Grundlage jeglicher künstlerischer Tätigkeit hat der Staat auch Rahmenbedingungen geschaffen, die die Tätigkeit des Künstlers und die Vermittlung von Kunstwerken rechtlich und sozial absichern. Hierzu gehören das Urheberrecht mit den Verwertungs- und Leistungsschutzrechten sowie das Künstlersozialversicherungsrecht.

Das Urheberrecht, das im „Gesetz über Urheberrecht und verwandte

Schutzrechte" (UrhG) geregelt ist (Gesetz vom 9. 9. 1965, Bundesgesetzblatt I, Seite 1273, in der Fassung vom 25. 6. 1985, Bundesgesetzblatt I, Seite 1137), schützt die Interessen des Urhebers – hier des Künstlers – an seinem Werk und an der Nutzung seines Werkes. Ein Werk im Sinne des Urheberrechts ist eine persönliche geistige Schöpfung der Literatur, Wissenschaft und Kunst, die nach Form und Inhalt oder deren beider Verbindung etwas Eigentümliches und Neues hervorbringt (§ 1 UrhG). Welche Werke dazu im einzelnen gehören, listet § 2 Abs. 1 UrhG auf. Das Urheberrechtsgesetz sichert dem Künstler das Recht der Veröffentlichung zu (§ 12 UrhG) und schützt sein Werk vor Entstellung und Beeinträchtigung (§ 14 UrhG). Während bei technischen Erfindungen die staatliche Zuerkennung eines Patents erforderlich ist, um in den Genuß des Urheberschutzes zu gelangen, genügt bei künstlerischen Leistungen der geistige Schöpfungsakt.

Mit der Erstellung eines künstlerischen Werks (z. B. eines Romans oder einer Plastik) ist dem Künstler automatisch das geistige Eigentum daran zuerkannt, was sogar zur Folge hat, daß dieses Werk unter die Eigentumsgarantie des Art. 14 GG fällt. Dies bedeutet allerdings, daß auch für das geistige Eigentum die Sozialbindung von Art. 14 Abs. 2 GG gilt („Eigentum verpflichtet. Sein Gebrauch soll zugleich dem Wohle der Allgemeinheit dienen"). Folglich wird das Urheberrecht in der Regel auf 70 Jahre nach dem Tod des Urhebers/Künstlers begrenzt. Nach Ablauf dieser Frist tritt die sogenannte Gemeinfreiheit ein.

Von großer rechtlicher Relevanz kann die Abgrenzung zwischen dem Persönlichkeitsrecht des geistigen Eigentums und dem Sacheigentum an einem Kunstwerk sein. Verkauft der Künstler ein Kunstwerk, geht es in das Sacheigentum des Käufers über. „Die Vernichtung z. B. einer veräußerten Skulptur durch ihren Eigentümer mag zwar ein Akt der Barbarei sein, sie liegt aber im Sacheigentumsrecht begründet. Veränderungen eines Kunstwerks durch den Sacheigentümer stellen Eingriffe in den ursprünglichen geistigen Schöpfungsakt des Urhebers dar und sind prinzipiell dem Sacheigentümer verwehrt" (BISCHOFF 1990: 130).

Zur Zeit läßt sich noch nicht absehen, ob es im Rahmen der EG-Verträge zu einer umfassenden Änderung des Urheberrechts kommen wird. Wegen unterschiedlicher Rechtstraditionen innerhalb der Europäischen Gemeinschaft könnte in den nächsten Jahren ein Harmonisierungsbedarf entstehen. Während nämlich beispielsweise in Deutschland Autor bzw. Künstler das Urheberrecht an ihrem Werk haben, tritt in den angelsächsischen Ländern an deren Stelle immer der Erstverwerter.

Das Urheberrechtsgesetz regelt auch das sogenannte Verwertungsrecht (§§ 15 ff. UrhG). Dazu gehören das Vervielfältigungsrecht (§ 16), das Verbreitungsrecht (§ 17), das Ausstellungsrecht (§ 18) sowie das Recht der öffentlichen Wiedergabe durch Bild- und Tonträger, Hörfunk oder Fernsehen (§§ 19 bis 22). Erfolgt eine Verwertung eines Werks im Sinne des Urheberrechts, so entsteht eine Verpflichtung des Nutzers, diese Verwertung dem Urheber in angemessener Weise zu vergüten. Zur Sicherung der Rechte der Urheber wurden vom Staat auf der Grundlage des Gesetzes über die Wahrnehmung von Urheberrechten und verwandten Schutzrechten sogenannte Verwertungsgesellschaften (VG) gebildet; sie unterstehen der Aufsicht des Patentamtes. Zur Zeit gibt es in Deutschland folgende Verwertungsgesellschaften (nach BISCHOFF 1990: 146 f.):

- GEMA (Gesellschaft für musikalische Aufführungs- und mechanische Vervielfältigungsrechte) – urheberrechtliche Nutzungsrechte an Musikwerken für Komponisten, Textdichter und Musikverleger;
- VG Wort – Nutzungsrechte an Sprachwerken von Autoren, Journalisten, Buch- und Bühnenverlegern, Übersetzern;
- VG Bild-Kunst – Wahrnehmung von Reproduktionsrechten bei Werken der bildenden Kunst;
- Gesellschaft zur Verwertung von Leistungsschutzrechten – Vergütungsansprüche aus der Sendung und öffentlichen Wiedergabe von Schallplatten für ausübende Künstler und Tonträgerherstellung;
- IMHV (Interessengemeinschaft musikwissenschaftlicher Herausgeber und Verleger) – Wahrnehmung der Leistungsschutzrechte an wissenschaftlichen Ausgaben und nachgelassenen Werken;
- GÜFA (Gesellschaft zur Übernahme und Wahrnehmung von Filmaufführungsrechten);
- VFF (Verwertungsgesellschaft für Film- und Fernsehproduzenten);
- VGF (Verwertungsgesellschaft für Nutzungsrechte an Filmwerken);
- GWFF (Gesellschaft zur Wahrnehmung von Film- und Fernsehrechten);
- ZPÜ (Zentralstelle für private Überspielungsrechte) – Zusammenschluß der Verwertungsgesellschaften zur Wahrnehmung von Ansprüchen aus der Vervielfältigung zum persönlichen Gebrauch.

Besondere Regelungen gelten für Bühnenaufführungsrechte; diese Rechte werden in der Regel nicht durch Verwertungsgesellschaften wahrgenommen. Statt dessen haben Autoren und Komponisten eines Bühnenwerks, bzw. in deren Auftrag deren Buch- oder Musikverleger, aus einer Aufführung heraus einen direkten Anspruch gegenüber dem Theater auf Zahlung einer Tantieme. Die Höhe und Berechnungsgrund-

lage der Tantieme (in der Regel 10% der Einnahmen aus dem Eintritts-
kartenverkauf) werden durch Vereinbarung zwischen dem Deutschen
Bühnenverein und der Zentralstelle der Bühnenautoren- und Bühnen-
verleger GmbH geregelt. Dabei sind vor allem die Tantiemenhöhen für
die Bearbeitung oder Neuübersetzung eines bereits „freien" Bühnen-
stücks (beispielsweise die Bearbeitung von Schillers „Räubern" durch
den Regisseur oder die Neuübersetzung eines Stücks von Shakespeare)
ein ständiger Streitpunkt (vgl. auch HEINRICHS 1988: 58 und 75).

Neben den Rechten aus originären künstlerischen Werken kennt das
Urheberrechtsgesetz auch sogenannte Leistungsschutzrechte (§§ 72 ff.
UrhG). Damit werden die Leistungen ausübender Künstler geschützt,
also beispielsweise die Arbeit von Schauspielern, Sängern und Musi-
kern. Wird beispielsweise in einem Supermarkt eine „Background-
Musik" eingespielt, so haben nicht nur die Komponisten und Textdichter der jeweiligen Werke (Urheber/Künstler), sondern auch die
ausübenden Musiker Anspruch auf eine entsprechende Vergütung. Um
die Ansprüche der Komponisten und Textdichter kümmert sich die
GEMA, während die Leistungsschutzrechte der Musiker die Gesellschaft zur Verwertung von Leistungsschutzrechten sichert. (Da beide
Gesellschaften aber ein Kooperationsabkommen vereinbart haben, hat
man es in der Praxis immer nur mit einer Verwertungsgesellschaft, nämlich der GEMA, zu tun.) Ähnlich gilt dies natürlich auch für ein Vereins-
fest, zu dem Musik vom Band eingespielt wird, oder für einen Jazz-
Keller, der seinen Gästen den Mitschnitt des letzten Live-Konzerts als
Hintergrundmusik darbietet.

Urheberrechte, Verwertungsrechte und Leistungsschutzrechte sichern nicht nur die rechtlichen, sondern auch die sozialen Lebensbedingungen der Künstler. In einer Zeit, in der der mediale Kulturbetrieb
immer größere Ausmaße bekommt und die millionenfache Wiedergabe
eines Kunstwerks ein Kinderspiel geworden ist, gilt es, nicht nur die
Verwerter, sondern auch die Urheber von geistiger und schöpferischer
Leistung an den materiellen Vorteilen zu beteiligen. Die Zeiten, als jeder
Verleger mit Raubdrucken reich werden konnte, während der Autor
arm blieb, sollten doch – auch in unseren Köpfen – wirklich der Vergangenheit angehören.

Zur Sicherung der sozialen Lebensbedingungen gehört auch die 1983
geschaffene Künstlersozialversicherung. Sie regelt die Kranken- und
Rentenversicherung der freiberuflichen Künstler und Publizisten. Die
Finanzierung dieser Versicherung erfolgt zu 50% durch eigene Beträge
der Künstler, einem Bundeszuschuß sowie – analog zum Arbeitgeber-
anteil in der Arbeiter- und Angestelltenversicherung – über die Künst-

lersozialabgabe der „Vermarkter", also der Unternehmen und Einrichtungen, die Kulturmanagement betreiben. Vor allem diese Künstlersozialabgabe hat zu heftigen gerichtlichen Streitigkeiten geführt, aber auch zu einer Grundsatzentscheidung des Bundesverfassungsgerichts vom 8. 4. 1987, die den Anspruch auf eine solche Abgabe bestätigt. In dieser wichtigen Entscheidung ist das Gericht auch auf das besondere Verhältnis zwischen Künstler und Vermarkter eingegangen und hat damit auch auf die Verflechtungen im Kulturbetrieb hingewiesen:

„Die Belastung der Vermarkter mit der Künstlersozialabgabe zur Finanzierung eines Teils der Kosten der Sozialversicherung selbständiger Künstler und Publizisten findet ihre Rechtfertigung in dem besonderen kulturgeschichtlich gewachsenen Verhältnis zwischen selbständigen Künstlern und Publizisten auf der einen sowie den Vermarktern auf der anderen Seite. Dieses Verhältnis hat einen spezifischen Charakter, der über ein bloßes wechselseitiges Aufeinanderangewiesensein, wie es etwa zwischen Produzenten und Handel oder Erzeugern und Verbrauchern besteht, hinausgeht. Künstler und Publizisten erbringen unvertretbare, d. h. höchst persönliche Leistungen, die in besonderer Weise der Vermarktung bedürfen, um ihr Publikum und also ihre Abnehmer zu finden. Dieses Verhältnis hat gewisse symbiotische Züge; es stellt einen kulturgeschichtlichen Sonderbereich dar, aus dem eine besondere Verantwortung der Vermarkter für die soziale Sicherung der – typischerweise wirtschaftlich Schwächeren – selbständigen Künstler und Publizisten erwächst, ähnlich der der Arbeitgeber für ihre Arbeitnehmer" (zitiert nach Neue Juristische Wochenschrift 87/3115 ff.; vgl. auch BISCHOFF 1990: 65).

Diese höchst bemerkenswerte Entscheidung, die auch dem Kulturmanager – als Vermarkter oder als Vermittler zwischen Künstler und Vermarkter – eine besondere Verantwortung auferlegt, hatte leider für eine Reihe von freien Kulturinitiativen katastrophale Folgen, weil nun für alle Veranstaltungen rückwirkend ab dem 1. 1. 83 die Künstlersozialabgabe nachgezahlt werden mußte. Noch am 30. 12. 92 klagte beispielsweise die Badische Zeitung in Freiburg i. Br. darüber, daß das „Gesetz, das die Kultur fördern sollte, [...] den Kulturveranstaltern den Boden entzieht". Doch ist dies keine Folge des international vorbildlichen Gesetzes, sondern eine Folge der leichtgläubigen (aber unberechtigten) Hoffnung, freie Kulturinitiativen bis hin zu Festspielen in der Rechtsform eines gemeinnützigen Vereins seien von der Abgabepflicht befreit. Als dann die endgültige Entscheidung des Bundesverfassungsgerichts erging, war das Management dieser Veranstalter auf die hohen

Nachzahlungen nicht eingerichtet, was zu ganz erheblichen Finanzierungsschwierigkeiten führte.

Die Kenntnis des Urheberrechts, der Ansprüche aus Verwertungsrechten und Leistungsschutzrechten, des Künstlersozialversicherungsrechts, vor allem aber auch die Berücksichtigung der Kunstfreiheitsgarantie sind – neben allgemeinen Rechtsnormen, wie beispielsweise dem Vertragsrecht – besondere Rahmenbedingungen, ohne die ein Kulturmanagement in keinem Bereich des Kulturbetriebs möglich wäre. Sie tragen ganz wesentlich dazu bei, daß unser höchst differenzierter Kulturbetrieb mit den unterschiedlichen Interessen öffentlicher und privatwirtschaftlicher Kulturarbeit überhaupt funktionieren kann. Ohne diese Rahmenbedingungen würde im Kulturbetrieb sehr bald das Recht des Stärkeren oder des Schnelleren herrschen, was sicherlich unmittelbar zu Lasten der Arbeit der Künstler ginge. Dies aber kann nicht im Interesse des Kulturbetriebs und des Kulturmanagements sein.

2.7.2 Kultur, Staat und Wirtschaft

Die engen Verflechtungen, die zwischen den Teilen des Kulturbetriebs bestehen, werden besonders deutlich durch eine Reihe von volkswirtschaftlichen Wechselbeziehungen. Darunter versteht man beispielsweise die Schubwirkung, die durch eine Kulturförderung des Staates etwa im Bereich der Musikwirtschaft erfolgt, die dann eine erhöhte Nachfrage in der Musikinstrumentenindustrie oder im Musikalienhandel zur Folge hat, was wiederum zu Umsätzen und Einkommen führt, aus denen Steuern und Abgaben an den Staat zu entrichten sind.

Die Wechselwirkungen zwischen Kulturbetrieb, Staat und Wirtschaft wurden – neben zahlreichen Untersuchungen für Teilbereiche (vgl. die in der Einleitung zu diesem Kapitel aufgeführten Gutachten) – für die Bundesrepublik Deutschland im Umfang der alten Bundesländer besonders ausführlich in HUMMEL/BERGER 1988, FOHRBECK/WIESAND 1989 a, HUMMEL/BRODBECK 1991 sowie HUMMEL/WALDKIRCHER 1992 untersucht. Insofern kann auf diese Publikationen verwiesen werden; ich beschränke mich hier lediglich auf Zusammenfassungen.

Die volkswirtschaftliche Größenordnung des gesamten Kulturbetriebs oder der Kulturwirtschaft, wie sie vor allem in HUMMEL/BERGER 1988 und HUMMEL/WALDKIRCHER 1992 sowie – in verkürzter Form – in HUMMEL 1988/1989 ermittelt wurde (vgl. hier Abschnitt 2.4.1), berücksichtigt nicht nur die unmittelbaren Umsätze der verschiedenen Kulturbetriebe, sondern bezieht auch die Folgewirkungen mit ein, die in einer klar umgrenzten Region des Betriebs anfallen. Diese Folgewirkungen – auch Multiplikatoreneffekte genannt – werden in einer sogenannten „Inzidenz-Analyse" ermittelt, bei der dann beispielsweise zu den Umsätzen eines Theaterbesuchs auch die Kosten für Anreise, Parken, Abendessen und Übernachtung hinzugerechnet werden. Einige Berechnungen gehen sogar so weit, daß sie Friseurbesuch und Anteile an den Ausgaben für Kleidung und Schmuck hinzurechnen (vgl. BISCHOF 1984). Dadurch ergeben sich bis zu 200% induzierte wirtschaftliche Multiplikatoreneffekte, d. h. das Doppelte dessen, was das Theater der öffentlichen Hand kostet, wird als Folgewirkung dieses Theaterbetriebs volkswirtschaftlich zusätzlich umgesetzt. Kulturelle Einrichtungen sind demnach Produktionsstätten, die zahlreiche externe Effekte auslösen.

Da diese externen Effekte wieder an anderer Stelle Umsätze und Einkommen zur Folge haben (in den Hotels, in der Autoindustrie, im Friseurhandwerk usw.), davon aber wiederum Steuern und Sozialabgaben entrichtet werden müssen, ergibt sich ein Rückfluß an den Staat, den man als Netto-Übertragung des Kultursektors an den Staat oder – unter betriebswirtschaftlichen Rentabilitätsgesichtspunkten – als Umwegrentabilität bezeichnet.

HEINRICHSMEYER/BRITZ/RAU (1989) haben für die Bonner Oper folgende Umwegrentabilität errechnet:

Auswirkungen des Opernbetriebs auf die Privatwirtschaft:

Sachausgaben der Oper	6,1 Mio. DM
Konsumausgaben der Beschäftigten der Oper	19,4 Mio. DM
Nebenausgaben der Opernbesucher	2,8 Mio. DM
Vorleistungsverflechtungen[23]	17,7 Mio. DM
Multiplikatoreffekte	24,8 Mio. DM
Gesamtumsatz	70,8 Mio. DM
Bruttowertschöpfung	33,3 Mio. DM

Auswirkungen des Opernbetriebs auf die öffentlichen Haushalte:

Öffentliche Zuschüsse	34,2 Mio. DM
Steuerrückflüsse	11,0 Mio. DM
Nettobelastung	23,2 Mio. DM

Das Ergebnis zeigt, daß aus den Umsätzen und den Einkommen im Sinne der Bruttowertschöpfung 11,0 Mio. DM an Steuern und Abgaben an den Staat zurückfließen, so daß der Staat nur netto 23,2 Mio. DM (statt brutto 34,2 Mio. DM) der Bonner Oper als Zuschüsse zahlt.[24]

Noch eindrucksvoller ist das Ergebnis, wenn man es auf die gesamte

Kulturwirtschaft bezieht, weil dann auch solche Betriebe in die Netto-
Übertragung einbezogen werden, die keine staatlichen Zuschüsse erhalten (z. B. Verlage). Dies hat die Studie von Hummel und Berger deutlich gezeigt:

„1984 wurden für den Kunst- und Kulturbereich in der Abgrenzung
der Studie 6,1 Mrd. DM an Zuwendungen aus Steuern und Krediten
finanziert. Stellt man diese Übertragungen des Staates den Übertragungen des Kulturbereichs (Steuern und Sozialversicherungsbeiträge)
gegenüber, so ist deutlich zu erkennen, daß unter den Kernbereichen
des Kunst- und Kultursektors lediglich die Theater und Orchester, die
Museen, die Denkmalpflege sowie die sonstige Kunst- und Kulturpflege mehr staatliche Zuwendungen erhalten, als sie an Steuern und
Sozialabgaben abführen ...

Alle anderen Kernbereiche des Kunst- und Kultursektors (selbständige Künstler, Verlage, Hersteller bespielter Tonträger, Filmwirtschaft
sowie Hörfunk und Fernsehen) leisten, selbst wenn man nur die Steuer-
zahlungen berücksichtigt, Nettoübertragungen an den Staat, sind in
diesem saldenmechanischen Sinne also durchaus keine Kostgänger der
öffentlichen Hand.

Berücksichtigt man neben den Kernsektoren des Kunst- und Kulturbereichs auch die vor- und nachgelagerten Bereiche sowie die Verwaltung kultureller Angelegenheiten und die sonstigen Ausgaben des
Staates für Kunst und Kultur, bestätigt sich in noch höherem Maße, daß
die Zahlungen des Kunst- und Kulturbereichs an den Staat die Übertragungen des Staates an den Kunst- und Kulturbereich weit übersteigen"
(HUMMEL/BERGER 1988: 7ff.).

Demnach standen im Untersuchungszeitraum (1984) den Zuwendungen der öffentlichen Hand von 6,1 Mrd. DM Rückflüsse aus der Kulturwirtschaft in Höhe von 15,7 Mrd. DM gegenüber. Damit betrug die
Netto-Übertragung des Kultursektors an den Staat 9,6 Mrd. DM.[25]
Gegen diese etwas summarisch wirkende Berechnungsweise mag
man einwenden, daß die Einbeziehung der auf Rentabilität ausgerichteten Teile des Kulturbetriebs natürlich eine Ungleichgewichtung her-
beiführe, weil am Ende mehr Betriebe ohne staatliche Zuwendungen,
aber mit Steuern und Abgaben an den Staat in die Berechnung einbezogen würden als solche Betriebe, die der Staat mit Steuergeldern sub-
ventioniert. Dieser Einwand ist durchaus zutreffend, doch ist es dennoch gerechtfertigt, auf eine solche Netto-Übertragung hinzuweisen,
weil auch rentable Wirtschaftsbereiche häufig in ganz wesentlichem
Maße von der Anschubwirkung abhängig sind, die von staatlicher Kulturförderung ausgeht. Im Abschnitt 2.2.3 (S. 55) wurde bereits auf diese

Zusammenhänge am Beispiel der Musikwirtschaft hingewiesen; Abschnitt 2.5.1 (S. 83 f.) geht ein auf Buchkaufanreize, die durch eine regelmäßige Bibliotheksnutzung entstehen.

Umgekehrt besteht auch eine wesentliche Wechselbeziehung, die von der Wirtschaft ausgeht und in die Kultur hineinwirkt. So beeinflussen beispielsweise nicht wenige industrielle Innovationen unmittelbar den Kulturbetrieb und die konkrete Arbeit der Künstler (vgl. hierzu die Abschnitte 2.5.3 und 2.5.4 und – was die Auswirkungen auf die Kulturberufe betrifft – HUMMEL/BRODBECK 1991: 159 ff.). Die Erfindung des Hörfunks machte das Hörspiel als eigene Literaturform überhaupt erst möglich; dem Fernsehen folgte das Fernsehspiel und die Fernsehdiskussion (Talk-Show). Die jüngste Entwicklung zeigt sich im Video und in den sogenannten Neuen Medien. Ohne die in der Industrie für gänzlich andere Zwecke gebauten Computer stünden die Neuen Medien als künstlerische Ausdrucksform nicht zur Verfügung. Ganz ähnlich ist die Wirkung zu sehen, die von Design und Werbegrafik ausgeht; der Hinweis auf Roy Lichtenstein ist hier sicherlich angebracht. Was häufig übersehen wird: der Kulturbetrieb profitiert auch innovativ in einem hohen Maße von den verschiedensten Industriezweigen; wir haben es offensichtlich nicht nur mit einem „Wirtschaftsfaktor Kultur", sondern auch mit einem „Kulturfaktor Wirtschaft" (SCHEYTT 1990: 119) zu tun.

Ein weiterer enger Zusammenhang besteht zwischen Staat und Kulturwirtschaft in Fragen der Standortqualität (vgl. hierzu ausführlich LÜDER/KÜPPER 1983 sowie WEILEPP 1988). Schon als vom Imagefaktor Kultur und einem kulturellen Stadtmarketing die Rede war (S. 56 ff.), wurde der Standortfaktor Kultur kurz angeschnitten. Eine Kommune, die auf eine umweltverträgliche Industrie- und Gewerbeansiedlung Wert legt, also beispielsweise an Unternehmen aus dem High-Tech-Bereich denkt, wird immer ihre Kultur- und Bildungsangebote in den Vordergrund stellen, um so selbst eine Kleinstadt für hochqualifizierte Mitarbeiter attraktiv zu machen. High-Tech-Unternehmen und Dienstleistungsbetriebe benötigen nämlich vorrangig Mitarbeiter mit gehobenen Bildungsabschlüssen (Fachhochschule, Universität), die in aller Regel für sich und ihre Familien ein überdurchschnittliches Kultur- und Bildungsinteresse geltend machen.[26] Ohne ein solches Angebot dürfte es einem Unternehmen der genannten Branchen kaum gelingen, die erforderlichen hochqualifizierten Mitarbeiter (etwa aus einer renommierten Universitätsstadt) in eine Kleinstadt abzuwerben. Der Standortfaktor Kultur wird damit sowohl für die Stadt (zur Sicherung von umweltfreundlichen Arbeitsplätzen und zur Erzielung von Steuereinnahmen) als auch für das ansiedlungswillige Unternehmen von Interesse.

Allerdings muß man deutlich sehen, daß für solche Mitarbeiter das kulturelle Angebot nicht allein ausschlaggebend ist; gleichbedeutend stehen daneben das Freizeit- und Sportangebot, die Wohnqualität, die Bildungseinrichtungen für die Kinder der Mitarbeiter sowie das Gesundheitswesen und die Möglichkeiten der Naherholung. Der kulturelle Standortfaktor ist also immer im Zusammenhang mit anderen „weichen" Faktoren der sozialen Infrastruktur zu sehen, sollte dort aber keinesfalls unterschätzt werden.

Das Interesse der Wirtschaft an einem Kulturangebot, das die Qualität und das Image des Unternehmensstandorts hebt, ist folglich sehr groß. „Imagepflege ist ⟨auch⟩ dominierendes Motiv" (HUMMEL 1992: 10), wenn sich ein Unternehmen im Rahmen des Sponsorings als Kulturförderer betätigt und beispielsweise eine Bank oder eine Versicherung die Finanzierung einer Brunnenplastik in der Fußgängerzone übernimmt.[27]

Nach dem Stadt und Unternehmen gemeinsam interessierenden Image des Standorts ist allerdings die Werbung und Außenwirkung des Unternehmens die weit größere Motivation für ein Sponsoring. Das Unternehmen sponsert, um bekannt zu werden und um für seine Produkte zu werben; das Interesse der Stadt oder einer freien Kulturinitiative ist dabei häufig zweitrangig.

Aus der Sicht der öffentlichen Hand oder etwa einer freien Theatergruppe kann deshalb Sponsoring nur zu einem Erfolg führen, wenn die Kulturmanager in der Lage sind, sich in die Interessensituationen des Sponsors zu versetzen. Mit den Worten des Vorstandsvorsitzenden der Daimler-Benz AG, Edzard Reuter, klingt das dann etwa so: „Wer gezwungen ist, ästhetisch schöne Kraftfahrzeuge zu bauen, muß sich außer um die technischen Möglichkeiten und Erfordernisse seiner Zeit auch um die jeweils gültigen Kategorien der Ästhetik bemühen" (REUTER 1989: 10). Die Schlußfolgerung für das Sponsoring der Daimler-Benz AG lautet dann: „Ich habe jetzt den Mut, vor Ihnen auszusprechen, daß wir uns vor diesem Hintergrund entschlossen haben, ganz gezielt das zu fördern, was wir für Spitzenleistungen halten" (REUTER 1989: 12). Mit anderen Worten: die Qualität dessen, was gesponsert werden soll, muß der Qualität der eigenen Firmenprodukte entsprechen, da sonst keine Image- und Werbewirkung erzielt werden kann, die sich auf die Kaufentscheidung eines potentiellen Kunden niederschlagen könnte.

Kommunen, freie Kulturgruppen und freischaffende Künstler haben

das Thema Sponsoring in den vergangenen Jahren höchst ungeschickt
angepackt; sie haben es nicht geschafft, sich beim Sponsoring von mäze-
natischen Vorstellungen (Spendenbereitschaft aus kulturellem Edel-
mut) zu lösen. Folglich gehen viele potentielle Sponsoren gegenüber
öffentlichen Kulturanbietern schon wieder auf Distanz. Statt dessen
gründen Wirtschaftsunternehmen, die sich mit Sponsoring beschäftigen, nun selbständige Kultur- und Kunstabteilungen (im Rahmen der
Kommunikation als Marketing-Instrument; vgl. Abschnitt 5.2.4), um
so ihre eigenen Kulturveranstaltungen durchführen zu können. Damit
stellen sie sicher, daß die Veranstaltung ihren eigenen Imageerwar-
tungen entspricht und daß für den Kunden die Verbindung zwischen
dem kulturellen Ereignis und dem Produkt bzw. dem Unternehmen in
jedem Fall hergestellt wird.[28]
    Glücklicherweise gibt es aber weitsichtige Unternehmer und Kultur-
anbieter, die sich auf die solchermaßen vorprogrammierte Konkurrenz
nicht einlassen wollen und deshalb nach Kooperationsformen zwischen
privatwirtschaftlicher Kulturförderung und öffentlichen Kulturangeboten suchen, einer sogenannten 'Public Private Partnership'. Die
gemeinsamen Ziele, wie etwa das eben angesprochene Image des Standorts, machen eine solche Kooperation für beide Seiten interessant. Projekte, wie beispielsweise der 1989 gegründete „Initiativkreis Ruhrgebiet", zeigen sehr überzeugend, welche Chancen hier eine Kooperation
bieten kann. In einer Presseinformation vom 15. 1. 91 stellt sich der
Initiativkreis recht selbstbewußt vor:
    „Der Initiativkreis Ruhrgebiet bietet ein in Deutschland und in
Europa einmaliges Zusammenwirken von engagierten Personen und
Unternehmen in Form der 'Public Private Partnership', um die weitere
Entwicklung dieses zentralen deutschen Ballungsraumes zu fördern.
Mit Ideen und Konzepten, mit finanzieller Unterstützung und weitrei-
chender Planungshilfe werden Zeichen gesetzt und Impulse gegeben.
Durch Investitionsleistungen und durch Eigenentwicklung oder Förde-
rung von herausragenden Veranstaltungen leisten der Initiativkreis und
die in ihm wirkenden Unternehmen ihren Beitrag zum Ausbau der Region Ruhrgebiet zu einem zentralen Industrie-, Handels-, Dienstlei-
stungs-, Forschungs- und Veranstaltungsplatz in Deutschland und in
Europa. Das Veranstaltungsangebot, zusammengestellt aus den Bereichen Wissenschaft, Kultur und Sport vermittelt einen Eindruck von der
Attraktivität des Ruhrgebietes" (zitiert nach BÖRSTINGHAUS 1992:
53).[29]
Der Initiativkreis Ruhrgebiet wird von mehr als 200 Wirtschaftsunternehmen des Ruhrgebiets – von „Aldi" bis zur „Zeitungsgruppe

WAZ" – getragen; das inzwischen international angesehene „Klavier-Festival Ruhr" ist das vielleicht bekannteste kulturelle Resultat dieser Initiative.

Wenn es auch aus der Sicht vieler Kommunen und freien Kulturinitiativen im Augenblick im Sponsoring ein wenig zu „klemmen" scheint, so zeigt doch das Beispiel des Ruhrgebiets wie auch die vielen anderen Initiativen – von der „Kulturförderung für Siegen-Wittgenstein" bis zum „Kulturkreis der Unnaer Wirtschaft" –, daß neue Formen der Kooperation durchaus noch eine Chance haben. Sofern wieder die Offenheit zu erreichen ist, die Interessen der jeweils anderen Seite zu sehen und in die eigenen Ziele einzubeziehen, muß man die künftige Entwicklung einer wieder engeren Zusammenarbeit zwischen Kultur, Staat und Wirtschaft nicht unbedingt negativ sehen.

Hierfür spricht vor allem auch die Erkenntnis der Wirtschaft, daß Kunst und Kultur auch in ihren Arbeitsbereich prägend eingreifen. So wie Kultur im öffentlichen und privaten Leben immer weniger ein Luxus, statt dessen aber zunehmend ein selbstverständliches Element der Lebensqualität geworden ist, so wird die „Philosophie" unserer Unternehmen und der sie führenden Manager mehr und mehr kulturell bestimmt; von „Wirtschaft als Kultur" (KOSLOWSKI 1988: 98) ist nun die Rede. Menschen zu führen und ein Unternehmen auf ein Ziel hinzusteuern, wird wieder als eine Leistung unserer Kulturgesellschaft empfunden.

Anmerkungen zu Kapitel 2

[1] Aus den USA sind zusätzlich zwei ältere Untersuchungen besonders erwähnenswert: W. J. Baumol und W. G. Bowen: Performing Arts – The Economic Dilemma, Cambridge/Mass. 1966 sowie The Port Authority of New York and New Jersey (ed.): The Arts as an Industry, Their Economic Importance to the New York/New Jersey Metropolitan Region, New York 1983.

[2] Dieser Kulturbetrieb ist selbstverständlich nicht als ein geschlossenes und einheitliches Unternehmen zu verstehen, sondern ausschließlich als ein Oberbegriff für verschiedenartige Rechts- und Organisationsformen mit kulturellen Aufgaben- und Produktschwerpunkten.

[3] Eckart Pankoke hat zu Recht darauf hingewiesen, daß dies auch mit der Schwierigkeit zusammenhängt, sich als Künstler „in berufliche Kontexte einbringen zu können [...] Immer weniger versteht sich künstlerische Kompetenz noch nach den am Handwerk orientierten Bewertungen ständischer Berufung. Eher orientiert sich nun auch künstlerisches Selbstbewußtsein im modernen Sinne an professioneller Autonomie" (Pankoke 1989: 9). Dies aber erschwert noch die Akzeptanz von Kulturmanagement als „Steuerungshandlung".

[4] Fohrbeck und Wiesand weisen ausdrücklich darauf hin, daß die Statistiken im Kulturbetrieb noch wenig zuverlässig sind und verfügbare Daten „nur als Anhaltswerte betrachtet werden können" (Fohrbeck/Wiesand 1989a: 36).

[5] Zitiert nach FAZ vom 14. 3. 92.

[6] Hierzu hat vor allem die veränderte Situation in den Rundfunk- und Fernsehanstalten beigetragen (vgl. hierzu Abschnitt 2.5.2).

[7] Diesen Hinweis verdanke ich Oliver Scheytt, Referent beim Deutschen Städtetag.

[8] Der so verstandene Begriff „Kulturpolitik" ist nicht zu verwechseln mit der „Kulturpolitik" der Betriebswirtschaftslehre (Gestaltung der „Unternehmenskultur" im Sinne einer „Verhaltensdimension normativen Managements", Bleicher 1992: 153).

[9] Mit einer Neuordnung der „Kulturkompetenzen" zwischen Bund und Ländern beschäftigen sich ausführlich Fohrbeck/Wiesand 1989a: 109–119.

[10] Die Bezeichnung „Kunstkonzeption" für den Landeskulturentwicklungsplan Baden-Württemberg darf nicht mißverstanden werden; sie hängt nicht etwa mit einem engen Kunstbegriff zusammen, sondern mit den (etwas eigenartigen) Zuständigkeiten in der baden-württembergischen Landesregierung.

[11] Ein wirtschaftsfördernder Effekt entsteht beispielsweise, wenn der Beginn von Abendveranstaltungen (Konzerte, Theater) auf 19.00 Uhr vorverlegt wird und damit die Besucher motiviert werden, nach Schluß der Veranstaltung (etwa gegen 21.30 Uhr) noch zu einem Abendessen ins Restaurant zu gehen. Wenn man als Veranstalter dann noch die betreffenden Gastwirte für eine Anzeige im Programmheft gewinnen kann, ist sicherlich beiden Seiten sehr gut gedient.

[12] Ein nicht geringes Problem im Management öffentlicher Verwaltungen scheint mir darin zu bestehen, daß nicht mehr ausreichend unterschieden und gewichtet wird zwischen

– Regelungen, die unsere staatliche Ordnung und die Hoheitsrechte des Staates betreffen (z. B. Strafrecht), und solchen

– Regelungen, die nur dem Management der Verwaltung dienen (z. B. Haushaltsrecht).

So hat am Ende – um es boshaft zu sagen – für manchen Beamten das korrekte Ausfüllen eines Formulars den gleichen Stellenwert wie die Sicherung eines Grundrechts.

[13] Man spricht sowohl von privatrechtlich- als auch von privatwirtschaftlich-gemeinnützigen Kulturbetrieben; im ersten Fall wird die Rechtsform, im zweiten Fall die Form des Wirtschaftens betont. Da es hier um Management geht, wird bevorzugt vom privatwirtschaftlich-gemeinnützigen Kulturbetrieb gesprochen.

[14] Selbst die Abgrenzung in Hummel/Berger (1988: 267) ist nur mit einiger Mühe mit der in Hummel/Brodbeck (1991: 37) vergleichbar, obwohl in beiden Fällen das Ifo-Institut für Wirtschaftsförderung verantwortlich zeichnet.

[15] FAZ-Magazin vom 27. 11. 1992.

[16] Ich habe dies aus nächster Nähe beobachten können, da ich Mitte der

sechziger Jahre vorübergehend als junger Verwaltungsbeamter im Rechnungsprüfungsamt der Stadt Krefeld tätig war und dort u. a. auch die Museen zu
prüfen hatte; das Rechnungsprüfungsamt sah den Ankäufen Paul Wembers zwar
kopfschüttelnd, aber doch wohlwollend zu, da die ständig steigenden Marktpreise seine Kaufentscheidungen nachträglich rechtfertigten. Insofern teile ich
die sehr massive Polemik Jürgen Webers gegen das Verhalten Paul Wembers
(Weber 1981: 149–153) nicht.

[17] Zitiert nach „Badische Neueste Nachrichten" vom 23. 12. 92.

[18] „Forbes" Heft 8/1992: 111.

[19] Hierzu nur eine Auswahl aus den letzten vier Monaten des Jahres 1992:
- „Konferenz Europäischer Künstler- und Kulturräte" (Bonn, September
  1992);
- „Regionale Identität im offenen Europa" (Heidenheim, September 1992);
- „Europäisches Netzwerk Kinder- und Jugendkulturzentren" (Frankfurt
  a. M., September 1992);
- „Utopien leben – Europäischer Kongreß zur Soziokultur" (Berlin, Oktober
  1992);
- „Die Entwicklung eines neuen Kultursektors in Europa" (Wien, Dezember
  1992).

[20] Vgl. hierzu beispielsweise Fisher/Huber 1991, Ress 1991, Kulturpolitische
Gesellschaft 1992, Österreichische Kulturdokumentation/Internationales Archiv für Kulturanalysen 1992, Mitchell/Fisher 1992.

[21] Zur Kulturförderung über EG-Finanzmittel vgl. Vermeulen 1992 und
Birmes/Vermeulen 1991: 130–136.

[22] Zur deutsch-französischen Modernisierungsdebatte vgl. auch Leggewie
1988.

[23] Im Zuge der Produktion verbrauchte Waren und Dienstleistungen.

[24] Dieses an sich erfreuliche Ergebnis dürfte freilich den Bonner Stadtkäm-
merer wenig beeindrucken, da es sich vorwiegend um solche Steuern und Abgaben handelt, die dem Bund und den Ländern, weniger aber der Stadt Bonn
zugute kommen.

[25] Neuere Untersuchungen bestätigen dieses Ergebnis: 1988 betrugen die
Rückflüsse aus der Kulturwirtschaft an den Staat 19 130 Mill. DM, während der
Staat nur netto 8770 Mill. DM Zuwendungen zahlte. Es verblieb mithin eine
Netto-Übertragung von 10 360 Mill. DM (HUMMEL/WALDKIRCHER 1992: 14).

[26] Dienstleistungsbetriebe und hochspezialisierte Unternehmen aus dem
High-Tech-Bereich werden in jüngster Zeit Großunternehmen mit Massenarbeitsplätzen im produzierenden Gewerbe deutlich vorgezogen. Zwar würden
die Unternehmen mit Massenarbeitsplätzen die Arbeitslosenquote reduzieren,
doch wären die Folgekosten, die die vielen neuen Arbeitnehmer verursachen
würden (Wohnungen, Kindergärten, Schulen usw.), zusammen mit der möglichen Umweltbelastung und den zu erwartenden Einsprüchen der Nachbarn von
Großbetrieben für die Kommunen weit nachteiliger als die – von der Nürnberger Bundesanstalt versorgten – Arbeitslosen. Hier zeigt sich ein Strukturpro-
blem, das dringend gelöst werden muß.

[27] Zum Thema Sponsoring (und Mäzenatentum) sind in den letzten Jahren zahlreiche Publikationen erschienen. Verwiesen sei auf Daweke/Schneider 1986 (zur Entwicklung von Mäzenatentum und Sponsoring seit der Antike), Fohrbeck 1988, Bruhn/Dahlhoff 1989, Hermanns 1989, Roth 1989, Loock 1990, Loock 1991 (darin vor allem die Aufsätze von Everding, Loock, Pohl, Püttmann und Rousseau) und Bruhn 1991.

[28] So wunderten wir uns, als in einem Hochschulseminar über Kunstförderung ein stadtbekannter Unternehmer als Gasthörer auftauchte; seine Begründung für das außergewöhnliche Interesse: „Ich brauche von Ihnen Know-how, um in meinem Unternehmen die Abteilung Kommunikation auf Kulturmanagement vorbereiten zu können!"

[29] Weitere Beispiele für 'Public Private Partnership' auf regionaler wie lokaler Ebene wurden im Rahmen des Kolloquiums „Neue Formen der Zusammenarbeit zwischen Staat und Wirtschaft bei kulturellen Projekten: Chancen und Gefahren für die Stadt" im April 1991 in Dortmund vorgestellt; sie sind nachzulesen in Ebert/Gnad/Kunzmann 1992.

3. SCHLÜSSELFUNKTIONEN IM KULTURMANAGEMENT

Um im sehr komplexen und höchst heterogenen Kulturbetrieb erfolgreich handeln zu können, ist die Beherrschung von Schlüsselfunktionen unverzichtbar. Im einzelnen sollten Kulturmanager in besonderer Weise in der Lage sein, Neues zu initiieren, Menschen mit unterschiedlicher Qualifikation und Zielorientierung zu motivieren, erfolgsorientiert zu kommunizieren und Entscheidungen zu treffen.[1]

Zwar sind diese Schlüsselfunktionen, die sich bezogen auf eine einzelne Person häufig als Schlüsselqualifikationen erweisen, durchaus auch im Industriemanagement gefordert, doch wird sich zeigen, daß im Kulturmanagement andere Schlüsselfunktionen in den Vordergrund treten als dort. So ist beispielsweise gerade im Umgang mit Künstlern die Kommunikations- und Motivationsfähigkeit weit mehr gefragt als etwa die Fähigkeit, an Mitarbeiter zu delegieren, was wiederum in einem industriellen Großbetrieb mit hohem Personalbestand von entscheidender Bedeutung sein kann. Dennoch ist es ratsam, auch hier sich der Erkenntnisse der allgemeinen Managementlehre zu bedienen, solange man sich bewußt ist, daß der andere Gegenstand, nämlich hier die Kultur, auch eine andere Gewichtung verlangt.

Verschiedentlich wird bezweifelt, ob solche Schlüsselfunktionen und Handlungstechniken überhaupt erlernt werden können. Während diese Zweifel in Wirtschaftsbetrieben nach einigen Jahrzehnten Erfahrung im Umgang mit modernem Management immer seltener zu hören sind, werden sie vor allem im öffentlichen Kulturbetrieb noch recht häufig geäußert. Entweder man hat's oder man hat's nicht, lautet hier die grobe, aber einprägsame Formel. Sicherlich gibt es gerade im Kulturmanagement immer wieder Persönlichkeiten, denen diese Fähigkeiten in besonderer Weise und offensichtlich mit spielerischer Leichtigkeit zur Verfügung stehen. Justus Frantz oder August Everding gehören beispielsweise dazu; ihre Fähigkeit, andere Menschen für eine Sache zu begeistern oder die unterschiedlichsten Künstler für ein gemeinsames Ziel zu motivieren, ist faszinierend und wohl in dieser Form ohne eine natürliche Begabung auch nicht erlernbar. Doch sind dies eher Ausnahmen.

Der bei weitem größte Teil aller Kulturmanager verfügt nur ansatzweise über solche natürlichen Fähigkeiten und muß sie sich deshalb

häufig durch jahrelanges Training erarbeiten. Es kann doch kein
Schaden sein, wenn man dabei auf Erfahrungen zurückgreifen darf, die
andere vorher gemacht haben und wenn man sich dazu strukturierte
Techniken aneignet, die schon an anderer Stelle erfolgreich angewandt
wurden. Natürlich kann man beispielsweise das Motivieren von Mitarbeitern nicht erlernen wie das kleine Einmaleins. Aber man kann diese
Technik wie eine Grammatik handhaben, die die Struktur vorgibt, innerhalb deren man Sprache bzw. Schlüsselfunktionen anwendet.

3.1 Initiieren

Der Kulturmanager ist nicht künstlerisch tätig, das wurde schon
mehrfach gesagt, aber er ermöglicht Kunst und Kultur. Im konkreten
Verlauf eines solchen Ermöglichens kommt es allerdings selten vor, daß
er von einem Künstler oder anderen Personen und Institutionen dazu
beauftragt wird. Wesentliches Kennzeichen eines Kulturmanagers ist
vielmehr – und hier hat er sich durchaus als Führungskraft zu verstehen –, zur Ermöglichung von Kunst selbst die Initiative zu ergreifen.
    Und in der Tat schlägt nicht der Maler oder Bildhauer eine Ausstel-
lung vor, sondern der Ausstellungsmacher und Kulturmanager. Nicht
der Sänger fragt an, ob er mal den „Tamino" singen dürfe, sondern der
Intendant überlegt sich, ob er die „Zauberflöte" ins Programm nehmen
soll und wer für die Tenorpartie in Frage käme. Und selbst der mit
Manuskripten hausierende Autor ist eher die Ausnahme; in der Regel
wird der Verlagsmanager initiativ werden, wenn ein neues Buch produziert werden soll. In vielen Bereichen, vor allem auf dem Kunstmarkt
und im Ausstellungsbetrieb, ist es geradezu schädlich, wenn der
Künstler selbst die Initiative zu einer Ausstellung oder zu einem Verkauf
ergreift.
    Auch im Bereich der öffentlichen Kulturarbeit, wo doch durch die
Einbindung in politische Gremien und die behördliche Hierarchie der
Handlungsspielraum der Kulturmanager scheinbar erheblich einge-
grenzt ist, spricht die Praxis eindeutig für das Initiativrecht der Kulturmanager. Selbst wenn aus der Mitte des Gemeinderats oder einer Frak-
tion ein Vorschlag eingebracht wird, geht er häufig auf eine Idee zurück,
die der Kulturmanager vorher gezielt eingespeist hat oder die die Frak-
tion beim Kulturmanager eingeholt hat. Letzteres ist vor allem dann der
Fall, wenn der Kulturmanager als Beigeordneter der gleichen Partei
angehört.
    Etwas zu initiieren und für ein neues Projekt oder eine neue Zielset-

zung die Initiative zu ergreifen ist eine wesentliche Funktion des Kulturmanagers, die er anwenden muß, wenn er etwas erreichen will und die
auch von ihm erwartet wird. Etwas zu initiieren heißt, einen Impuls
zum Beginn einer Handlung zu geben. Damit steht die Initiative als tä-
tige Anregung bereits am Anfang der Handlung. Sie unterscheidet sich
dadurch von der bloßen Idee, die sich lediglich auf die Vorstellung von
einer Handlung beschränkt.

Dennoch stehen natürlich Initiative und Idee in einem engen Zusammenhang. Während eine Idee oftmals ohne Initiative bleibt, ist eine Initiative ohne vorausgegangene Idee nicht möglich. Dabei stellt sich das
Finden einer Idee häufig als ein schwerwiegendes Problem dar. Die
Managementlehre widmet sich deshalb diesem Thema besonders ausführlich, indem sie eine Reihe von Kreativitätstechniken anbietet, die
ausschließlich der Ideenfindung dienen.

Exkurs: Kreativitätstechniken

Mangelnde Kreativität kann sowohl ein Problem des einzelnen Managers als auch einer Gruppe sein. Da viele Kulturmanager, ob nun als
private Galeristen oder Kulturreferenten einer Kleinstadt, häufig fast
gänzlich allein arbeiten, kann sich eine mangelnde Kreativität zu einem
gravierenden Hemmnis entwickeln. Zumeist liegen in solchen Fällen
gewisse Kreativitätssperren vor, die eine unkonventionelle Sichtweise
unmöglich machen. Dabei kann es sich um
– Wahrnehmungshemmungen handeln, die von unseren Gewohn-
  heiten geprägt sind und uns dazu verleiten, Probleme mit den immer
  wieder gleichen Mitteln lösen zu wollen. Häufig liegen auch
– soziale Hemmungen vor, die von sozialen und gesellschaftlichen
  Konventionen geprägt sind. Drittens hat man es mit
– emotionalen Hemmungen zu tun, etwa mit der Furcht, Fehler zu
  machen.

In der öffentlichen Verwaltung können solche Kreativitätssperren
immer wieder beobachtet werden. Die berüchtigten drei „Verwaltungs-
grundsätze" (1. Das haben wir immer so gemacht! 2. Das haben wir
noch nie so gemacht! 3. Da könnte ja jeder kommen!) sind letztlich
nichts anderes als selbstironische Umschreibungen von Wahrneh-
mungssperren: die öffentliche Verwaltung neigt vorrangig dazu, jedes
Problem auf die immer wieder gleiche Weise zu lösen.

Mit Wahrnehmungshemmungen haben wir es auch zu tun, wenn man
in der öffentlichen Verwaltung zu jedem neuen Vorschlag ungefragt
erfährt, warum etwas nicht geht. Jeder Verwaltungsjurist und Verwal-
tungsfachmann ist darauf eingestellt, einen Sachverhalt zunächst ne-

gativ zu prüfen, denn viele Rechtsvorschriften enthalten Formulierungen wie: „Die Genehmigung ist zu versagen, wenn […]" Folglich haben Verwaltungsmitarbeiter eine oft erstaunliche Fähigkeit entwikkelt, in einer Idee Schwachstellen zu entdecken. Dagegen ist ihnen häufig die Fähigkeit abhanden gekommen, für ein Problem positive Lösungsvorschläge zu finden. Dreht etwa der Vorgesetzte das eintrainierte Denkschema um, indem er sagt: „Mich interessiert nicht, warum etwas nicht geht, sondern mich interessiert nur, wie etwas geht!", so stellt sich die Wahrnehmungshemmung als kaum zu überwindende Kreativitätssperre ein. Dies ist um so bedauerlicher, als dies häufig vor allem sehr zuverlässige und engagierte Mitarbeiter trifft, die dann möglicherweise schlagartig beim Vorgesetzten an Ansehen verlieren. Es muß deshalb für jeden Kulturmanager – nicht nur für den Angehörigen der öffentlichen Verwaltung – ein vorrangiges Ziel sein, Kreativitätssperren zu überwinden.

Glücklicherweise lassen sich solche Kreativitätssperren relativ leicht durch Tests (vgl. HOFFMANN, HEINZ 1987 und RAUDSEPP 1984) feststellen. Wenn man aber erst einmal die Ursache kennt, hat man auch die Chance, an sich selbst zu arbeiten, um die Gedankensperren zu überwinden.

Weitaus leichter haben es jene Kulturmanager, die in einem Team arbeiten. In geeigneter Team-Zusammensetzung und in günstigem Betriebsklima können die persönlichen Kreativitätssperren weitgehend abgebaut werden. Gleichzeitig kann durch entsprechende Gruppentechniken das Gesamtergebnis weit besser sein als die Summe aller Einzelergebnisse. Deshalb sollten auch Kulturmanager, die als „Einzelkämpfer" unterwegs sind, immer wieder Kreativitätstechniken in der Gruppe erproben – sei es auf Tagungen und Seminaren oder beispielsweise in der Zusammenarbeit mit Kollegen aus Nachbarstädten –, um so eigene Kreativitätssperren zu überwinden und insgesamt positivere Ergebnisse zu erzielen. „Auf manche Personen allerdings wirken Gruppen hemmend, erschweren die Konzentration und Orientierung. In einigen Untersuchungen wird auch kritisch festgestellt, daß zwar die Quantität, nicht aber die Qualität der Ideengewinnung bei Gruppenarbeit höher ist" (REICHARD 1987: 85, der sich wiederum auf LANDAU 1971: 102 und REDEL 1982: 145 ff. bezieht).

„Kreativität sollte man als ein Produkt von Wissen, Vorstellungsvermögen und Beurteilungsfähigkeit betrachten" (HOFFMANN, HEINZ 1987: 24). Demnach bedeutet Kreativität die Fähigkeit, Wissen und Phantasie sinnvoll miteinander zu verbinden. Wer dagegen Vorstellungsvermögen ohne Wissen benutzt, den bezeichnen wir als Phantasten, wie wir umgekehrt Menschen mit Wissen, aber ohne Phantasie als Pedanten und Besserwisser fürchten (vgl. HOFFMANN, HEINZ 1987: 24).[2]

Kreativitätstechniken, die der Ideenfindung dienen, können deshalb nur dann gewinnbringend zum Einsatz kommen, wenn das notwendige Wissen in ausreichendem Maße vorhanden und Phantasie ausdrücklich zugelassen ist. Gerade im Kulturbereich scheitern Kreativitätsfindungsprozesse häufig daran, daß Dilettanten der Phantasie allzu freien Lauf lassen. Doch fast genauso häufig begegnet man auch dem anderen Fall, daß nämlich Phantasie durch Hierarchie oder politische Vorgaben blockiert wird. Letzteres ist vor allem ein Problem der öffentlichen Kulturbetriebe.

Wenn Wissen als Ausgangsbasis gefordert wird, bedeutet dies allerdings nicht, daß an jedem Kreativitätsfindungsprozeß nur hochkarätige Experten beteiligt werden dürfen. Im Gegenteil erweist es sich häufig als belebend, wenn auch fachfremde Teilnehmer in den Prozeß eingebunden werden. Gerade durch den unkonventionellen Blick „von außen" können phantasiehemmende Momente überwunden werden. Aber eine Runde mit ausschließlich fachfremden Teilnehmern, die auf der Ebene von Kaffeekränzchen über Kulturprojekte debattiert, wird selten zu umsetzbaren Ideen kommen, denn hier fehlt neben dem notwendigen Wissen die Fähigkeit zur Beurteilung von Realisierungschancen.

Für die erfolgreiche Anwendung von Kreativitätstechniken ist ein kreativitätsförderndes Klima unverzichtbare Voraussetzung. Dazu gehört zunächst einmal ein Team, das sich einer gemeinsamen Verantwortung stellt. „Zusammenarbeit bedeutet in diesem Zusammenhang Zusammenverantwortung" (HOFFMANN, HEINZ 1987: 80). Wenn Mitglieder des Teams an einer Problemlösung nicht interessiert sind, werden sie kaum mit großer Anstrengung nach unkonventionellen Ideen suchen.

Dazu ist es unverzichtbar, daß sich die Mitglieder der Gruppe als „teamfähig" erweisen. Darunter ist eine personale Eigenschaft zu verstehen, „die es einem Menschen erlaubt, bei geeigneten sozialen Situationen nicht gegen Menschen, ihre Überzeugungen, Meinungen, Einstellungen zu kämpfen, um die eigene durchzusetzen, sondern gemeinsam mit anderen durch gemeinsamen Erkenntnisfortschritt Konsens zu erreichen oder eine Aufgabe, beziehungsweise ein Problem zu lösen" (LAY 1989/1991: 141). Wer Mitglied in einem Team ist, darf nicht „Sieger" werden wollen, sondern muß Problemlösungen anstreben.

Zweite Voraussetzung ist ein Vorgesetzter, der Kreativität fördert und Ideen von Mitarbeitern akzeptiert. Dem steht vor allem die häufig anzutreffende Unsitte entgegen, gute Ideen von Mitarbeitern gleich als eigene zu übernehmen. Dies hemmt naturgemäß die Bereitschaft der Mitarbeiter, eigene Ideen einzubringen.

Dritte Voraussetzung ist eine konsequente Trennung von Ideenfindung und Ideenbewertung. Grundsätzlich darf es keine schlechten Ideen geben, damit emotionale Hemmungen – vor allem die Angst, sich zu blamieren – nicht zur Wirkung kommen können. Die Ideenbewertung ist einer zweiten Phase vorbehalten, in der dann die Beurteilungsfähigkeit – neben Wissen und Vorstellungsvermögen bekanntlich die dritte Komponente des Produkts Kreativität – eine wesentliche Rolle spielt. Diese Bewertung kann entweder durch die Gruppe, die die Ideen gefunden hat, selbst erfolgen oder auch durch eine externe Gruppe.

Diese drei sehr grundsätzlichen Voraussetzungen gelten für alle Kreativitätstechniken. Betrachtet man nun einzelne Techniken, so kann man zwischen analytischen und intuitiven Methoden unterscheiden (vgl. HOFFMANN, HEINZ 1987: 91 f.). Die analytischen Methoden sind auf systematische Denkvorgänge ausgerichtet, versuchen Arbeitsabläufe zu zergliedern und durch die Kombination von Lösungsvariablen zu neuen Lösungsansätzen zu gelangen (z.B. die morphologische Analyse).

Will man dagegen losgelöst von einem vorgegebenen Ablauf zu Ideen gelangen, sollte man vorzugsweise intuitive Methoden einsetzen. Hierbei werden Spontaneität ebenso erwartet wie die Bereitschaft zur Verfremdung oder zu einem analogen oder assoziativen Denken (z.B. das Brainstorming und die Methode 635).

Die bekannteste und in der Anwendung leichteste Methode, das Brainstorming und dessen Variante, die Methode 635, sowie die morphologische Methode scheinen für das Kulturmanagement besonders geeignet zu sein. Alle anderen Methoden haben vielfach den Nachteil, mit einem relativ hohen Zeit- und Organisationsaufwand verbunden zu sein und oftmals doch recht starre Verfahrensregeln vorauszusetzen. Erfahrungsgemäß werden aber im Kulturmanagement „offene" Formen der Ideenfindung weit eher akzeptiert als eine Einschränkung durch ein vorgegebenes Regelwerk.

Brainstorming

Brainstorming, zu deutsch wörtlich etwa mit „Gedankenwirbel" (REICHARD 1987: 87), im übertragenen Sinne aber mit „Ideen-Konferenz" zu übersetzen, ist eine Methode, die Ende der dreißiger Jahre von dem Amerikaner Alex F. Osborn entwickelt wurde (vgl. OSBORN 1953) und die zur führenden Kreativitätstechnik der Industrie nach dem Zweiten Weltkrieg heranreifte. Beim Brainstorming hat eine zu diesem

Zweck zusammengesetzte Gruppe von mindestens sechs und höchstens fünfzehn Personen die Aufgabe, innerhalb einer relativ kurzen Zeit von maximal 30 Minuten eine möglichst hohe Anzahl neuartiger Ideen zu einem konkreten Problem zu finden (vgl. CLARK 1970, SCHLICKSUPP 1977).

Ein Brainstorming funktioniert nur, wenn bestimmte Voraussetzungen und Regeln streng beachtet werden. Wie man es nicht machen sollte, zeigt das folgende Beispiel aus der öffentlichen Kulturarbeit:

Das mißglückte Brainstorming
oder wie man Kreativität verhindern kann
Der Kulturamtsleiter hat für 10 Uhr zu einer Sitzung eingeladen; Thema: Kulturelles Begleitprogramm zum Besuch einer ausländischen Delegation. An der Sitzung sollen der stellvertretende Amtsleiter, der Leiter des Fremdenverkehrsamtes, der Leiter des Museums (Stadtführung), zwei Sachbearbeiter des Kulturamtes, der Hausmeister der Stadthalle (falls dort eine Veranstaltung stattfinden soll) und die Sekretärin des Amtsleiters teilnehmen. Die meisten Sitzungsteilnehmer sind pünktlich anwesend; der Amtsleiter kommt etwas zu spät; sein Stellvertreter und ein Sachbearbeiter kommen erst nach ihm.

Der Amtsleiter eröffnet die Sitzung mit dem Hinweis, daß die Zeit leider knapper ist, als er es sich wünschen würde. Mit Blick auf die zu spät gekommenen Sitzungsteilnehmer bemerkt er, daß selbstverständlich auch auf seinem Schreibtisch genügend unerledigte Arbeit liege, er aber dennoch Wert darauf lege, daß die von ihm vorgegebenen Sitzungstermine eingehalten werden.

Die Sitzung beginnt. Der Fremdenverkehrsamtsleiter erklärt skizzenhaft das Problem, soweit es ihm vom persönlichen Referenten des Oberbürgermeisters bekannt ist. Einige Kollegen gestehen, daß sie nur eine oberflächliche Vorstellung davon haben, wie sich die Delegation zusammensetzt und warum sie ausgerechnet in ihre Stadt kommt.

Um die Sitzung zügig voranbringen zu können, fordert der Kulturamtsleiter die Teilnehmer dazu auf, nur eigenständige Ideen vorzubringen und auf das „Wiederkäuen" von bereits vorgetragenen Ideen („[...] ich möchte noch einmal unterstreichen, was Herr A. gesagt hat") zu verzichten. Einige nehmen sehr lebhaft an der Diskussion teil, während vor allem der zu spät gekommene Sachbearbeiter, der Hausmeister und die Sekretärin sich sehr zurückhalten. Die Sitzung verläuft zäh und langweilig, nur bei einigen ausgefallenen Vorschlägen des Museumsleiters kommt Heiterkeit auf. Da kein Vorschlag spontan die Zustimmung der anderen Sitzungsteilnehmer findet, wird aus arbeitsökonomischen Gründen auf eine begleitende Niederschrift verzichtet.

Nach einer halben Stunde beißt sich die Diskussion an einem Vorschlag des Fremdenverkehrsamtsleiters fest, der dem Kulturamtsleiter offensichtlich nicht paßt. Er versucht deshalb mit allen Mitteln, diesen Vorschlag als gemeinsames Votum zu verhindern.

Als nach 90 Minuten der Vorschlag des Fremdenverkehrsamtsleiters „erfolgreich" zerredet ist, schließt der Kulturamtsleiter die Sitzung mit der Bemerkung: „Vielen Dank für Ihre Beiträge. Ich werde sie noch einmal sorgfältig unter finanziellen Gesichtspunkten prüfen und dem Oberbürgermeister dann einen entsprechenden Vorschlag unterbreiten. Sofern es sich dabei um einen Vorschlag von Ihnen handeln sollte, werde ich dies dem Oberbürgermeister selbstverständlich mitteilen."

Die Fehler, die hier gemacht wurden, sind leicht erkennbar: die Moderation liegt beim Vorgesetzten, durch das Eingeständnis, zu wenig Zeit zu haben, wird die Motivation zur Mitarbeit geschmälert (die gerügten Mitarbeiter sind gänzlich demotiviert), das Problem ist unzureichend bekannt, der Moderator unternimmt nichts, um emotionale Hemmungen bei einzelnen Teilnehmern (Sekretärin, Hausmeister) zu überwinden, das „Weiterspinnen" von Ideen wird unterbunden, vorgebrachte Ideen werden nicht protokolliert, es wird nicht zwischen Ideenfindung und Ideenbewertung unterschieden, die Ideen-Urheber bleiben nicht anonym. Obwohl diese Mängel klar auf der Hand liegen, wird fast jeder, der sich erstmals mit Kreativitätstechniken beschäftigt, aus eigener Erfahrung von ähnlichen Sitzungen berichten können.

Wenn man nun die Negativerfahrungen aus einer solchen Sitzung mit den oben beschriebenen Voraussetzungen für jede Kreativitätstechnik bündelt, kann man leicht zu folgenden, nun positiv zu formulierenden Voraussetzungen für ein erfolgreiches Brainstorming kommen.

Zunächst noch einmal die bereits erwähnten allg. Voraussetzungen:
- ein kreativitätsförderndes Betriebsklima im Sinne einer verantwortungsbereiten Zusammenarbeit im Team;
- ein Kreativität fördernder und Kritik akzeptierender Vorgesetzter;
- eine konsequente Trennung von Ideenfindung und Ideenbewertung.

Für das Brainstorming kommen nun noch folgende Voraussetzungen hinzu:
- eine Gruppenstruktur, die möglichst interdisziplinär ist und keine allzu großen hierarchischen Unterschiede aufweist;
- der Gruppe sollten mindestens sechs, höchstens aber fünfzehn Personen angehören;

- wenn ein Vorgesetzter an der Sitzung teilnimmt, sollte er nicht auch die Moderation übernehmen;
- der Moderator sollte die Sitzung einfühlsam, aber zielstrebig leiten; keinesfalls sollte er „Killer"-Qualitäten aufweisen („Das sollten wir zu einem späteren Zeitpunkt noch einmal gesondert diskutieren!");
- das zu lösende Problem sollte eng und klar definiert sein, keineswegs sollte es aus einer Ansammlung von mehreren Einzelproblemen bestehen;
- keine Idee ist wirklich schlecht: oft sind unrealisierbare Ideen der Auslöser für realisierbare Ideen (Assoziationsketten); es ist leichter, eine weniger geeignete Idee zu verwerfen, als neue Ideen hervorzubringen;
- je mehr Ideen, um so besser; ohnehin ist nicht damit zu rechnen, daß mehr als 10% aller Ideen je zur Ausführung kommen werden;
- während des Ideenfindungsprozesses wird keine Kritik an den vorgebrachten Ideen geäußert, auch nicht durch „zarte" Andeutungen („Sie schauen wohl recht häufig Werbefernsehen, Herr Kollege!");
- für neue Ideen gibt es keine Urheberrechte; das Weiterentwickeln von Ideen anderer Teammitglieder ist ausdrücklich erwünscht;
- alle Ideen werden protokolliert, doch ohne Namensnennung des Urhebers;
- die Brainstormingsitzung dauert maximal 30 Minuten.

Im Kulturmanagement ist vor allem der Hinweis auf eine enge und klare Begrenzung des Problems geboten. Um beispielsweise zu ermitteln, welche kulturellen Veranstaltungen eine Stadt zu ihrer 900-Jahr-Feier anbieten sollte, ist ein 30minütiges Brainstorming nicht geeignet. Dagegen eignet sich diese Technik sehr gut, um beispielsweise ein Kinderfest in einem Stadtteil zu planen, die Werbung und Öffentlichkeitsarbeit für ein Theaterprogramm zu verbessern, das Veranstaltungspaket für ein aktuelles tagespolitisches Thema zu schnüren oder die Gestaltung des Eingangsbereichs des Kulturzentrums zu überdenken.

Nach der Ideenfindungsphase folgt die Phase der Ideenbewertung. Dazu ist unbedingt eine zweite Sitzung erforderlich, die deutlich von der vorausgegangenen Sitzung zu trennen ist. Heinz Hoffmann (1987: 117) empfiehlt sogar eine zeitliche Differenz von mehreren Tagen, doch dürfte im allgemeinen schon am folgenden Tag eine Bewertungssitzung möglich sein. Auch rät Hoffmann davon ab, die Bewertung einem neuen Team zu übertragen, solange nicht alle Mitarbeiter im Brainstorming über große Erfahrungen verfügen. „Das extreme Resultat dieses Tests wäre mit großer Wahrscheinlichkeit ein ‚Bewertungsteam', dem es ein gefundenes Fressen wäre, die lieben Kollegen für ,so viele unsinnige Ideen' in die Pfanne zu hauen" (HOFFMANN, HEINZ 1987: 117).

Die Bewertungssitzung sollte sich das Ziel setzen, die vorliegenden Ideen in drei Kategorien einzuteilen:

- sofort verwertbare Ideen, ,
- nach Bearbeitung und Weiterentwicklung verwertbare Ideen und
- offensichtlich unbrauchbare Ideen.

Vor allem durch die zweite Kategorie können Ideen, die vordergründig „verrückt" erscheinen, aber doch auf eine denkbare Lösung hinweisen, gerettet und für mittelfristig anstehende Problemlösungen sinnvoll genutzt werden.

Nach Ideenfindung und Ideenbewertung erfolgt in einem dritten Verfahren die Entscheidung darüber, welche Idee realisiert werden soll. Diese Entscheidung trifft nicht das Team oder ein Mitglied des Teams, sondern eine unabhängige Person oder Personengruppe, der die Auswertung der beiden Sitzungen vorgelegt wird. Brainstorming ist eine Kreativitätstechnik, die der Ideenfindung dient, nicht aber der Entscheidungsfindung.

Die Beurteilung des Brainstormings als Kreativitätstechnik ist heute nicht mehr so einheitlich positiv wie noch in den fünfziger und sechziger Jahren. Da zwischenzeitlich eine Reihe von weiteren Kreativitätstechniken entwickelt und erprobt wurde, hat man auch deutlich die Schwächen dieses Systems erkannt. Reichard (1987: 88) nennt hierzu folgende Punkte:

„– Gefahr oberflächlicher Problemlösung,
 – Frustration bei Dominanz der Inhaber von Leitungsstellen,
 – Gefahr des Abgleitens in irrelevante Gebiete,
 – geringe Verwertungsquote (ca. 5–10%)."

Dem stehen aber unbezweifelbare Vorteile gegenüber, die vor allem im Kulturmanagement zur Geltung kommen können:

- hohe Anzahl von Ideen,
- Ideen, die zum „Weiterspinnen" anregen,
- relativ geringer Zeit- und Organisationsbedarf,
- Durchbrechen von Hierarchien und verkrusteten Zuständigkeiten,
- Motivation der Mitarbeiter,
- Förderung der Teamarbeit.

Methode 635

Sie wird gelegentlich auch als „Brainwriting" bezeichnet, weil sie das System des Brainstormings lediglich in schriftlicher und formalisierterer Form variiert.

Nach dieser Methode schreiben sechs Teilnehmer auf einem Blatt
Papier zu dem vorgegebenen Problem jeweils drei Lösungsvorschläge,
und das innerhalb von fünf Minuten (daher der Name 635). Nach dieser
ersten Runde wechseln alle Blätter gleichzeitig zum nächsten Teilnehmer und so fort, bis alle Teilnehmer alle Blätter mit je drei Lösungsvorschlägen zum gleichen Problem versehen haben, auf jedem Blatt also
18 Vorschläge stehen. Dabei ist es möglich und sogar erwünscht, sich
durch vorgegebene Ideen anregen zu lassen und einen Lösungsvor-
schlag „weiterzuspinnen".

Anschließend wird die Sitzung unterbrochen und – wie beim Brainstorming – in einer späteren Sitzung nach der Verwertbarkeit von
Lösungsvorschlägen gefragt.

Der Vorteil der Methode 635 besteht in der Schriftform, die einerseits
zur klareren Formulierung der Lösungsvorschläge zwingt und andererseits sogar die Möglichkeit bietet, das Brainwriting durchzuführen,
ohne daß die Gruppe auch räumlich zusammenkommt. Gerade die moderne Telefax-Technik läßt ein relativ zügiges Brainwriting zu, selbst
wenn die Teilnehmer hunderte Kilometer voneinander entfernt sitzen.

Ein weiterer Vorteil ist darin zu sehen, daß man für die Methode 635
keinen Moderator benötigt, dessen Geschick bekanntlich für das Gelingen eines Brainstormings von größter Bedeutung ist. Auch braucht
man keinen Schriftführer; folglich kann es nicht zu Mißverständnissen
bei der Aufzeichnung von Ideen kommen.

Ein Nachteil der Methode 635 besteht darin, daß die Schriftform und
die relativ strenge Verfahrensform die Kreativität nicht unerheblich ein-
schränken. Auch ist der Wert der Methode hinsichtlich der Gruppen-
motivation und des Teamgeistes sicherlich nicht so hoch anzusetzen wie
im Brainstorming.

Morphologische Methode
Sie wurde 1971 von Fritz Zwicky (ZWICKY 1971) entwickelt und gehört zu den analytischen Kreativitätstechniken. Grundgedanke dieser
Methode ist die analytische Zerlegung eines Problems nach Parametern
und Varianten, um dann die sich im zweidimensionalen Gitter ergeb-
enden Felder systematisch zu füllen. Arbeitet man mit drei Gruppen
von Parametern oder Variablen, so erhält man ein dreidimensionales
Bild; man spricht dann von einem morphologischen Kasten. Eine Verbindung zum Brainstorming besteht insofern, als die Parameter und
Varianten nach dieser Methode ermittelt werden sollten.

Doch ist es auch möglich, sich diese Parameter und Varianten allein
vorzugeben und das Gitter anschließend Feld für Feld zu füllen. Darin

besteht der große Vorteil dieser Methode für allein arbeitende Kulturmanager.

Allerdings bietet diese Methode bei weitem nicht so kreative Möglichkeiten wie das Brainstorming. Sie ist weniger ein System der
Ideenfindung als vielmehr ein System der Ideenordnung. Die Lösungsmöglichkeiten, die sich finden lassen, sind ganz wesentlich durch die
Auswahl der Parameter vorgegeben. Werden wichtige und kreative Parameter vergessen, kann die morphologische Methode diese Ideen nicht
mehr hervorbringen. Aber sie helfen, daß innerhalb einer vorgegebenen
Kombination von Parametern und Variablen bestimmte Lösungsmöglichkeiten nicht übersehen werden.

Während die Parameter, also die charakteristischen Konstanten, stets
vorzugeben sind, können die Variablen entweder frei angefügt oder
ebenfalls als Variablengruppen vorgegeben werden. Hier nun ein Beispiel für feste Variablengruppen:

Nehmen wir einmal an, das Kulturamt einer Kleinstadt habe die Absicht, zum Thema „Multikulturelle Gesellschaft" eine kleine Reihe von
maximal drei kulturellen Veranstaltungen zu planen. Dann könnte ein
morphologisches Gitter wie folgt aussehen (siehe Abb. 8 auf S. 126).

Indem man einfach sechs typische Veranstaltungsarten aufführt und
sie vierfach hinsichtlich ihrer Wirkung variiert, erhält man bereits 24
denkbare Veranstaltungen. Zwar ist nun noch eine erhebliche Denk-
arbeit erforderlich, um sich für alle Gitterfelder eine entsprechende
Veranstaltung auszudenken, doch würde ohne ein solches Raster ein
ähnliches Ergebnis wohl nur mit weit größeren Anstrengungen möglich sein. Hierin liegt unzweifelhaft der große Vorteil dieser Methode:
man wird gezwungen, systematisch alle Lösungsvarianten aufzu-
führen.

Gleichzeitig zeigt dieses einfache Beispiel aber auch die Problematik
der morphologischen Methode. Die Ideenfindung ist im wesentlichen
auf die Auswahl der Parameter und die Benennung der Varianten beschränkt. „Revolutionäre Lösungen sind bei dieser Methode [...] kaum
zu erwarten, weil die eingesetzten Teillösungen bereits bekannt sind"
(REICHARD 1987: 89). Allerdings sehen viele Anwender gerade darin
einen Vorteil, weil die Methode sehr „eng am Problem" vorgeht und
allzu „wildes Herumspinnen" ausschließt.

Der prägende Einfluß der Parameter und der Variablen wird besonders deutlich, wenn man sie gegen gänzlich andere auswechselt, beispielsweise gegen Veranstaltungsorte (Stadthalle, Schule, Marktplatz,
Museum usw.) oder gegen Veranstaltungsziele (politisch, kulturell, sozial, religiös usw.). Als Ergebnis erscheinen nun völlig andere Gitter-

Parameter \ Variablen	klassisch-streng	unterhaltend-heiter	zeitkritisch-politisch	zur Mitwirkung anregend
Konzert				
Theater				
Tanz				
Lesung				
Ausstellung				
Vortrag				

Abb. 8: Morphologisches Gitter.

felder; dieser Schwächen der Methode sollte man sich bei deren Anwendung stets bewußt sein.

Die morphologische Methode ist so angelegt, daß sie fast beliebig erweitert werden kann. Die gilt für die Anzahl der Parameter und Variablen, die selbstverständlich nicht auf sechs beziehungsweise vier beschränkt sein muß, das gilt aber auch für eine dritte Dimension und damit eine Erweiterung zu einem morphologischen Kasten (wenn man beispielsweise im obigen Beispiel zu den Veranstaltungsarten und der Publikumswirkung noch die Veranstaltungsorte hinzunehmen würde). Man muß sich nur darüber klar sein, daß dann die Handhabung der Methode sehr kompliziert und aufwendig wird (allein das genannte Beispiel würde mit nur fünf Veranstaltungsorten auf 120 Lösungsmöglichkeiten kommen) und weit entfernt sein wird von dem befriedigenden Gefühl, das man vielleicht mit einem „Gedankenblitz" verbindet.

Alle Kreativitätstechniken funktionieren nur, wenn es gelingt, sich wenigstens vorübergehend von einer zu engen Bindung am konkreten Problem freizumachen. „,Kreativität' bezeichnet hier das Vermögen, realitätsdicht gegen Regeln denken zu können" (LAY 1989/1991: 13).[3] Gleichzeitig ist aber auch eine gewisse Disziplin unverzichtbar. Dies gilt vor allem für das Umfeld, für das „kreative Klima" und die Einhaltung der „Spielregeln".

Aus der Ideenbewertung heraus entstehen die Vorschläge für eine Initiative. Welcher Vorschlag für eine Initiative ausgewählt wird, unterliegt der Entscheidung einer Person oder eines Gremiums, die weder der Ideenfindungs- noch der Ideenbewertungsgruppe angehörten. Dies bedeutet keine Bevormundung oder gar Entmündigung der Kreativgruppe, sondern ist als eine (sehr positiv einzuschätzende) vorübergehende Befreiung von komplexeren Problemzusammenhängen zu sehen. Die Initiative, die dem Ideenfindungs- und Ideenbewertungsprozeß folgt, hat allerdings die komplexeren Zusammenhänge wieder zu berücksichtigen, da andernfalls jede Initiative schon im Ansatz zum Scheitern verurteilt wäre. Die Ideenfindungsgruppe einer Bibliothek beispielsweise kann Vorschläge für eine attraktivere Gestaltung des Eingangsbereichs erarbeiten, ohne dabei Fragen der Finanzierung, des Baurechts und der Versammlungsstättenverordnung berücksichtigen zu müssen. Die Bibliotheksleitung aber, die diese Vorschläge zu einer Initiative der Bibliothek für die Beratung und Entscheidung des Gemeinderats formuliert, muß die komplexeren Zusammenhänge wie Finanzierung und rechtliche Bedingungen berücksichtigen.

Deshalb wird eine Initiative immer von einer Position ausgehen, von der aus komplexere Zusammenhänge auch gesehen und bewertet werden können. Will man vermeiden, daß solche Kontexte nur für Führungspersonen in hierarchischen Strukturen erkennbar sind und ausführende Mitarbeiter davon weitgehend ausgeschlossen werden, muß man auf kooperative Organisations- und Führungsstrukturen (vgl. Abschnitt 4.3.1) zurückgreifen.

3.2 Motivieren

Eine wesentliche Voraussetzung für das Gelingen von Kulturmanagement ist die Motivation. Sie „ist dasjenige in uns und um uns, was uns dazu bringt, uns so und nicht anders zu verhalten" (GRAUMANN 1974: 1). „Das Motivieren selbst ist ein aktives, zielgerichtetes Steuern des Verhaltens und somit ist die Wahrnehmung der Motivierungsaufgabe ein komplexes Führungsinstrument" (WÖHE 1984: 116).

Als Führungsinstrument wird Motivation zunächst einmal eingesetzt mit Blick auf die Mitarbeiter eines Managementbereichs. Insofern deckt sich Motivation im Kulturmanagement mit jedem anderen Industrie- oder Dienstleistungsbetrieb. Motivation spielt im Kulturmanagement aber zusätzlich noch eine wesentliche Rolle im Umgang mit freiberuflichen Künstlern, die dem Betrieb nicht als Mitarbeiter angehören. Ein Maler beispielsweise, der nicht gerade in der Nähe des Existenzminimums lebt, wird nur dann für eine Ausstellung zu interessieren sein, wenn er von deren Zielsetzung überzeugt ist und den Eindruck hat, daß die verantwortlichen Kulturmanager ihm adäquate Partner sind. Der finanzielle Anreiz ist häufig für viele Künstler von weit geringerem Interesse als das Gefühl, ihre Kunst in einem ihnen geeignet erscheinenden Umfeld anbieten zu können. Wer Künstler dazu bewegen möchte, als Gestalter von „Kunst am Bau", als Musiker in einem Konzert oder als Schauspieler in einem Theaterstück „ihr Bestes" zu geben, muß sie motivieren können. In einem langfristigen Arbeitsverhältnis und eingebunden in einen durchorganisierten Betrieb mögen feste Mitarbeiter noch mit Anordnungen und der Androhung von Sanktionen (wenigstens vorübergehend) zu motivieren sein, gegenüber freiberuflichen Künstlern funktioniert es ganz sicher nicht. Kulturmanager sollten deshalb sehr gut wissen, wie Motivation entsteht und wie sie sich steuern läßt.

In der Psychologie wurden seit den fünfziger Jahren zahlreiche Theorien[4] entwickelt, die sich mit der Begründung menschlicher Leistungsbereitschaft in der Arbeitswelt auseinandersetzen. Man gliedert sie üblicherweise in zwei Gruppen, nämlich die Prozeß-Theorien und die Inhalts-Theorien:

„Die Prozeßtheorien versuchen, formal den Prozeß der Entstehung, Ausrichtung und Energieladung von Verhaltensweisen zu erklären. Sie führen dazu Variablenklassen relativ hohen Allgemeingrades (Belohnung, Anreiz, Trieb etc.) ein und zeigen, wie durch das Zusammenwirken der Variablen Motivation entsteht" (STEINMANN/SCHREYÖGG 1991: 409).

Bekannteste Prozeßtheorie ist das von Vroom entwickelte und von Porter/Lawler fortgeschriebene Erwartungs-Valenz-Modell (VROOM 1964 und PORTER/LAWLER 1968). „Ein Anreiz gilt danach als um so zugkräftiger, je höher die subjektive Wahrscheinlichkeit des Belohnungsempfangs (= Erwartung) und je höher der subjektive Wert der zu erwartenden Belohnung (= Valenz) eingeschätzt werden" (REICHARD 1987: 201).

Die Theorie geht folglich davon aus, daß Leistungsbereitschaft eine Frage rationalen Kalküls ist: die Motivation der „kühlen Rechner". Es ist zu vermuten, daß eine solche Motivation im Kulturmanagement eher von untergeordneter Bedeutung ist, denn sonst gäbe es die vielen unbezahlten Überstunden in Kulturzentren, in Museen, in Volkshochschulen usw. nicht.

„Im Gegensatz dazu beschäftigen sich inhaltliche Theorien mit konkreten Motiven (z. B. Bedürfnisse nach Sicherheit, Anerkennung, gerechter Entlohnung), die das Verhalten eines Individuums bestimmen.

Inhaltliche Theorien wollen zeigen, welche tieferliegenden Motive
Menschen bewegen, und stellen den Bezug zu organisatorischen Ak-
tivitäten her. Sie beantworten in direkterer Art und Weise, wie eine
Organisation oder ein Vorgesetzter positiv ‚motivieren‘ kann (STEIN-
MANN/SCHREYÖGG 1991: 409f.).
Bekannteste Inhalts-Theorie ist die Maslowsche Bedürfnispyramide
(MASLOW 1954).[5] Sie unterscheidet fünf grundlegende menschliche Bedürfnisse, die in einer Hierarchie von Vorrangigkeit einander zugeordnet werden (s. Abb. 9 auf S. 130).
Als elementarste Bedürfnisse hat Maslow physiologische Bedürfnisse
wie Essen und Trinken ausgemacht. Erst wenn diese Bedürfnisse befriedigt sind, wendet sich der Mensch gewissen Sicherheitsbedürfnissen zu
wie Schutz vor Beraubung, Unfall, Krankheit usw. An dritter Stelle
folgen soziale Bedürfnisse, in denen der Wunsch nach Gemeinschaft,
Liebe und Zusammengehörigkeit zum Ausdruck kommt. Auf der
vierten Ebene der Bedürfnispyramide finden sich die Wertschätzungsbedürfnisse wie Selbstachtung und Anerkennung durch andere, aber
auch Statussymbole. Die Spitze der Pyramide wird gebildet von Selbst-
verwirklichungsbedürfnissen, wie die freie Entfaltung der Persönlichkeit und ein Streben nach Unabhängigkeit.
Maslow geht davon aus, daß die Menschen stets versuchen werden,
die dringlichsten Bedürfnisse (ab der untersten Stufe der Pyramide) zuerst zu befriedigen; er nennt dies das Defizitprinzip. Ist eine Bedürfnisstufe ausreichend befriedigt, entsteht aus ihr keine weitere Motivation;
der Mensch wendet sich der nächsten Bedürfnisstufe zu, bis auch dort
eine Sättigung erreicht ist. Dies nennt Maslow das Progressionsprinzip.
Lediglich in der Spitze der Pyramide ist eine Sättigung nicht zu erreichen, weshalb Maslow hier einen Bedürfnistypus besonderer Art sieht,
den er Wachstumsbedürfnis nennt (vgl. STEINMANN/SCHREYÖGG 1991:
421f.).
„So wird ein Mensch, der Hunger leidet (Bedürfnisstufe 1), weder an
den jüngsten Ereignissen in der Welt der Kunst Interesse zeigen (Bedürfnisstufe 5), noch daran interessiert sein, wie er von anderen gesehen
oder welche Anerkennung ihm zuteil wird (Bedürfnisstufen 3 bzw. 4) –
ja noch nicht einmal daran, ob die Luft, die er atmet, sauber ist (Bedürfnisstufe 2). Erst wenn das jeweils wichtigste Bedürfnis befriedigt ist,
rückt das nächstdringliche in den Vordergrund“ (KOTLER/BLIEMEL
1992: 264).
Sollen also in einem Betrieb Mitarbeiter zu einer bestimmten Leistung motiviert werden, so sind immer Defizit- und Progressionsprinzip gleichzeitig anzuwenden:

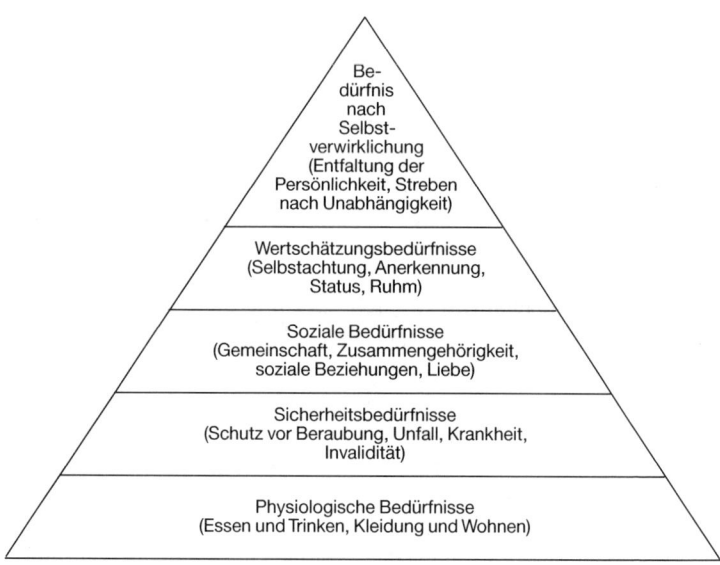

Abb. 9: Maslowsche Bedürfnispyramide (nach: KOTLER/BLIEMEL 1992: 265).

1. Empfindet der Mitarbeiter auf der Bedürfnisstufe, über die hinaus-
   gegangen werden soll, noch Defizite? Was kann getan werden, um
   diese Defizite zu befriedigen?
2. Welche Anreize können geschaffen werden, damit sich der Mitarbeiter der nächsthöheren Stufe seiner Bedürfnisse zuwendet und
   darin die wünschenswerten Leistungen erbringt?

Dazu zwei praktische Beispiele, die das Zusammenspiel von Defizit-
und Progressionsprinzip zeigen. Zunächst zum Übergang von Stufe 3
zu Stufe 4:

„Eine Mitarbeiterin, die mit zwei Kollegen in der Buchhaltung in
einem großen Raum arbeitet, wird mit neuen Aufgaben betraut. Sie soll
künftig die Finanzbuchhaltung betreuen und auch persönliche Angelegenheiten des Chefs bearbeiten. Aus diesem Grund wird ihr ein besonderer Raum zugewiesen. Nach einigen Tagen erklärt sie, sie sei von der
Aufgabe überfordert und bittet um Rückversetzung zu ihren Kollegen"
(HARLANDER 1991: 85f.).

Mit der Versetzung in einen separaten Raum waren die sozialen Bedürfnisse (Stufe 3) der Mitarbeiterin wieder unbefriedigt; eine Progression in Richtung auf Stufe 4 (Anerkennung als besonders qualifizierte
Mitarbeiterin) erscheint ihr deshalb nicht erstrebenswert.

Nun ein Beispiel, das die Bedeutung der vierten Stufe zeigen soll:
„Im Anschluß an die Berichterstattungen der Abteilungsleiter stellt
einer der anwesenden Herren an den Chef die Frage: ‚Haben wir das
nicht großartig erledigt?‘ Das zustimmende Brummen des Chefs veranlaßt einen Abteilungsleiter nach der Besprechung zu der Bemerkung:
‚Künftig werde ich meine Aktivitäten der zu erwartenden Anerkennung
anpassen‘" (HARLANDER 1991: 87).

Hier zeigt sich deutlich, daß das Wertschätzungsbedürfnis der Abteilungsleiter vom Chef nicht ausreichend befriedigt wird. Es ist nicht zu
erwarten, daß die Abteilungsleiter zu besonderen Leistungen – etwa mit
Blick auf Stufe 5 – bereit sein werden, solange noch so deutlich Defizite
auf Stufe 4 erkennbar sind.

Die Maslowsche Bedürfnispyramide eignet sich besonders gut für die
Darstellung von Motivation im Kulturmanagement, und zwar sowohl
für den privatwirtschaftlichen wie für den öffentlich-rechtlichen Bereich. So läßt sich, im folgenden Beispiel, ein typisches Verhalten von
Mitarbeitern im Kulturmanagement mit Hilfe der Pyramide sehr überzeugend verständlich machen:

Mitarbeiter des Zentralbereichs haben einen Festakt mit kulturellem
Beiprogramm zu gestalten. Weil ausländische Gäste, Prominenz aus
nah und fern, Presse und Fernsehen usw. anwesend sein werden,
strengen sich alle besonders an. Ein tolles Programm wird erstellt, alles
bis ins letzte hinein durchorganisiert, die Künstler sind hervorragend
und alle sind begeistert. Am Schluß des Festaktes dankt der Chef öffentlich den Künstlern für die phantastische Darbietung und läßt dann den
Mitarbeitern des Zentralbereichs durch seine Sekretärin ausrichten, daß
sie – wenn sie wollten – gern zum anschließenden Umtrunk kommen
könnten. Die Mitarbeiter aber lehnen ab und gehen gemeinsam „einen
heben".

Für das Publikum erscheinen nur die Künstler als die Agierenden.
Der Chef erkennt (richtig) deren Bedürfnis nach Wertschätzung (Stufe
4) und dankt ihnen öffentlich. Dabei übersieht er völlig das Wertschätzungsbedürfnis (Anerkennung, Dank für geleistete Arbeit) seiner Mitarbeiter im Hintergrund. Diese fühlen sich frustriert und sind deshalb
auch nicht in der Lage, die (höchst unglücklich überbrachte) Einladung
zu einem Umtrunk anzunehmen, denn sie haben nun ein großes Bedürfnis nach sozialer Geborgenheit (Stufe 3), weil sich diese nun für sie
als die höchste Stufe einer möglichen Bedürfnisbefriedigung zeigt. Folglich gehen sie gemeinsam ins Gasthaus und reden sich ihren Frust von
der Seele. Leider ist diese Situation fast typisch für Mitarbeiter im Kulturmanagement, weil sich die Wertschätzung (Applaus, Pressebericht)

fast immer nur auf die Künstler, selten aber auf die Manager im Hintergrund bezieht.

Doch noch aus einem zweiten Grund eignet sich die Maslowsche Bedürfnispyramide so gut für eine Anwendung im Kulturmanagement. Dies betrifft den Umgang mit Künstlern und die Möglichkeit, Künstler für etwas zu motivieren. Dazu ist ein genauerer Blick auf die 5. Stufe der Pyramide (Selbstverwirklichungsbedürfnis) erforderlich. Sie umfaßt „die Bedürfnisse nach Realisierung und Weiterentwicklung der individuellen Kenntnisse und Fähigkeiten und damit der Verwirklichung auch der nur latent vorhandenen Potentiale. Die Voraussetzung dafür, daß die Selbstverwirklichungsmotive [...] für das Verhalten die höchste Priorität erlangen, ist also, daß die Bedürfnisse der vier unteren Bedürfnisklassen [...] hinreichend befriedigt sind. Während diese ‚Defizit-Motive' mit fortschreitender Befriedigung an relativer Dringlichkeit verlieren, weisen die Selbstverwirklichungsbedürfnisse insofern eine Besonderheit auf, als sie auch bei ständig zunehmender Befriedigung das dominante Handlungsmotiv bleiben" (SCHIERENBECK 1987: 52 f.).

Selbstverwirklichungsbedürfnisse sind die entscheidende Motivation jeder künstlerischen Tätigkeit. Folglich tut man als Kulturmanager gut daran – um es etwas salopp zu sagen –, Künstler auf der 5. Stufe der Maslowschen Bedürfnispyramide anzusiedeln. In strenger Anwendung der beiden kohärenten Prinzipien von Defizit und Progression bedeutet dies, daß von einem Künstler nur dann eine besondere Leistung in Stufe 5 erwartet werden kann, wenn die Bedürfnisse der ersten vier Stufen in ausreichendem Maße befriedigt sind. Das gilt sicherlich ganz selbstverständlich für die physiologischen (Maslow würde Friedrich Nicolai – vgl. Seite 25 – sicherlich widersprechen) und Sicherheitsbedürfnisse, ganz gewiß aber auch für das Bedürfnis nach befriedigenden sozialen Bedingungen. Entscheidend aber dürfte vor allem das Bedürfnis nach Wertschätzung, Anerkennung und Ruhm sein, dessen unzureichende Befriedigung bei vielen Künstlern lähmende Frustration hervorrufen kann. Ein kluger Kulturmanager wird deshalb der 4. Stufe (Wertschätzungsbedürfnisse) seine besondere Aufmerksamkeit schenken; Anerkennung und eine freundschaftliche Wertschätzung beflügeln Künstler in aller Regel mehr als Mißachtung, Geringschätzung und der Hinweis darauf, „daß er für seine Arbeit ja auch reichlich entlohnt" werde.

Nun mag man (mit Recht) einwenden, daß dies die Realität doch wohl etwas stark vereinfache; gerade die in ihrer Individualität so verschiedenen Künstler ließen sich doch wohl nicht im Miniaturbild einer Pyramidenspitze darstellen. Geht man die Frage in ihrer gesamten

Komplexität an, so ist der Einwand sicherlich gerechtfertigt. Doch handelt es sich hier um ein Modell, das komplexe Zusammenhänge unter Verzicht auf alle Variationen und Sonderheiten auf einen möglichst einfachen und gemeinsamen Nenner bringen will. Und unter dieser Voraussetzung scheint dieses Modell nicht ganz ungeeignet zu sein.

Wie kann man nun solchermaßen erkannte Motivationszusammenhänge umsetzen? Dazu gilt es zunächst einmal, das „Motivationssubjekt" (BESTMANN 1992: 122) im konkreten Einzelfall zu betrachten. „Die tatsächliche Leistung ist nicht nur eine Frage des ‚Wollens', sondern auch des ‚Könnens': Ein Mitarbeiter bedarf entsprechender Fähigkeiten, um zielgerecht handeln zu können. Dabei sind sensumotorische Fähigkeiten (Geschicklichkeit) und kognitive Fähigkeiten (technische, Wahrnehmungs- und Problemlösungsfähigkeiten) sowie Kenntnisse erforderlich, die z. T. als Begabung vorhanden sind, z. T. durch Vor-, Aus- und Fortbildung vermittelt werden" (REICHARD 1987: 203).

Im Mitarbeiter, der für eine Motivierung zu höherer Leistung geeignet zu sein scheint, müssen in einem zweiten Schritt Motive geweckt bzw. geschaffen werden, die ihm den Aufstieg in die nächste Bedürfnisstufe erstrebenswert machen. „Die Mittel hierzu liegen
- in einem der Befähigung entsprechenden Schwierigkeitsgrad der Aufgabenstellung,
- in der Herausstellung der Bedeutung einer Handlung an sich sowie im Rahmen des Betriebsganzen und
- in der Aufstellung eines Katalogs von Konsequenzen vornehmlich positiver Art bei der Zielerreichung" (BESTMANN 1992: 122 f.).

Doch bei aller systematischen und modellhaften Vorgabe hängt die Motivation von Mitarbeitern wie von Künstlern am Ende entscheidend davon ab, inwieweit der Vorgesetzte bzw. Partner des Künstlers bereit ist, sich für eine Motivierung zu engagieren. Die Handhabung von Bedürfnispyramiden und Motivationsmodellen ist nur Hilfsmittel, die nie ersetzen kann, daß Motivation immer „Chefsache" bleibt.

3.3 Informieren und Kommunizieren

Management in arbeitsteiligen Prozessen ist nur möglich durch Information. Den Austausch von Informationen bezeichnet man als Kommunikation.[6]

Information im Management ist Wissen, das auf ein bestmögliches Handeln vorbereiten soll. Je besser und sicherer die Informationen sind, um so zielorientierter ist Handeln möglich. „Auch wenn betriebs-

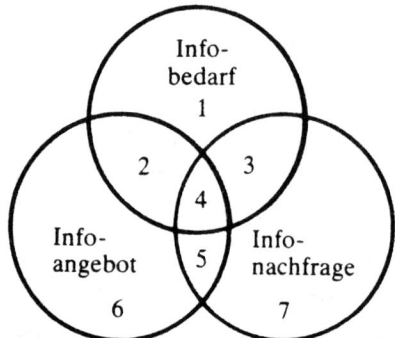

1 = Informationen, die weder angeboten noch nachgefragt werden
2 = Informationen, die angeboten, aber nicht nachgefragt werden
3 = Informationen, die nachgefragt, aber nicht angeboten werden
4 = Angebotene und zugleich nachgefragte Informationen
5 = Nachrichten, die angeboten und nachgefragt werden, aber nicht notwendig sind
6 = Nachrichten, die angeboten werden, aber weder nachgefragt werden noch not-
    wendig sind
7 = Nachrichten, die nachgefragt werden, aber weder angeboten werden noch not-
    wendig sind

Abb. 10: Informationsbedarf, -nachfrage und -angebot (Quelle: SCHIEREN-
BECK 1987: 119).

wirtschaftliche Entscheidungen generell auf der Grundlage unvollkom-
mener Informationen getroffen werden müssen, so hängt der Wert von
Entscheidungen doch ceteris paribus von der Güte und dem Umfang an
Informationen ab" (BESTMANN 1992: 94).

Dies gilt in besonders hohem Maße für das Kulturmanagement: wie
gut eine Veranstaltung ist bzw. beim Publikum „ankommt", weiß man
letzten Endes immer erst, wenn die Veranstaltung schon läuft. Dennoch
wird ein verantwortungsbewußter Kulturmanager immer versuchen,
schon vor Vertragsabschluß durch möglichst viele Informationen das
Risiko des „Mißgriffs" so gering wie möglich zu halten.

Information und Kommunikation sind in jedem betrieblichen Management – und folglich auch im Kulturmanagement – sowohl betriebsextern
als auch betriebsintern von Bedeutung. Es gilt, betriebsexterne Informationen einzuholen als auch für einen angemessenen betriebsinternen Informationsfluß und -austausch zu sorgen. Dabei stellt sich das Problem
der Informationsbeschaffung als ein Zusammenwirken von Informationsbedarf, Informationsnachfrage und Informationsangebot dar (BERTHEL
1975: 30, zitiert nach SCHIERENBECK 1987: 119; vgl. Abb. 10).

Die Probleme im Umgang mit Informationen im Kulturmanagement
lassen sich an dieser Abbildung leicht verdeutlichen:

- Man hat es mit einer Fülle von Informationen zu tun (über Feuilletons, Fachzeitschriften, Buchpublikationen, Hörfunk und Fernsehen, Hinweise interessierter Bürger/Kunden usw.), ohne daß für diese Informationen eine Nachfrage besteht (2); es entsteht eine Informationsschwemme, deren Bewältigung (etwa das Auswerten der täglichen Feuilletons) einen nicht unerheblichen Zeitaufwand (bei verhältnismäßig geringer Ausbeute) zur Folge hat;
- häufig handelt es sich dabei sogar um solche Nachrichten, die nicht nur nicht nachgefragt werden, sondern auch nicht notwendig sind (6), die aber allein durch ihre Präsenz die Arbeit ganz erheblich behindern; irrelevante Nachrichten (6) von nur möglicherweise relevanten (2) zu unterscheiden verlangt schon sehr viel Geschick und Erfahrung;
- gleichzeitig entsteht die unbefriedigende Situation, daß Informationen, die man eigentlich dringend braucht (z. B., wie weit sich ein Musikagent „herunterhandeln" läßt), als Herrschaftswissen einiger weniger zurückgehalten werden (3);
- ein besonders schwerwiegender Fall von Mißmanagement liegt dann vor, wenn man vielen Nachrichten hinterherläuft, die überhaupt nicht notwendig sind (5 bzw. 7); hier wäre dann dringend eine Überprüfung der Informationsbeschaffung anzuraten.

Während die Beschaffung externer Informationen in jedem Betrieb als wünschenswerte Aufgabe herausgestellt wird, ist der innerbetriebliche Umgang mit Informationen durchaus auch von Führungsprinzipien abhängig. Dies ist besonders dort spürbar, wo Vorgesetzte glauben, Informationen als „Herrschaftswissen" Mitarbeitern vorenthalten zu dürfen, um sie gezielt zur Einschüchterung (gegenüber den Mitarbeitern) oder als wichtigtuerisches Gehabe (gegenüber dem nächsthöheren Vorgesetzten) einsetzen zu können. Doch sollte Information als Führungsinstrument immer nur unter zwei Aspekten gesehen werden: „Einerseits ist sie als zweckorientiertes Wissen Voraussetzung für den Erfolg der Tätigkeit der Mitarbeiter, andererseits gibt sie den Mitarbeitern das Bewußtsein, ‚Bescheid zu wissen'" (WÖHE 1984: 120).
Wie dieser Informationsfluß und -austausch (Kommunikation) erfolgt, hängt nicht unwesentlich von den organisatorischen Strukturen eines Betriebs ab (vgl. Abschnitt 4.3.1), denn sie geben vor, wer mit wem ohne Zwischenstationen Informationen austauschen kann. Grob kann man unterscheiden zwischen den Grundformen Stern, Kreis und Vollstruktur (vgl. BESTMANN 1992: 96):

- Bei der Grundform des Sterns laufen die Informationen sternförmig vom Vorgesetzten zu den Mitarbeitern; den Mitarbeitern aber ist ein Informationsaustausch untereinander nicht möglich. In einer solchen Kommunikationsstruktur wird Herrschaftswissen kultiviert.
- Bei der Grundform des Kreises können alle Personen nur auf der Kreislinie miteinander kommunizieren, also jeder nur mit maximal zwei Nachbarn. Diese Kommunikationsstruktur ist im Kulturmanagement sehr häufig gegeben, wenn beispielsweise die Kostümabteilung und die Werkstatt eines Theaters zwar miteinander Informationen austauschen können, nicht aber mit der Verwaltung oder der Intendanz; die Informationen dorthin müssen über den Technischen Leiter erfolgen.
- Die Grundform der sogenannten Vollstruktur (auch als Informationsnetz bezeichnet) ermöglicht allen mit allen zu kommunizieren, was einen optimalen Informationsaustausch zur Folge hat, aber auch zu vielen unnötigen und nicht nachgefragten Informationen führt (Fall 6 aus Abb. 10).

Gerade die letzte Grundform zeigt, daß Kommunikationsstrukturen zwar den Informationsfluß und -austausch steuern können, aber noch keine Gewähr dafür bieten, daß die richtigen (und nur die richtigen) Informationen an die richtige (und nur an die richtige) Stelle gelangen. Es bleibt in allen Fällen das gewichtige Problem der Informationsbeschaffung und -verarbeitung.

Im Kulturmanagement ist es mit Blick auf die anstehende Aufgabe und angesichts der ständigen engen Zusammenarbeit mit freiberuflichen Künstlern besonders wünschenswert, daß die Kommunikation nicht nur strukturell optimal funktioniert, sondern auch nach Regeln erfolgt, die die emotionale und soziale Ebene der Kommunikationspartner berücksichtigt. Diese Erkenntnis, die in hohem Maße auf psychologische Zusammenhänge reflektiert, gewinnt auch im allgemeinen Management unter dem Stichwort „Dialektik" mehr und mehr an Bedeutung. Rupert Lay (1989/1991: 25) ruft hierzu die drei Dialektik-Grundsätze des Plato wieder in Erinnerung:

„1. Verhalte dich alterozentrisch.
  2. Erreiche eigene und fremde Emotionalität.
  3. Stelle dich auf die kommunikativen Bedürfnisse deines Partners ein."

Für die praktische Umsetzung dieser Grundsätze hat Lay(1989/1991: 32) einige „Regeln" für die Kommunikationssituation „Gespräch" entwickelt, die gerade auch im Kulturmanagement erfolgreich eingesetzt werden können. Dabei spielt die Art und Weise, wie man auf einen Gesprächspartner zugeht (Ansprache), eine entscheidende Rolle:

„– Die Ansprache muß auf ein vorhandenes oder gewecktes Bedürfnis treffen.

– Die Ansprache muß im sprachlichen Horizont des Partners geschehen. Dabei gilt es, Worte zu vermeiden, die vom Partner emotional negativ besetzt sind.

– Die Ansprache muß im Wir-Feld (also in Koordination) und nicht im Ich-Du-Feld (Subordination) erfolgen.

– Der Ansprechende darf beim Zuhören kein Verhalten zeigen, das der Sprechende nicht mit der Situation des Hörens verbinden kann (Wippen mit den Beinen, Spielen mit dem Bleistift, Unter-die-Decke-Schauen).

– Die Ansprache muß Angst-, Scham-, Schuldgefühle oder geminderte Selbstachtung abbauen oder doch für den Angesprochenen sinnvoll mit diesen Gefühlen umgehen.

– Der Angesprochene muß das Gefühl haben, ernst genommen und für wichtig gehalten zu werden. Dieses Gefühl ist nur zu vermitteln, wenn der Ansprechende seinen Partner ernst nimmt und für wichtig hält.

– Das Gespräch muß den Eindruck vermitteln, daß es auf ein für beide erwünschtes Ziel ausgerichtet ist.

– Um glaubwürdig zu wirken, muß beim Ansprechenden das, was er sagt, mit dem, wie er es sagt (dem sprachlichen und körperlichen Ausdruck), übereinstimmen."

Eine Kommunikation, die sich an solche Spielregeln hält, kann zu einem erfolgreichen Informationsaustausch führen. Spätestens hier zeigt sich aber auch, daß Information und Kommunikation nicht nur Schlüsselfunktionen in einem auf Effizienz ausgerichteten Management sind, sondern auch ganz entscheidend zum Arbeitsklima eines Betriebs und damit zur Motivation der Mitarbeiter und (freiberuflichen) Partner beitragen.

3.4 Entscheiden

Für viele Kulturmanager ist die heikelste Schlüsselfunktion im Kulturmanagement das Entscheiden. Schwierigkeiten bereitet dabei nicht so sehr die Entscheidung f ü r etwas, sondern viel eher die Entscheidung g e g e n etwas. Dahinter steht weniger die Befürchtung, die „falsche" Entscheidung zu treffen – dieses Risiko gilt für jedes Management –, als vielmehr die Scheu, durch die eigene Entscheidung eine (an sich berechtigte) Realisierung von Kunst und Kultur unmöglich zu machen. Vielleicht entwickelt sich ja ein junger Künstler, dessen Bilder man für eine Ausstellung ablehnt, schon bald zu einem vielbeachteten Genie? Was ist mit dem jungen Geiger, dessen Förderung man ablehnt, der aber bei entsprechender Unterstützung zu einem wirklich guten Musiker geworden wäre? Zerstört man eine kulturelle Initiative für alle Zeiten, nur weil man es ablehnt, die Miete für den Probenraum zu subventionieren?

Noch deutlicher wird das Problem der richtigen Entscheidung im öffentlichen Kulturbetrieb, wenn damit auch die Frage verbunden ist, „was Kultur sei und was nicht. Diese Ambivalenz ist auch nicht aufzuheben durch Ausweitung des Kulturbegriffs" (HÄUSSERMANN/SIEBEL 1987: 211). Immer bleibt das Problem des Entscheidens, und das heißt immer auch, die (an sich wünschenswerte) Ermöglichung von Kultur zu verhindern. Solange aber die für die Ermöglichung von Kultur erforderlichen Ressourcen knapp sind – und das gilt nicht nur für Finanzmittel, sondern auch für Räume und (wenn man es recht bedenkt) für Publikum –, wird man immer entscheiden müssen zwischen der Ermöglichung und der Verhinderung von Kultur.

Zu entscheiden ist eine Schlüsselfunktion des Managements, die folglich auch im Kulturmanagement von zentraler Bedeutung ist; Kulturmanagement erfolgt ganz wesentlich mit Hilfe der Steuerungsfunktion Entscheiden! „Das Unterlassen von Entscheidungen bedeutet ein Warten darauf, daß sich eine Lösung von selbst einstellt. Dies führt zu dem Verzicht auf Eigengestaltung und damit zu einer Auslieferung an die Umwelt" (BESTMANN 1992: 88). Kulturmanagement, also Kultur zu ermöglichen, kann sich nicht darauf beschränken, Hindernisse aus dem Weg zu räumen, um Kunst und Kultur den Freiraum zur Entfaltung zu sichern. Wohl auch das! Doch Kulturmanagement heißt immer auch, konkrete Ziele umzusetzen. Das aber bedingt aktives Mitgestalten und Handeln und das heißt Entscheiden.

Entscheiden wird definiert als das ständige Wählen zwischen verschiedenen Möglichkeiten. Das bedeutet, daß mehrere Alternativen vorhanden sein müssen, um eine Entscheidung treffen zu können. Wenn einem Verlag für ein vorgegebenes Thema nur ein Autor zur Verfügung steht, bleibt ihm keine Wahl, folglich ist auch der Auftrag an den betreffenden Autor keine echte Entscheidung. Wer wählt, muß zudem über einen Handlungs- und Ermessensspielraum verfügen. Die Vorgabe beispielsweise, wie sie im Bauvergaberecht üblich ist, daß bei mehreren Bietern der preiswerteste den Zuschlag erhält, schränkt die Wahlmöglichkeit und damit die Entscheidung ganz erheblich ein.

Die Betriebswirtschaftslehre hat für die Schlüsselfunktion Entscheiden eine Reihe von technischen Hilfsmitteln erarbeitet, die aber für das Kulturmanagement weniger geeignet sein dürften, da sie in hohem Maße meßbare und bewertbare Faktoren einbeziehen, wie sie im Kulturmanagement kaum zur Verfügung stehen (vgl. hierzu WÖHE 1984: 130–144 sowie ausführlicher HEINEN 1976 und LIEBIG 1992). Statt dessen sollte im Kulturmanagement der Stellenwert der persönlichen und durchaus subjektiven Entscheidung hervorgehoben werden. Welcher Sänger einer Opernpartie die notwendige „Farbe" gibt, läßt sich wohl kaum mit Entscheidungsbäumen ermitteln.

Dieser Anspruch, Subjektivität und Individualität in Entscheidungen wieder verstärkt gelten zu lassen, deckt sich durchaus mit aktuellen Tendenzen in der Managementlehre. So räumt denn auch Bestmann in der neuesten Ausgabe (1992) seines Kompendiums ein, „daß der formale, auf rein rationaler Einstellung beruhende Entscheidungsprozeß einen idealisierten Ablauf darstellt. Neuere Erkenntnisse verhaltenswissenschaftlicher und organisationswissenschaftlicher Art haben gezeigt, daß Entscheidungsabläufe in der Praxis durch folgende Faktoren geprägt sind, die auf die Entscheidungsfindung wesentlichen Einfluß haben:

– je höher die Komplexität einer Entscheidung, um so individueller wird der Entscheidungsvorgang abgewickelt [...];
– es liegt nur eine begrenzte Kapazität der Informationsaufnahme und -verarbeitung bei den Entscheidungsträgern vor, was oft zu Voreingenommenheit führt;
– auf der Basis eines unvollkommenen Suchprozesses wird meist nur eine begrenzte Anzahl von Alternativen entwickelt;
– es wird keine maximale Lösung des Entscheidungsproblems, sondern lediglich eine befriedigende Lösung auf der Grundlage des jeweils vorherrschenden Anspruchsniveaus angestrebt" (BESTMANN 1992: 92).

Gerade im Kulturmanagement hat man es mit hochkomplexen Entscheidungsvorgängen zu tun, in die eben nicht nur finanzielle, organisatorische und technische Aspekte einfließen, sondern auch ästhetische, kulturhistorische und – im weitesten Sinne – auch soziale. Daß dabei Voreingenommenheiten – im Sinne von Vorlieben – eine große Rolle spielen, ist kaum abzustreiten; sie sind die Folge der Belastungen, die sich aus subjektiven Entscheidungen zwangsläufig ergeben.

Aber gleich, ob Entscheidungen nach Prozeßmustern oder subjektiv und individuell gefällt werden, es bleibt immer auch die Verantwortung für die richtige oder falsche Entscheidung. Insofern ist Entscheiden – gerade im Kulturmanagement – immer auch eine Frage des Entscheidenwollens.

Anmerkungen zu Kapitel 3

[1] Auf die „Rollen", die ein Manager als Führungskraft zu übernehmen hat, geht ausführlich ein Staehle 1991.

[2] Kreativität meint hier nicht die künstlerische Kreativität, sondern die Fähigkeit, im Rahmen des Managements Probleme zu lösen; statt von Kreativitätstechniken kann man deshalb auch von Problemlösungstechniken sprechen.

[3] Etwas vordergründiger, aber durchaus einprägsam, drückt es Heinz Hoffmann aus (1987: 205): „Man muß sich von Problemen lösen, um Probleme lösen zu können."

[4] Auf alle Theorien kann hier im einzelnen nicht eingegangen werden, obwohl weit mehr als die hier vorgestellten interessante Handlungsinstrumente für Kulturmanagement bieten. Einen guten und relativ ausführlichen Überlick über die wichtigsten Motivationstheorien bieten Steinmann/Schreyögg (1991: 409–449).

[5] Weitere Inhalts-Theorien sind das Reifekontinuum (Argyris 1957), die Zwei-Faktoren-Theorie (Herzberg 1959), das Motivationsmodell (Richards/Greenlaw 1966) sowie die Erweiterung des Maslowschen Modells (Alderfer 1972); leider kann auf diese Theorien im Rahmen dieser Einführung nicht eingegangen werden.

[6] Kommunikation im Managementprozeß darf nicht verwechselt werden mit Kommunikation als Marketing-Instrument (vgl. hierzu Abschnitt 5.2.4).

4. MANAGEMENTPROZESS[1]

Eingangs war von der Unterscheidung zwischen Managementfunktionen und Managementtechniken die Rede (vgl. Abschnitt 1.1). Als Funktionen wurden dort die Steuerungshandlungen bezeichnet, „die bei der Leistungserstellung und -sicherung in arbeitsteiligen Systemen erbracht werden müssen" (STEINMANN/SCHREYÖGG 1991: 7). Beispielsweise ist Planung eine solche Managementfunktion. Zur Wahrnehmung der Managementfunktionen wendet man eine Reihe von Instrumenten, Methoden und Verfahren an, die man als Managementtechniken bezeichnet (etwa die Kreativitätstechniken, die im Rahmen der Planung zum Einsatz kommen können).

Die einzelnen Managementfunktionen sind nicht isoliert zu betrachten, sondern stehen in einem sich gegenseitig beeinflussenden Zusammenhang. Die Betriebswirtschaftslehre hat sich deshalb schon früh mit der Frage beschäftigt, wie die Steuerungshandlungen zu definieren und miteinander zu verknüpfen sind. Einen ersten durchschlagenden Erfolg konnte 1937 der amerikanische Organisationswissenschaftler Luther H. Gulick verzeichnen. Er erarbeitete eine Klassifikation, der er – wie dies bei amerikanischen Wissenschaftlern besonders beliebt ist – nach den Anfangsbuchstaben der Schlüsselbegriffe den einprägsamen Namen POSDCORB gab:

„POSDCORB ist aus den Anfangsbuchstaben folgender Tätigkeiten zusammengesetzt:
- *Planning*, d.h. Richtlinien zu erstellen, was auf welche Weise zur Realisierung des Objektes getan werden muß;
- *Organizing*, d.h. eine formale Autoritätsstruktur zu errichten, wodurch Arbeitseinsichten im Hinblick auf das Objekt gebildet, voneinander abgegrenzt und koordiniert werden;
- *Staffing*, d.h. Personal in die Organisation einzubringen, anzulernen und fortzubilden, und zudem günstige Arbeitsbedingungen zu erhalten;
- *Directing*, d.h. Entscheidungen treffen und sie in die Form spezieller oder genereller Anweisungen zu bringen und als Leiter der Unternehmung zu fungieren;
- *CO-ordination*, d.h. die verschiedenen Arbeitsteile in Beziehung zueinander setzen – eine überaus wichtige Aufgabe;

- *R*eporting, d.h. für den Leiter, die Leute, denen er verantwortlich ist, über alles ständig zu informieren, was gleichzeitig bedeutet, daß er sich selbst und seine Untergebenen durch Berichte und Inspektionen immer auf dem laufenden halten muß;
- *B*udgeting, d.h. Haushaltsplanung, Buchhaltung und Kontrolle" (GULICK 1976: 170).

In der weiteren Entwicklung der Managementlehre wurden diese Funktionen zu immer wieder neuen Klassen zusammengefaßt, ohne daß sich die Inhalte wesentlich änderten. Hinzu kam allerdings der Bereich Controlling (Kontrolle), der bei Gulick nur angedeutet im letzten Begriff auftaucht. Koontz und O'Donnell entwickelten 1955 ein fünfgliedriges System, das im Prinzip bis heute gilt (vgl. KOONTZ/O'DONNELL 1955; zitiert nach STEINMANN/SCHREYÖGG 1991: 8):

- Planung (planning),
- Organisation (organizing),
- Personaleinsatz (staffing),
- Führung (directing),
- Kontrolle (controlling).

In einigen Klassifikationen verzichtet man allerdings auf eine eigenständige Funktion „Personaleinsatz" und faßt diese Steuerungshandlungen mit der Funktion „Führung" zusammen (so auch SCHIERENBECK 1987: 72).

Nach den Vorstellungen von Koontz und O'Donnell stehen die Managementfunktionen nicht separat nebeneinander, sondern sind so miteinander verbunden, daß man von einem Managementprozeß sprechen kann. Darin „werden die Managementfunktionen dynamisch als Phasen im Sinne einer aufeinander aufbauenden Abfolge von Aufgaben angesehen" (STEINMANN/SCHREYÖGG 1991: 9).

Gerade in der Kulturarbeit kann es bisweilen sogar sinnvoll sein, statt von einem Managementprozeß, der irgendwann zum Abschluß kommt, von Managementzyklen zu sprechen. Nach einem solchen Verständnis wäre das Ende eines Prozesses zugleich der Anfang eines neuen, was ja beispielsweise in einem Theater- oder Konzertzyklus auch tatsächlich der Fall ist, weil mit der letzten Veranstaltung die „Kunden" schon wieder für die nächste Spielzeit angesprochen werden. Damit fallen in der Phase der Kontrolle wichtige Entscheidungen für den Beginn des neuen Managementprozesses, d.h. der neue Zyklus wird mit Rückkopplungen zum vorhergehenden Prozeß begonnen (vgl. WILD 1982: 37).

Mit Blick auf die Aufgaben, die im Kulturbetrieb anfallen, und die Management-Defizite, die vor allem in der öffentlichen Kulturarbeit

immer wieder erkennbar werden, scheint eine Konzentration auf folgende Managementfunktionen gerechtfertigt zu sein:
– Zielsetzung,
– Planung,
– Organisation,
– Führung,
– Kontrolle.
Soweit sich innerhalb dieser Funktionen bestimmte Techniken für das Kulturmanagement besonders eignen, werden sie in die Darstellung unmittelbar miteinbezogen.

4.1 Zielsetzung

„Unter einem Ziel wird ein erstrebenswerter Zustand verstanden, der in der Zukunft liegt und dessen Eintritt von bestimmten Handlungen bzw. Unterlassungen abhängig ist, der also nicht automatisch" (Bestmann 1992: 98) erfolgt.

Oberstes Ziel eines jeden Kulturmanagements ist es, Kultur zu ermöglichen (vgl. Abschnitt 1.1.1). Welche Kultur aber im Einzelfall ermöglicht werden soll, ist im konkreten sehr häufig die weit schwierigere Frage. Deshalb ist es sinnvoll, bei der Bildung von Zielen zwischen einem Gesamtziel und verschiedenen Teilzielen zu unterscheiden. Im öffentlichen Kulturbetrieb beispielsweise zeigt sich das Gesamtziel zumeist in Form politischer Vorgaben, wie sie etwa in einer Landeskunstkonzeption oder in einem kommunalen Kulturentwicklungsplan definiert werden können. Die Teilziele beziehen sich dagegen auf konkrete Einzelobjekte wie die Errichtung eines Museums, die Gründung eines soziokulturellen Zentrums oder den Aufbau eines Konzertabonnements.

Aus der Sicht der Kulturadministration bzw. des Kulturmanagements stellen sich in aller Regel die Teilziele als die konkreten Managementaufgaben dar. Sie sind zumeist von den politisch-parlamentarischen Gremien und der Verwaltungsspitze soweit delegiert, daß sie im Rahmen eigener Kompetenzen der Kulturmanager ausgeführt werden können.

Das Gesamtziel der Kulturarbeit der öffentlichen Hand ist häufig identisch mit einer Beschreibung des kulturpolitischen Selbstverständnisses. Dies zeigt sich dann beispielsweise in Schlagworten wie
– Kulturarbeit ist die bessere Sozialarbeit,
– Kulturarbeit ist Kommunikationserlebnis,
– Kulturarbeit ist Kunstförderung,

– Kulturarbeit ist Stadtmarketing,
– Kulturarbeit ist Wirtschafts- und Standortpflege.

Es ist leicht einzusehen, daß jedes Gesamtziel höchst unterschiedliche Teilziele zur Folge haben wird. Eine Kulturarbeit, die soziale oder kommunikative Aspekte in den Vordergrund stellt, wird völlig anders aussehen als eine Kulturarbeit, die Teil eines Konzepts von Stadtmarketing sein soll. Im ersten Fall wird man vielleicht auf soziokulturelle Zentren und eine breit angelegte Stadtteilkultur Wert legen, im zweiten Fall wohl eher auf glanzvolle Festspiele und einen attraktiven Ausstellungsbetrieb.

Entscheidend im Sinne eines Managementprozesses ist es, überhaupt ein Ziel zu definieren, denn ohne eine solche Zielsetzung ist ein rationaler Managementprozeß mit einem abschließenden Controlling nicht möglich. Sofern die politischen Gremien von sich aus dazu nicht bereit sind, muß eine solche Zielsetzung vom Kulturmanagement initiiert werden.

4.2 Planung

Während die Zielsetzung festlegt, was erreicht werden soll, dient die Planung dazu, Wege festzulegen, über die die Ziele umgesetzt werden können. Die Planung steht deshalb in einem engen Zusammenhang mit der Zielsetzung.

„Als wichtigste Schwachstelle vieler, speziell auch deutscher Unternehmen im internationalen Wettbewerb wird heute von führenden Wirtschaftsexperten nicht die Technologie, sondern eher die strategische Planung angesehen, konkret die Planung der Umsetzung von Wettbewerbsvorteilen am Markt. Diese Schwächen werden insbesondere darauf zurückgeführt, daß der Wandel des Wettbewerbs vom Wachstums- zum Verdrängungswettbewerb mental nur zögernd nachvollzogen wird und daß das unternehmerische Denken nicht konsequent genug auf die Schaffung von Wettbewerbsvorteilen ausgerichtet ist [...] Vor diesem Hintergrund kommt einer systematischen betrieblichen Planung und damit verbunden dem Einsatz entsprechender praxisorientierter Planungstechniken heute größere Bedeutung denn je zu" (FRANKE/ZERRES 1992: 13).

Diese Feststellung gilt leider vor allem für den Kulturbetrieb und hier besonders für das öffentliche Kulturmanagement. Soweit überhaupt geplant wird, geschieht dies vorwiegend mit Hilfe sehr subjektiver „Erfahrungswerte", aber ohne ernsthafte Prognosen, Alternativenprüfung oder Konzeptionen. Die Folge sind Veranstaltungen ohne Publikum und katastrophale Rechnungsergebnisse. Es ist schon erstaunlich: eine professionelle Werbung und Öffentlichkeitsarbeit beispielsweise wird im öffentlichen Kulturbetrieb durchaus akzeptiert, aber von der arbeitsaufwendigen und häufig auch etwas langweiligen (weil nicht unmittelbar zu sichtbaren Erfolgen führenden) Planung will kaum jemand etwas wissen. Dabei erleichtert eine gute Planung alle späteren Aufgaben im Management- und Marketingprozeß; sie erst ist der eigentliche Garant für einen Erfolg.

4.2.1 Planungsverlauf

Die Planung erfolgt in vier Schritten:
– Problemanalyse
Die Planung dient der Lösung des Problems, das da lautet: Wege finden für eine Realisierung der Zielsetzung. Dieses Problem muß erkannt und analysiert werden. Dazu ist es sinnvoll, zunächst einen Ist-Zustand (Lageanalyse) festzustellen und zu beschreiben. In einem zweiten Schritt sollte das Problem möglichst in Teilprobleme oder Problemelemente gegliedert werden, um so besonders schwierige Bereiche frühzeitig erkennen zu können. Der dritte Schritt wäre eine Ordnung der Teilprobleme und die Bildung von Prioritäten.
– Alternativensuche
„Der Problemerkenntnis genetisch nachgelagert ist die Alternativensuche, in der es darum geht, solche Handlungsmöglichkeiten zu finden und inhaltlich zu konkretisieren, die geeignet erscheinen, das erkannte Problem zu lösen" (SCHIERENBECK 1987: 74). Dabei kommt es entscheidend darauf an, sich nicht zu frühzeitig auf eine Lösung festzulegen. Wenn beispielsweise eine Volkshochschule ihre Ausgaben nicht mehr decken kann, muß die Lösung nicht zwangsläufig in einem höheren Zuschuß des Trägers oder in einer Erhöhung der Teilnehmerentgelte bestehen; es ist durchaus denkbar, daß auch organisatorische, finanztechnische oder strukturelle Maßnahmen zur Lösung des Problems führen.
Deshalb empfiehlt es sich sehr, für die Alternativensuche Kreativitätstechniken einzusetzen, weil dann am ehesten die Gewähr geboten ist, daß nicht immer nur die gleichen Lösungsmöglichkeiten herangezogen werden (vgl. hierzu ausführlich Abschnitt 3.1, S. 116ff.).
– Prognose
In der Prognosephase sind die aufgelisteten Alternativen hinsichtlich ihrer voraussichtlichen Wirkung zu prognostizieren. In einem Wirtschaftsbetrieb wird man beispielsweise prüfen, ob sich das geplante Pro-

dukt tatsächlich innerhalb der vorgesehenen Zeit realisieren läßt und ob die technischen Voraussetzungen für die gewünschte hohe Produktqualität gegeben sind. Auch wird man im Rahmen des Marketings schon jetzt prüfen, ob für das Produkt später ein Markt zu finden sein wird. Dazu dienen gewissenhafte Schätzungen ebenso wie Tests und Befragungen. Die Betriebswirtschaftslehre hat hierzu aber auch eine Reihe differenzierterer Techniken entwickelt (vgl. zusammenfassend HAUS-MANN 1983 und REICHARD 1987: 89–94), von denen in der Vergangenheit quantitative Methoden (z. B. die Trendextrapolation) stets im Vordergrund standen. Dabei „handelt es sich um mathematisch-statistische Methoden, deren Durchführung beziehungsweise Erfolg im wesentlichen davon abhängt, ob Datenreihen aus der Vergangenheit vorliegen und keine Struktureinbrüche in der Zukunft zu erwarten sind. Die meisten derartigen Prognoseverfahren basieren dabei auf der Überlegung, daß in der Vergangenheit festgestellte Zusammenhänge auch für die Zukunft gelten" (REICHARDT 1987: 90).

Hier zeigen sich die Differenzen zwischen einem allgemeinen betriebswirtschaftlichen Management und dem Kulturmanagement besonders deutlich: das Management der Kultur entzieht sich in weiten Bereichen einer Meßbarkeit und damit auch einer mit Daten und Zahlen operierenden quantitativen Methode. Lediglich bei der Kulturentwicklungsplanung ist es möglich, beispielsweise aus der voraussichtlichen Entwicklung eines neuen Stadtteils Folgerungen für das dortige Kulturangebot (z. B. einer Stadtteilbibliothek) mit quantitativen Mitteln zu prognostizieren.

In den letzten Jahren haben allerdings in der Betriebswirtschaftslehre qualitative Methoden zunehmend an Bedeutung gewonnen, weil sie zusätzlich zu den meßbaren Daten auch nichtmeßbare Umfeldsysteme und subjektive Einschätzungen in die Prognose mit einbeziehen können. Zwei dieser Methoden dürften auch für das Kulturmanagement geeignet sein, nämlich die Szenario-Technik und die Delphi-Methode.

In der Szenario-Technik werden Szenarien entworfen, d. h. es werden Bilder einer zu erwartenden Zukunft aneinandergefügt. „Im Rahmen einer Lageprognose ist es Ziel der Szenario-Technik, festzustellen, wie sich die Haupteinflußfaktoren der internen und externen Lageanalyse in den nächsten Jahren mit welchem Wahrscheinlichkeitsgrad verändern werden. Ausgehend von der Gegenwart werden denkbare künftige Situationen durch Darstellung logischer Schrittfolgen erarbeitet. Der Hauptgedanke der Szenario-Technik [...] besteht darin, daß bei strukturellen Einbrüchen einfache Trendextrapolationen versagen und es dann vielmehr darum geht, übergeordnete Entwicklungstendenzen – vor allem sozioökonomischer und rechtlich-politischer Art – rechtzeitig zu antizipieren" (FRANKE/ZERRES 1992: 72 f.).

Steinmann/Schreyögg (1991: 143) sprechen von einem „Mittel der Komplexitätsreduktion", bei dem die verschiedensten Einflüsse „zu einem überschaubaren plausiblen Bild der Zukunft verdichtet" werden. Allerdings empfehlen sie wegen des geringen Wahrscheinlichkeitsgrads, mindestens zwei alternative Szenarien (optimistisch und pessimistisch) nebeneinander zu entwickeln, um so vor allzu großen Überraschungen geschützt zu werden (zur Szenario-Technik vgl. GESCHKA/VON REIB-NITZ 1983, WACK 1986 sowie STEINMANN/SCHREYÖGG 1991: 137–144).

Die Delphi-Methode ist eine Form der Gruppenprognose. In Anleh-nung an Hausmann (1983: 22) ist sie durch folgende Eigenschaften ge-kennzeichnet:

„– Die Prognosen werden von Experten erstellt, die sich jeweils mit unterschiedlichen Aspekten des Prognoseproblems beschäftigt haben;

– diese Experten bleiben untereinander anonym [...];

– die Prognose vollzieht sich in mehreren Runden, wobei von einer Runde zur anderen eine kontrollierte Informationsrückkoppelung stattfinden soll; die einzelnen Prognosen der Experten sind dabei zwischenzeitlich jeweils entsprechend statistisch auszuwerten" (FRANKE/ZERRES 1992: 152).

Es handelt sich also um eine Gruppenbefragung, die in mehreren Stufen stattfindet, ohne daß die Gruppe zusammentritt, was organisatorische Vorteile hat, aber auch einen frühen Willen zum Konsens vermeidet. Durch die Rückkoppelungen – nach jedem Durchgang erfolgt eine Aus-wertung, die allen Gruppenmitgliedern zur Verfügung gestellt wird – haben die Experten immer wieder Gelegenheit, ihre eigene Einschätzung im Vergleich mit anderen zu überprüfen. „Nach drei bis vier solcher Befra-gungsrunden besteht meist hinreichende Konvergenz der Ergebnisse" (REICHARD 1987: 91). (Zur Delphi-Methode vgl. auch WECHSLER 1978, MATTERN 1981 und LASSMANN/BLEUEL/RADEMACHER 1985.)

– Bewertung

In der abschließenden Bewertung der gesamten Planungsphase besteht die letzte Möglichkeit, auf die nun anstehende Entscheidung, was zu tun sein wird, Einfluß zu nehmen.

Zusammenfassend kann man die Merkmale einer so angelegten Pla-nung wie folgt charakterisieren:

„– Planung ist ein komplexer, mehrstufiger Denk- und Informations-prozeß ohne definitiven Beginn und Abschluß, der aus den oben genannten Teilprozessen besteht.

- Planung ist in dem Sinne rational, als im Gegensatz zum rein intuitiven Handeln oder der sogenannten ad-hoc-Entscheidung bewußtes zielgerichtetes Denken und methodisch-systematisches Vorgehen dominieren.
- Planung ist der Versuch einer zieladäquaten Beherrschung zukünftigen Geschehens.
- Planung ist stets zukunftsbezogen und fußt demnach auf Prognosen, die mehr oder weniger unsicher sind" (SCHIERENBECK 1987: 77).

Am Ende der Planungsphase sollten mehrere alternative Lösungsvorschläge zur Verfügung stehen, deren Wirkung sorgfältig prognostiziert und deren Eignung mit Blick auf die Zielsetzung bewertet wurden. Nun gilt es, aus den vorliegenden Planungsalternativen einen Vorschlag auszuwählen und ihn für eine Realisierung vorzusehen. Diese Auswahl nennt man im Managementprozeß die Phase der Entscheidung.

Sicherlich wurden auch vorher immer wieder Entscheidungen getroffen, sei es, daß Planungsalternativen verworfen wurden oder im Ideenfindungsprozeß Vorschläge nicht weiterverfolgt wurden. Dennoch ist die wichtigste Entscheidung nun zu treffen, denn von diesem Zeitpunkt an geht die Planung in eine Realisierung über, d. h. was bisher nur gedanklich vorbereitet wurde und deshalb fast ausschließlich Personalkosten verursachte, soll nun zur Ausführung kommen, was häufig Investitionen, laufende Sachausgaben, zusätzliche Personalausgaben usw. zur Folge hat. Auch wird man spätestens jetzt an die Öffentlichkeit treten, womit man sich häufig selbst unter einen Realisierungsdruck setzt.

4.2.2 Strategische und operative Planung

Standen in der Managementlehre der eingangs beschriebenen Tradition Planungsschritte wie Analyse, Alternativenbildung, Prognose und Bewertung im Vordergrund, so bevorzugt die neuere Managementforschung eine Unterscheidung zwischen strategischer und operativer Planung. Teilweise ist sogar generell von strategischem und operativem Management (vgl. BLEICHER 1992: 199 ff.), „strategischen und operativen Ebenen" (STEINMANN/SCHREYÖGG 1991: 116) oder auch von Übergängen „von der strategischen Planung zum strategischen Management" (ULRICH/FLURI 1992: 128) die Rede. Dahinter steht der Gedanke, daß zu unterscheiden ist zwischen einerseits weitreichenden

Überlegungen, die auf eine Schaffung von Potentialen ausgerichtet sind, wie andererseits der Planung konkreter Einzelvorhaben.

Der von Steinmann/Schreyögg verwendete Begriff der Ebenen deutet bereits an, daß die erste Gliederung des Planungsprozesses die zweite nicht gänzlich ausschließt; es ist also durchaus möglich, zunächst auf einer strategischen Ebene für grundsätzliche und längerfristige Fragen den gewohnten Planungsprozeß zu durchlaufen und dies anschließend für konkrete Einzelvorhaben auf einer operativen Ebene ein zweites Mal zu tun (vgl. STEINMANN/SCHREYÖGG 1991: 117).

„Die strategische Planung beschäftigt sich mit der Erhaltung der vorhandenen sowie mit der Schaffung neuer Erfolgspotentiale. Es handelt sich um grundlegende Erkenntnisse, die für die dauerhafte Existenz des Unternehmens von wesentlicher Bedeutung sind" (BESTMANN 1992: 105). „Die Ergebnisse der strategischen Entscheidungen werden zum Input für die operative Ebene und deren Entscheidungen. Die operative Ebene hat zwei grundlegende Aufgaben, sie hat einerseits einen effizienten Vollzug der Strategie sicherzustellen, und sie hat andererseits die vielfältigen Einzelprobleme abzuarbeiten, die planerisch gar nicht alle erfaßbar sind oder nicht erfaßt wurden" (STEINMANN/SCHREYÖGG 1991: 119).

Für das Kulturmanagement ist die Unterscheidung von strategischer und operativer Planung deshalb von Vorteil, weil es sich in vielen Bereichen empfiehlt, mit Konzeptionen für längerfristig gleichbleibende Aufgaben zu arbeiten. Eine Konzeption ist eine strategische Planung im obigen Sinne, die Erfolgspotentiale sichern soll, die aber nicht so festgeschrieben sein darf, daß eine operative Reaktion im strategischen Rahmen ausgeschlossen wäre. Welche Möglichkeiten sich in einem Planungsprozeß auf strategischer und operativer Ebene für ein Kulturmanagement bieten können, zeigt das folgende Beispiel aus der Praxis der kommunalen Kulturarbeit.

Exkurs: Konzeptionelle Planung

Als Konzeption im Sinne einer strategischen Planung bezeichnet man den (inhaltlichen und/oder organisatorischen) Entwurf einer kulturellen Veranstaltung oder Einrichtung. Konkret geht es dabei um:

1. Inhalte
   (inhaltliche Umsetzung kultureller Ziele);
2. Strukturen
   (Aufbau und Anordnung von Teilen des Vorhabens in ihrer Beziehung zum Ganzen);

3. Organisation
   (koordinierter Einsatz der personellen, räumlichen und sachlichen
   Ressourcen);
4. Finanzierung
   (Deckung der voraussichtlichen Kosten/Ausgaben; Zuschußbedarf
   bzw. Gewinn);
5. Marketing
   (Einschätzung der Marktsituation und Planung distributiver und
   kommunikativer Instrumente).

Dazu nun das praktische Beispiel aus der kommunalen Kulturarbeit:
Das Kulturamt einer Mittelstadt erhält den Auftrag (Zielsetzung des
Gemeinderats), in einer neuen Stadthalle mit Mittelbühne ein an-
spruchsvolles Theatergastspielprogramm mit 25 Veranstaltungen pro
Winterhalbjahr zu organisieren.

Den vier Planungsschritten folgend, wird man zunächst das Problem
analysieren, indem man prüft, welche Gastspiele von Agenturen, die
solche Häuser üblicherweise bespielen, angeboten werden. Dabei wird
man vermutlich sehr bald feststellen, daß anspruchsvolle Musiktheater-
und Tanztheaterveranstaltungen wegen der Bühnengröße kaum zu realisieren sein werden. Zweitens wird sich möglicherweise zeigen, daß im
Angebot der Tourneetheater das Boulevard überwiegt, was der Zielsetzung (anspruchsvoll!) nicht entspricht.

Nach dieser Problemanalyse werden in einem zweiten Schritt Alternativen gesucht und geprüft. Dabei stellt sich heraus, daß alle Landesbühnen sehr gut auf der Mittelbühne spielen könnten und daß auch
einige größere Theater in der Lage wären, mit Inszenierungen ihrer Studiobühnen auf der Mittelbühne zu gastieren. Folglich wird es möglich
sein, das Boulevardangebot der Tourneetheater durch klassische oder
moderne Dramen zu ergänzen. Es bleibt aber offensichtlich das Problem der Musiktheater- und Tanztheaterveranstaltungen, die von Landesbühnen kaum angeboten werden.

Aufgrund von Erfahrungswerten aus anderen Städten werden in
einem dritten Schritt Prognosen über den voraussichtlichen Erfolg
eines solchen Theaterprogramms erstellt. Dabei wird sich möglicherweise zeigen, daß ohne eine Marktforschung oder Marktbeobachtung,
also ohne die Analysephase eines Marketingprozesses, eine halbwegs
gesicherte Prognose nur sehr schwer und unzureichend möglich ist.

In einer abschließenden Bewertung sind sich alle Beteiligten darin
einig, daß 25 Sprechtheaterveranstaltungen ohne Musiktheater und Ballett, angeboten von Landesbühnen und einigen Studiobühnen größerer
Theater, durchsetzt mit ausgewählten Stücken einiger Tourneetheater,

in einer Mittelstadt keine Chance haben, das Haus auch nur einiger-
maßen zu füllen. In der unmittelbar folgenden Entscheidung werden
die Vorschläge verworfen und in die Planungsphase zurückverwiesen.
Nun soll durch erweiterte Recherchen und mit Hilfe von Kreativitätstechniken nach zusätzlichen Alternativen gesucht werden. Gegebenenfalls ist es aber auch notwendig, den Auftrag an den Gemeinderat
zurückzugeben, um die Zielsetzung neu definieren zu lassen ("was
heißt anspruchsvoll?"). Beispielsweise wäre es denkbar, ein gemischtes
Theater- und Konzertprogramm als Ziel auszuweisen, um durch Konzerte (statt durch Musiktheater) das musikalische Gegengewicht zum
Sprechtheater zu setzen.

Am Ende eines Planungsprozesses, der in dieser oder ähnlicher Form
natürlich auch auf andere Themen einer komplexen Konzeption ausge-
dehnt werden müßte, sollten strategische Aussagen zu folgenden
Punkten möglich sein:

*Grobgliederung einer konzeptionellen Planung für ein Theatergast-
spielprogramm einer Mittelstadt*

1. Inhalte
   - inhaltliche Vorgaben (Themen, Autoren/Komponisten, Epo-
     chen, künstlerische Gesichtspunkte usw.),
   - jahresübergreifende Zyklen;
2. Strukturen
   - Spartenverteilung (Oper, Operette, Schauspiel usw.),
   - Bühnengattungen (Staatstheater, Stadttheater, Landesbühnen,
     Tourneetheater usw.),
   - bevorzugte Häuser/Agenturen,
   - Anbindung an andere Veranstaltungen (Schwerpunktthemen der
     Volkshochschule, begleitende Ausstellungen usw.),
   - Angebotsstruktur (wie viele Abos mit wie vielen Veranstal-
     tungen, wieviel Einzelverkauf);
3. Organisation
   - Raumbedarf/Raumsituation (z. B. auch für Bühnenaufbau, Pro-
     ben, Zwischenlager, Künstlergarderoben, Verwaltung),
   - Zuständigkeiten (z. B. zwischen Veranstaltungsreferenten und
     Hausverwaltung),
   - Eckdaten der Ablauforganisation (bis wann müssen welche Ent-
     scheidungen getroffen sein?);
4. Finanzierung
   - Ausgaben (Künstlerhonorare, Reisekosten/Übernachtungsko-
     sten, Personalkosten wie Garderobiere, Hausmieten, Neben-
     kosten für Plakate, Programme usw.),

– Einnahmen (Eintrittsgelder, Verkauf von Abendprogrammen
  usw., Werbeanzeigen in Programmen usw., Sponsoring, Zuschüsse von Dritten wie Rundfunk, Land, Bund, EG, Stiftungen
  usw.),
– Zuschußbedarf.

Im Rahmen eines solchen Konzepts würde man also in der strategischen Planungsphase festlegen, ob man Abonnements oder nur Einzel-
veranstaltungen anbieten wird, wie viele Abonnements mit wie vielen
Veranstaltungen man anstrebt, wie man die Abonnements von den
Sparten her (Schauspiel, Oper, Ballett usw.) zusammensetzen will,
welche Arten von Gastbühnen (Staats- und Stadttheater, Landesbühnen, Privattheater, Tourneetheater) man einladen will und welche
künstlerische Richtung bevorzugt berücksichtigt werden soll (z. B.
klassisches Ballett oder modernes Tanztheater). Auch sollte eine Schätzung über die wichtigsten Ausgabe- und Einnahmepositionen erstellt
werden.

Spätestens in der Phase der Prognose dürfte sich zeigen, daß ohne die
Einbeziehung eines Marketing-Managements eine konzeptionelle Planung nicht möglich ist. Zwar ist dies vorrangig Thema des nächsten Kapitels, doch um auch schon hier eine gewisse Vollständigkeit zu sichern,
ist der Hinweis auf eine Ergänzung des Konzepts um folgende Punkte
notwendig:
5. Marketing
– Einschätzung der Marktsituation (Nachfragepotential, Konkur-
  renzangebote usw.),
– Distribution (Kartenverkauf, Abonnementverwaltung),
– Kommunikation (Werbung, Öffentlichkeitsarbeit).

Eine solche konzeptionelle Planung bewegt sich überwiegend im
strategischen Raum, weil es um das Schaffen von Potentialen geht, nämlich die Möglichkeit, Theatergastspiele in einer Mittelstadt zu veran-
stalten. Dabei muß allerdings immer im Auge behalten werden, daß
durch die konzeptionelle Planung keine starre Struktur entstehen darf,
die ein Reagieren auf veränderte Wünsche und sich wandelnde Anbie-
terbedingungen unmöglich machen würde; die Flexibilität der Planung
muß immer erhalten bleiben.

Auf einer zweiten Ebene würde man dann versuchen, die strategische
Planung operativ umzusetzen. Dabei kann es sowohl um die Gestaltung eines Jahresprogramms als auch um die Durchführung eines einzelnen Gastspiels gehen. Damit geht die operative Planung unmittelbar
über in die Funktion „Organisation der Realisierung".

4.3   Organisation der Realisierung

„Planung ist lediglich gedankliche Arbeit. Sie bedarf der Umsetzung,
wenn sie das Handeln der Organisationsmitglieder tatsächlich steuern
soll. Der Managementfunktion Organisation obliegt es daher, in einem
ersten Umsetzungsschritt ein Handlungsgefüge herzustellen, das alle
notwendigen Aufgaben spezifiziert und so aneinander anschließt, daß
eine Realisierung der Pläne gewährleistet ist" (STEINMANN/SCHREYÖGG
1991: 9).
    Im Rahmen jeder Organisation sind zwei Leistungen zu erbringen:
–   die Differenzierung des gesamten Spektrums nach Teilbereichen
    sowie
–   die anschließende Koordinierung dieser Teilbereiche zu sinnvollen
    Einheiten.
„Die Aufrechterhaltung eines Gleichgewichts zwischen diesen beiden Aspekten stellt das organisatorische Grundproblem dar" (ULRICH/
FLURI 1992: 171). Dieses Grundproblem versucht die Organisations-
lehre auf zwei Ebenen zu lösen. Sie unterscheidet zwischen der Aufbauorganisation, die die Organisation eines Betriebes regelt, und der
Ablauforganisation, die die Organisation von Arbeitsprozessen steuert.

4.3.1   Aufbauorganisation

„Die Aufbauorganisation bezieht sich auf die Gliederung des Unternehmens in Teileinheiten sowie deren Koordination. Dazu müssen Aufgabengebiete gebildet und auf Aufgabenträger zugeordnet sowie die Beziehungen zwischen den Aufgabenträgern geregelt werden" (BEST-
MANN 1984: 103).
    Die Aufbauorganisation ist im Kulturmanagement deshalb von be-
sonderem Interesse, weil sich daraus Bedingungen für die Motivation
von Mitarbeitern und die Nutzung von Kreativitätspotentialen ergeben. Auch hängt es in sehr hohem Maße von der Aufbauorganisation
ab, ob eine spartenübergreifende Zusammenarbeit – etwa in einem
Theater oder in Projekten – realisiert werden kann.
    Leider können hier nicht alle Varianten einer Aufbauorganisation
vorgestellt werden, doch scheint es sinnvoll zu sein, zumindest auf vier
Grundmuster zu verweisen, um die Chancen und Grenzen erkennbar
werden zu lassen, die sich aus einer den Aufgaben adäquaten Aufbauorganisation ergeben können (grafisch in Anlehnung an ULRICH/FLURI
1992: 186f.):

1. Linienorganisation

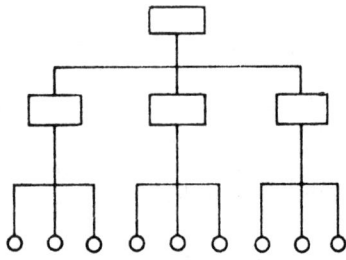

Abb. 11: Linienorganisation.

Die Linienorganisation ordnet der Betriebsleitung die Abteilungs-leiter zu und diesen wiederum die Mitarbeiter.

Vorteile
- klare Kompetenzen und Verantwortlichkeiten
- Koordination und Kontrolle leicht möglich
- „Sicherheit" bei Vorgesetzten und Mitarbeitern

Nachteile
- schwerfällig, Hang zur Bürokratisierung
- Hierarchie, hohe Belastung der Leitung
- Informationsfilterung, hoher Kommunikationsbedarf

2. Stab-Linienorganisation

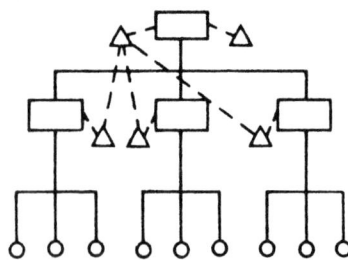

Abb. 12: Stab-Linienorganisation.

In der Grundstruktur bleibt die Linienorganisation erhalten, doch wird sie durch Stäbe, die einzelnen Vorgesetzten zugeordnet werden, ergänzt.

Vorteile
- trotz gewisser Spezialisierung bleibt die Einheit der Leitung erhalten
- die Leiter werden durch Stabstellen entlastet
- die Stäbe können bei Projekten als Koordinierungselemente fungieren

Nachteile
- Stäbe können sich zu „Wasserköpfen" entwickeln
- Stäbe als „Graue Eminenz" (Macht ohne Verantwortung)
- Stäbe überdecken möglicherweise nur eine mangelhafte Organisation

3. Funktionale Organisation

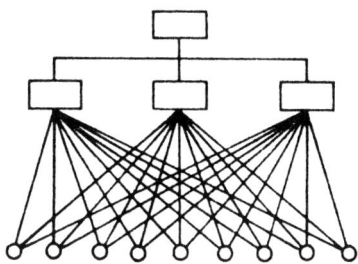

Abb. 13: Funktionale Organisation.

Da alle Mitarbeiter in allen Arbeitsbereichen eingesetzt werden können und somit Fachkompetenz unabhängig von der „Zuständigkeit" genutzt werden kann, steht das Funktionieren vor der Hierarchie.

Vorteile
- Übereinstimmung von Fachkompetenz und Zuständigkeit
- kurze Kommunikationswege
- basisdemokratisch

Nachteile
- Kompetenzüberschreitungen eher die Regel als die Ausnahme; Unsicherheit bei Vorgesetzten und Mitarbeitern
- hoher Abstimmungsbedarf (in zahlreichen Dienstbesprechungen)
- Koordination und Kontrolle für die Leiter kaum mehr möglich

4. Matrix-Organisation

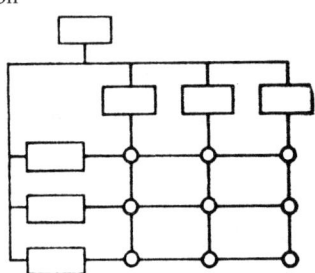

Abb. 14: Matrix-Organisation.

Die Matrix-Organisation ist projektorientiert und macht eine hohe Flexibilität bei gleichzeitiger Erhaltung der Grundstruktur der Aufbauorganisation möglich. Alle Mitarbeiter bleiben nicht nur in ihren Abteilungen tätig, sondern arbeiten auch an übergreifenden Projekten mit (z. B. an einer gemeinsamen Öffentlichkeitsarbeit).

Vorteile
- für spartenübergreifende Projektarbeit besonders geeignet
- funktions- und aufgabenorientierte Teamarbeit möglich
- Innovationspotential kann sehr gut genutzt werden

Nachteile
- Kompetenzabgrenzung aufwendig
- hoher Kommunikationsbedarf
- geringerer Einfluß der Abteilungsleiter

Es ist nicht sinnvoll, eines dieser Modelle generell zu favorisieren; diese Entscheidung hängt vielmehr vom Einzelfall ab, nämlich von der Aufgabe, die konkret ansteht, und auch von der Größe des Betriebs. In einem Betrieb mit fünf Mitarbeitern kann man das dritte Modell sicherlich noch ohne weiteres einsetzen, in einem Betrieb mit fünfzig Mitarbeitern dagegen wohl kaum noch. Nicht unwesentlich sind auch Vorgaben, die etwa aus der übergeordneten Organisation einer größeren Einheit stammen. Folglich sind viele kommunale Kulturämter und öffentliche Kultureinrichtungen nach dem Linienmodell organisiert, weil dies die gängige Organisationsform der öffentlichen Verwaltungen ist. Allerdings ist nicht zu erkennen, warum diese „Vorgabe" die Anwendung anderer Organisationsmodelle für Aufgaben der öffentlichen Kulturverwaltung zwangsläufig ausschließen muß.

4.3.2 Ablauforganisation

„Die Ablauforganisation bezieht sich auf die Gliederung des Be-
triebsprozesses in Teilprozesse sowie deren Koordination. Dazu
müssen der Vollzug der Arbeitsabläufe festgelegt, die räumlichen und
zeitlichen Gesichtspunkte beachtet sowie die Verteilung auf die Aufgabenträger vorgenommen werden" (BESTMANN 1984: 103).
Auf diese Ablauforganisation hat man als Kulturmanager immer
erheblichen Einfluß, was gleichzeitig bedeutet, daß eine Steuerungshandlung bedient werden muß, bei der der Kulturmanager tatsächlich
Managerqualitäten beweisen muß, ohne die Chance, sich unter Hinweis
auf andere Zuständigkeiten herauszureden.
Managementfunktion im Sinne einer Steuerungshandlung ist dabei
nicht die handwerkliche oder technische Realisierung von etwas. Die
Managementleistung besteht ausschließlich in der Organisation der Abläufe, d. h. in der vorgezogenen Strukturierung der zu erwartenden Aufgaben. Das Gegenteil hierzu wäre eine im Einzelfall nach Lage der
Dinge zu treffende Ad-hoc-Entscheidung, die dann gern als die „hohe
Kunst der Improvisation" glorifiziert wird. Natürlich kann Improvisation notwendig werden, und jeder Kulturmanager sollte auch über gewisse „Improvisationskünste" verfügen, aber eine Improvisation, die
zur Dauereinrichtung wird, sollte nicht das Bild von einem professio-
nellen Kulturmanagement prägen.
Eine Ablauforganisation sollte möglichst folgende Leistungen erbringen:
– die Gliederung eines Produktionsprozesses in einzelne, überschau-
bare und ‚handhabbare' Arbeitsschritte;
– die Abfolge der Arbeitsschritte in einem zeitlichen Rahmen und in
einer sinnvollen Reihenfolge;
– die Verknüpfung von Arbeitsschritten, soweit dies für den Gesamt-
prozeß notwendig ist;
– die Berücksichtigung der personellen und räumlichen Komponente.

Exkurs: Techniken der Ablauforganisation
Für eine solche Ablaufplanung stehen verschiedene Techniken zur
Verfügung, die je nach dem Grad der Komplexität eines Vorhabens zum
Einsatz kommen können. Vier Methoden sollen kurz angesprochen
werden, nämlich die Checklisten-Methode, das Flußdiagramm sowie
Netzplantechnik und Balkendiagramm.

Checklisten-Methode
Die Checklisten-Methode ist relativ einfach zu handhaben; sie empfiehlt sich für lineare Vorgänge, die aber von mehreren Personen bear-
beitet werden (vgl. HEINRICHS 1988: 195 ff.). Dazu werden zunächst
vom Ereignis zurückrechnend alle anfallenden Arbeiten aufgelistet,
also im Falle einer Ausstellung:

15. 10. 93	Ausstellungseröffnung
14. 10. 93	Pressevorstellung
13. 10. 93	Beendigung des Aufbaus
7. 10. 93	Beginn des Aufbaus
4. 10. 93	Transport der Exponate
	usw.

Je nach Bedarf kann diese Checkliste weiter differenziert werden. Am
Ende erhält man den Termin, zu dem die Vorbereitungsarbeiten be-
ginnen müssen. Dies ist der vorbereitende oder analysierende Teil der
Ablaufplanung. Anschließend wird die Checkliste gleichsam auf den
Kopf gestellt, d.h. der zeitlich erste Termin steht nun am Anfang und
der letzte am Ende der Liste.

Sind mehrere Personen an der Realisierung eines Projekts beteiligt,
empfiehlt es sich, die Checkliste als Aktenvorblatt zu führen und die jeweils erledigten Arbeitsschritte durch Handzeichen kenntlich zu machen. Dann weiß jeder der am Projekt beteiligten Mitarbeiter jederzeit,
wie der Stand der Realisierungsphase ist und welche Arbeiten noch zu
erledigen sind (für die Praxis vorbereitete Beispiele zu Checklisten für
Konzerte, Theatergastspiele, Vorträge/Lesungen und Ausstellungen
siehe in HEINRICHS 1988: 196–205).

Flußdiagrammtechnik
Etwas komplizierter ist die Flußdiagrammtechnik (auch als "Flow
Charts" oder als „Blockdiagramm" [KÜPPER 1982: 70–73] bezeichnet),
die vor allem dann eingesetzt werden muß, wenn es zu Verzweigungen
im Ablauf kommt, wenn also Entscheidungen anstehen, die den weiteren Verlauf eines Projekts in die eine oder andere Richtung steuern
können. Allerdings arbeiten Flußdiagramme ausschließlich mit Ja/
Nein-Entscheidungen, weshalb sie sich zwar hervorragend zur Analyse
von Abläufen eignen, die für das binäre System der elektronischen Da-
tenverarbeitung vorgesehen sind, aber andererseits nur sehr bedingt für
qualitative Entscheidungen herangezogen werden können. Ein wesentlicher Vorteil der Flußdiagrammtechnik ist die normierte Darstellungs-
weise (DIN 66001), so daß auch fremde Diagramme jederzeit lesbar

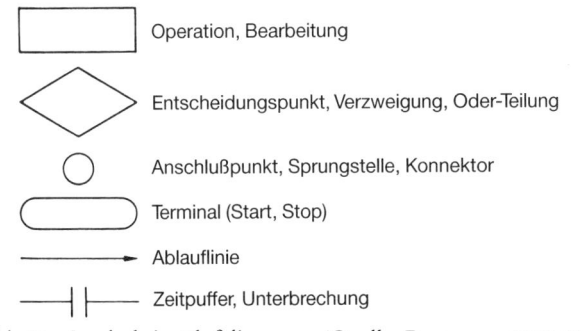

Abb. 15: Symbole im Flußdiagramm (Quelle: REICHARD 1987: 110).

sind. Dabei beschränkt sie sich in den allermeisten Fällen auf wenige
Symbole (vgl. REICHARD 1987: 109f.).

Das Bearbeitungsfeld nennt in sehr reduzierter Form (möglichst nur
ein Wort) den einzelnen Arbeitsschritt. Der Entscheidungspunkt enthält eine Frage, die mit Ja oder Nein beantwortet werden kann. An die
Stelle einer Oder-Entscheidung kann auch eine Und-Teilung (Verzwei-
gungspunkt) treten, so daß sich der Vorgang in zwei parallelverlaufende
Arbeitsprozesse weiterentwickelt. Anschlußpunkte werden dann eingesetzt, wenn ein Arbeitsablauf an anderer Stelle wieder aufgegriffen
wird. Solche Anschlußpunkte werden mit Zahlen oder Buchstaben gekennzeichnet, so daß sogleich erkennbar ist, welcher Vorgang wieder
aufgegriffen wird. Die Ablauflinie symbolisiert den logischen Hand-
lungsverlauf, wobei es sich empfiehlt, den primären Handlungsstrang
in einer Senkrechten verlaufen zu lassen.

Im Abschnitt 4.2.2 (Exkurs) war die konzeptionelle Planung für ein
Theatergastspielprogramm vorgestellt worden. Ein solcher Planungsverlauf läßt sich sehr gut mit Hilfe eines Flußdiagramms darstellen
(siehe Abb. 16, S. 160).

Flußdiagramme eignen sich besonders für solche Abläufe, in denen Entscheidungen zu fällen sind, zu denen auch andere Personen oder Institutionen herangezogen werden müssen. Gerade in der öffentlichen Kulturarbeit steht man häufig vor dem Problem, daß ein vorgesehener Ablauf
nicht vorankommt, weil eine Situation eingetreten ist, für die nach der Aufbauorganisation der Verwaltung die Entscheidung des Dezernenten oder
gar des Gemeinderats notwendig wird. In einer sorgfältigen Ablauforganisation können solche Entscheidungspunkte mit eingeplant werden.

Auch werden Abläufe häufig durch das Handeln anderer Institutionen unterbrochen, die aus ihren Überlegungen heraus zu einer ab-

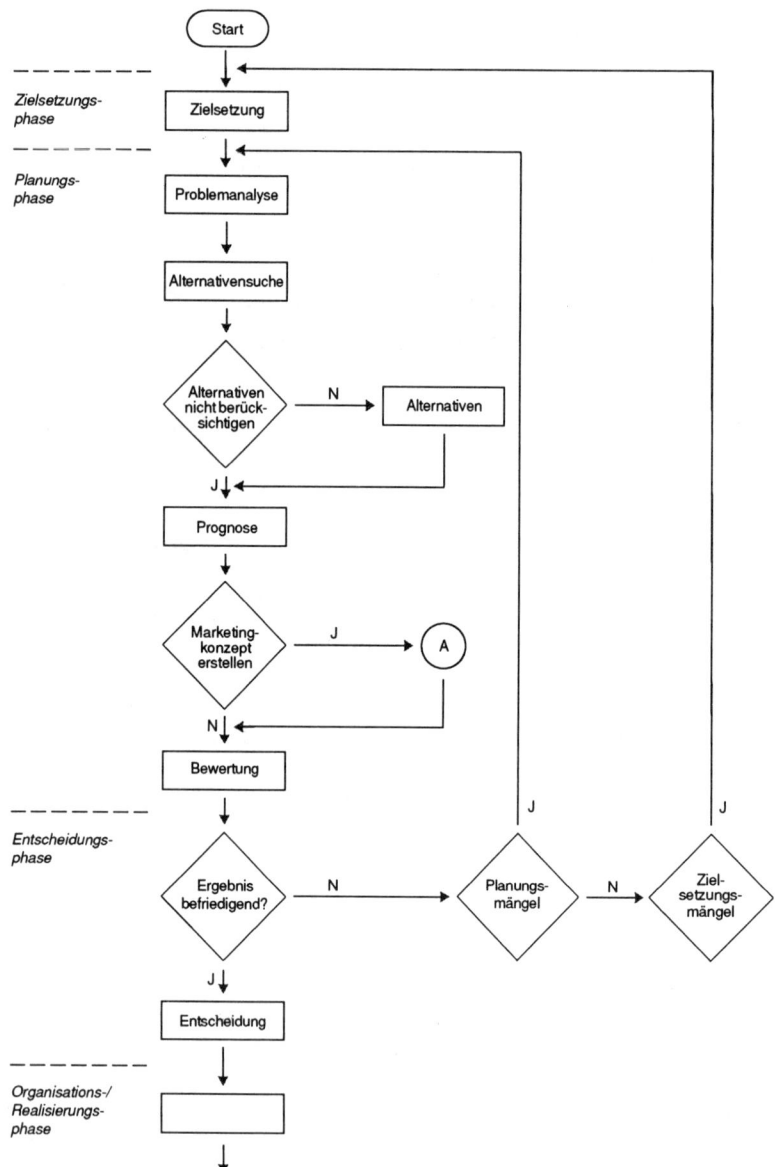

Abb. 16: Flußdiagramm Planungsablauf.

weichenden Bewertung des Vorgangs kommen. Naheliegendes Beispiel wäre eine Unterbrechung aus finanziellen Gründen durch die Kämmerei. Hier könnte beispielsweise ein Anschlußpunkt vorgesehen werden, an dem die Überlegungen der Kämmerei in den weiteren Planungsverlauf miteinbezogen werden.

Damit lassen sich für die Technik des Flußdiagramms im Kulturmanagement folgende Vorteile auflisten:
- systematische Strukturierung eines zu erwartenden Ablaufs;
- rasche Erkennbarkeit von Problemen;
- frühzeitige Festlegung von Entscheidungspunkten;
- in begrenztem Umfang Einbeziehung anderer Institutionen über Anschlußpunkte;
- gute Überschaubarkeit und Vermittelbarkeit (gerade auch in der Zusammenarbeit mit Mitarbeitern).

Netzplantechnik und Balkendiagramm
Ist ein Ablauf zu kompliziert, um ihn auf Ja/Nein-Entscheidungen reduzieren zu können, empfiehlt es sich, die Netzplantechnik anzuwenden (vgl. hierzu ausführlich SCHWARZE 1990). „Die Netzplantechnik (NPT) – auch Netzwerktechnik, Methode des kritischen Weges oder Network Analysis genannt – ist ein Instrument zur Planung, Überwachung und Steuerung von einzelnen Projekten. Größere Einzelprojekte, wie z.B. Bauprojekte, Organisationsumstellungen, Stadtplanung, Finanzplanung, Gesetzesvorbereitungen, Bildungsplanung oder Sondermaßnahmen wie Volkszählungen oder Wahlen, erstrecken sich über längere Zeiträume und erfordern eine Vielzahl einzelner Vorgänge, deren Abläufe und Abhängigkeiten zu analysieren sind, um eine bessere Planung und Koordination der Einzelaktivitäten zu ermöglichen und um diese Projekte möglichst termingerecht abschließen zu können" (REICHARD 1987: 112f.).

Der Einsatz der Netzplantechnik lohnt sich nur, wenn in hohem Maße eine Koordination unterschiedlichster Aktivitäten durch verschiedene Arbeitsgruppen erforderlich ist. Dies wird an einem – noch relativ einfachen – praktischen Beispiel vielleicht am ehesten deutlich:

Angenommen, es sei eine große und aufwendige Ausstellung zu erstellen, für die fünf Arbeitsgruppen gebildet werden, die mit der konzeptionellen Planung, der Ausstellungsarchitektur, der Restaurierung von Exponaten, der Katalogredaktion sowie der Werbung und Öffentlichkeitsarbeit (bis zur Ausstellungseröffnung) beauftragt werden. Den Transport der Exponate und den Aufbau der Ausstellung besorgen Mitarbeiter des ausstellenden Instituts. Da die Arbeitsgruppen relativ

eigenständige Aufgabengebiete zu bearbeiten haben, die jeweils einen
anderen zeitlichen Rahmen benötigen, wird man die Koordination
dieser Tätigkeiten nicht ohne eine Planungstechnik vornehmen, damit
wirklich auch alle Gruppen zum Termin der Ausstellungseröffnung mit
ihren Arbeitern fertig sind. Die Arbeitsgruppen und das Ausstellungs-
institut melden für ihre Aufgaben folgenden Zeitbedarf an:

konzeptionelle Planung	3 Monate
Ausstellungsarchitektur	3 Monate
Restaurierung von Exponaten	2 Monate
Katalogredaktion	5 Monate
Werbung und Öffentlichkeitsarbeit	
(bis zur Eröffnung)	4 Monate
Transport der Exponate	1 Monat
Ausstellungsaufbau	2 Monate

Für die gesamte Ausstellungsorganisation stehen 10 Monate zur Verfügung. Verläuft die zeitliche Planung relativ linear, so kann man sich
durchaus noch mit einem Balkendiagramm (vgl. KÜPPER 1982: 67–70)
behelfen (s. Abb. 17).

Für eine einfache Terminüberwachung solch überschaubarer Vorgänge ist ein Balkendiagramm also durchaus geeignet. Erst wenn weitere
Informationen in die Planung einfließen müssen, wenn beispielsweise
Abhängigkeiten zwischen den einzelnen Planungsteilen bestehen, ist
ein Netzplan erforderlich. So könnte beispielsweise die Ausstellungs-
planung durch folgende Abhängigkeiten erschwert werden:
1. Für alle Beteiligten ist es in hohem Maße wünschenswert, daß ein bestimmtes Ausstellungsexponat – nehmen wir einmal an, es handle
   sich um einen historischen Thronsessel – in die Ausstellung einbezogen wird. Dies aber ist fraglich, weil das Exponat zuvor umfas-
   send restauriert werden müßte, aber zum jetzigen Zeitpunkt noch
   nicht erkennbar ist, ob die Restaurierung gelingen wird.
2. Die Ausstellungsarchitektur hängt wesentlich von dieser Restaurierung ab, weil das Exponat in einem eigens dafür zu gestaltenden
   Raum ausgestellt werden soll.
3. Sollte der Thronsessel nicht gezeigt werden können, müßte das Aus-
   stellungskonzept teilweise geändert werden.
4. Im Katalog ist ein Beitrag vorgesehen, der sich mit dem Thronsessel
   befassen wird. Würde dieses Exponat nicht ausgestellt werden,
   müßte der Beitrag entfallen, was Neudispositionen mit Druckerei
   und Buchbinderei zur Folge hätte.
Diese Vorgaben haben Auswirkungen auf den gesamten Planungsverlauf. Die konzeptionelle Phase muß so verlegt werden, daß sie auf die

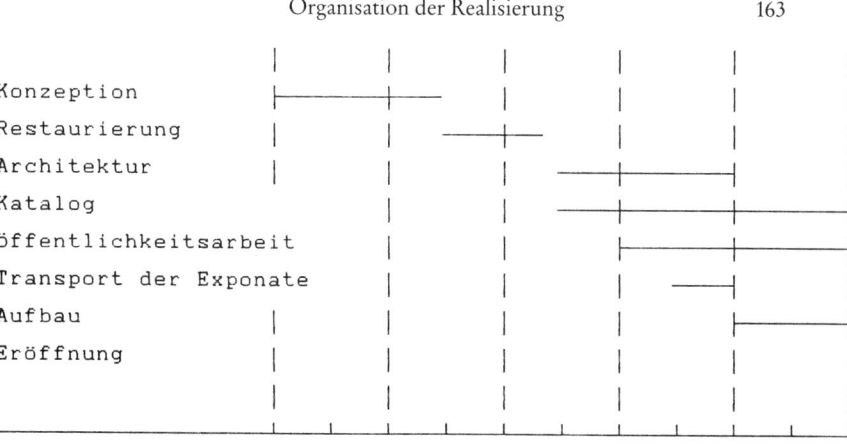

Abb. 17: Balkendiagramm (1. Fassung).

Entscheidung der Restauratoren noch reagieren kann, d. h. die Phasen der Konzeption und der Restaurierung müssen sich überlappen. (Es wird davon ausgegangen, daß sich die Frage der Restaurierbarkeit des Thronsessels spätestens nach einem Monat Restaurierungsphase definitiv beantworten läßt. Eine Verlegung der Restaurierungsarbeiten vor den Beginn der konzeptionellen Arbeiten ist nicht sinnvoll, da erst die Konzeption bestimmen muß, welche Stücke in die Ausstellung aufgenommen werden sollen.)

Mit der Architektur kann erst nach Abschluß der konzeptionellen Planung begonnen werden. Die Katalogredaktion, die ebenfalls sehr vom Ergebnis der ersten Restaurierungsphase abhängig ist, sollte möglichst erst nach Abschluß aller Restaurierungsarbeiten mit ihrer Arbeit beginnen, damit auch alle Exponate von Anfang an für Fotoaufnahmen zur Verfügung stehen.

Das Balkendiagramm müßte demnach folgendes Bild bekommen (Abb. 18, S. 164).

Noch immer ist das Balkendiagramm für einen geübten Planer relativ überschaubar. Doch kann man sich leicht vorstellen, daß bei wesentlich mehr Vorgängen – 40 oder mehr Einzelpositionen – ein Durchblick kaum noch möglich wäre. Vor allem aber ist schon jetzt nur noch schwer erkennbar, welche Folgen es hat, wenn es in einzelnen Vorgängen zu terminlichen Verschiebungen kommt. Oder anders formuliert: welche Terminüberschreitungen bei einzelnen Vorgängen sind

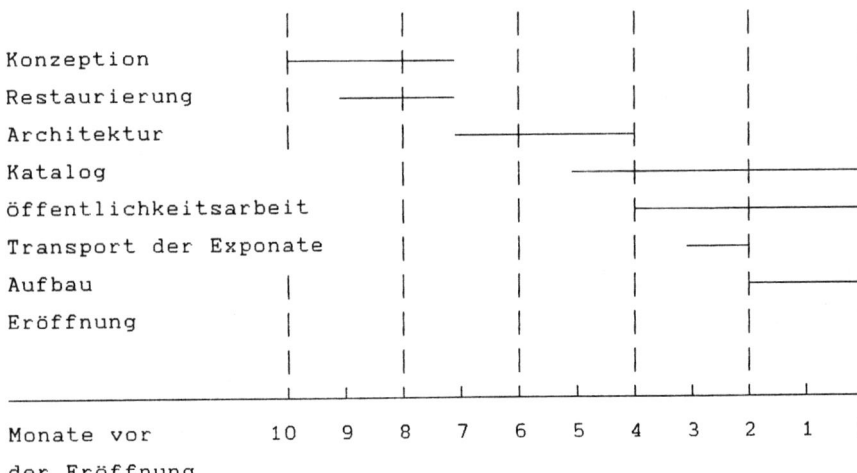

Abb. 18: Balkendiagramm (2. Fassung).

noch hinnehmbar, und welche führen zwangsläufig zu einer Verlegung des Endtermins, also hier der Ausstellungseröffnung? Diese Frage läßt sich nur noch mit Hilfe eines Netzplans beantworten.

Das „Standardprogramm Netzplantechnik" (nach REFA 1985: 19), das sich für solche Fälle empfiehlt, unterscheidet zwischen der Strukturanalyse und der Zeitanalyse. Im Mittelpunkt der Strukturanalyse steht die Vorgangsliste (vgl. REFA 1985 sowie FRANKE/ZERRES 1992: 135–150).

Die Vorgangsliste führt alle Teilaufgaben einzeln auf, und zwar nach folgendem Muster (aus Gründen der Darstellung – jeder Netzplan sollte am Anfang und am Ende je nur einen Vorgang haben – ist es sinnvoll, die konzeptionelle Phase in drei und die Restaurierungsphase in zwei Vorgänge zu gliedern) (vgl. Abb. 19).

Auf der Grundlage der Vorgangsliste kann nun die Struktur des Netzplans sichtbar gemacht werden (s. Abb. 20); sie zeigt schon deutlich – anders als das Balkendiagramm – die entstehenden Abhängigkeiten (es gelten die laufenden Nummern der Vorgangsliste).

Nach diesen Vorarbeiten wird mit Hilfe der Zeitanalyse („Schätzung der Ausführungszeiten der Vorgänge", SCHWARZE 1990: 113) der eigentliche Netzplan erstellt. Dazu werden zunächst einmal zu jedem Vorgang sogenannte Knoten gebildet, für die es verschiedene Darstellungsformen gibt, die aber die in Abbildung 21 dargestellten Informationen enthalten müssen (vgl. REICHARD 1987: 119).

Vorgang		Dauer (Mon.)	Vorgänger	Nachfolger
Nr.	Bezeichnung			
1	Konzeption (Teil 1)	1	0	2,4
2	Konzeption (Teil 2)	1	1	3
3	Konzeption (Teil 3)	1	2	6,7
4	Restaurierung (Teil 1)	1	1	5
5	Restaurierung (Teil 2)	1	4	6,7
6	Architektur	3	3,5	8,9
7	Katalog	5	3,5	11
8	Öffentlichkeitsarbeit	4	6	11
9	Transporte	1	6	10
10	Aufbau	2	9	11
11	Eröffnung	1 Tag	7, 8, 10	

Abb. 19: Vorgangsliste.

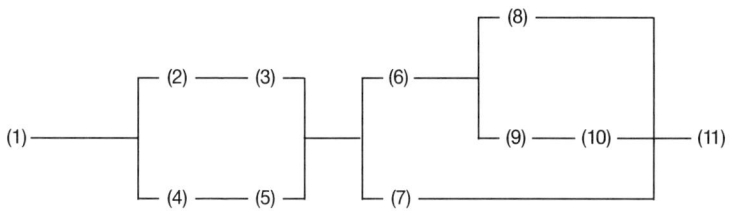

Abb. 20: Struktur des Netzplans.

K	P	D
	Bezeichnung	
FA	FE	SA	SE

K = Kennziffer des Vorgangs
P = Pufferzeit
D = Vorgangsdauer
FA = Frühestmöglicher Anfang des Vorgangs
FE = Frühestmögliches Ende des Vorgangs
SA = Spätest erlaubter Anfang des Vorgangs
SE = Spätest erlaubtes Ende des Vorgangs

Abb. 21: Netzplan-Knoten (Grundmuster).

Der Netzplan nennt demnach nicht nur Endtermine, sondern auch den Zeitbedarf (Zeitraum) eines jeden Vorgangs. Wenn man nun diese Vorgangs-Knoten miteinander verknüpft (nicht nur linear, sondern auch mit Verzweigungen), kann man den Verlauf eines Projekts verfolgen. Vor allem aber kann man so den „kritischen Weg" erkennen, d.h. wann Terminüberschreitungen bei einzelnen Vorgängen dazu führen werden, daß auch der Endtermin verschoben werden muß. Dieser „kritische Weg" ist gegeben, wenn keine Pufferzeiten mehr vorhanden sind.

Bei der Berechnung der einzelnen Knoten gelten folgende Regeln:

$$FA + D = FE$$

Man rechnet zunächst alle Knoten in dieser Weise vom ersten zum letzten durch; anschließend wendet man das Verfahren umgekehrt an, indem man vom letzten Knoten zum ersten rechnet:

$$SE - D = SA$$

Wenn ein kritischer Weg gegeben ist, wenn also über einen Pfad die Summe aller Pufferzeiten Null ist, müssen FA und SA bzw. FE und SE im ersten und letzten Knoten übereinstimmen.

Die Pufferzeit errechnet man mit der Formel:

$$SE - FE \text{ oder } SA - FA$$

Abschließend (vgl. Abb. 22, S. 167) nun das vollständige Beispiel der Ablauforganisation für unsere Ausstellung mit dem fiktiven Endtermin 10 Monate + 1 Tag (FA, FE usw. geben im vorliegenden Beispiel immer nur die Anzahl der Monate, nicht die Kalenderdaten an). Es zeigt deutlich die Abhängigkeiten, die zwischen den einzelnen Arbeitsphasen bestehen, und erreicht damit einen Aussagewert, der über das Balkendiagramm hinausgeht. Auch zeigt das Beispiel, daß nur für die Katalogredaktion und für die Phase von Transport und Aufbau eine Pufferzeit besteht. Der „kritische Weg" der Ausstellungsvorbereitung, der im Balkendiagramm überhaupt nicht erkennbar war , beträgt genau 10 Monate und 1 Tag, was bedeutet, daß ein großer Teil der Vorgänge unbedingt an die vorgegebenen Termine gebunden ist. In der Praxis würde man angesichts einer solchen Planungssituation sicherlich versuchen, die Abhängigkeiten und Abfolgen der einzelnen Vorgänge so zu verändern, daß sich doch eine Pufferzeit ergibt. Diese sehr wichtige Erkenntnis ist aber nur mit einem Netzplan möglich.

Die Netzplantechnik bietet für komplexe Projekte im Kulturmanagement große Vorteile. Allerdings ist sie ohne eine gewisse Übung kaum

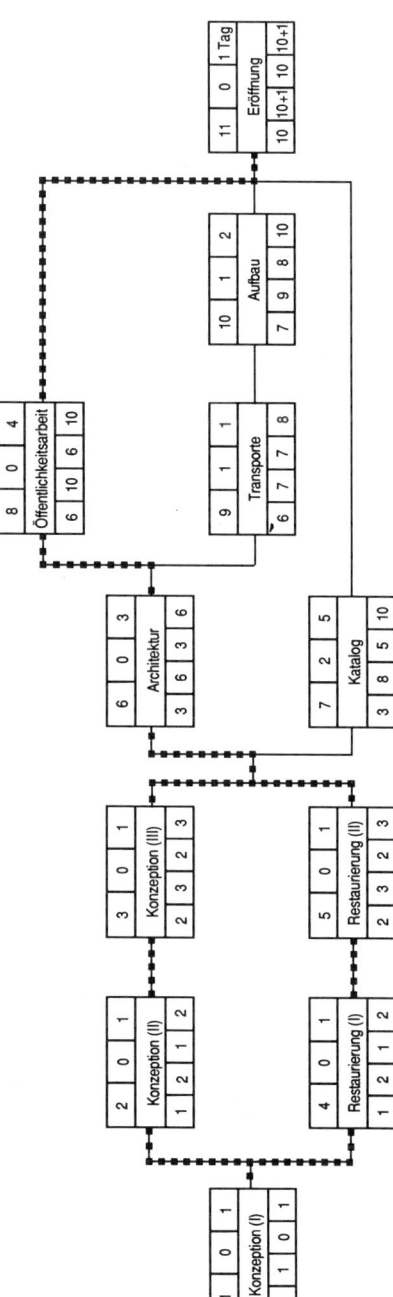

Abb. 22: Netzplan Ausstellungsorganisation.

■∙∙■∙∙■ Kritischer Weg

handhabbar. Man sollte deshalb immer zunächst prüfen, ob nicht einfachere Ablauforganisationstechniken ausreichen.

4.4 Führung

Zwar ist Führung als Managementfunktion in allen Phasen des Prozesses gefordert, doch steht sie in der Durchsetzungsphase sicherlich im Mittelpunkt, „wenn es darum geht, sicherzustellen, daß vom Management getroffene Entscheidungen von den dafür zuständigen bzw. beauftragten Mitarbeitern zielgerecht ausgeführt werden" (SCHIERENBECK 1987: 83).

Die Führung betrifft die personale Seite des Managementprozesses und sollte deshalb gerade im Kulturmanagement, wo es häufig entscheidend auf das Engagement einzelner Mitarbeiter ankommt, nicht vernachlässigt werden. Hier geht es um so wichtige Aspekte wie Motivation, Kommunikation und Führungsstil. Es kann hier allerdings nicht der Ort sein, die verschiedenen Führungsstile, die teilweise Kernbereiche der sogenannten Managementsysteme (vgl. Abschnitt 1.1.1) sind, im einzelnen vorzustellen. Doch angesichts der besonderen Bedeutung von Führung gerade im Kulturmanagement sei wenigstens ein Gesichtspunkt herausgehoben.

„Führung läßt sich aus der Sicht des einzelnen Vorgesetzten prinzipiell wie folgt charakterisieren:
– Führen heißt einerseits, Einfluß auf die Mitarbeiter auszuüben, der sie veranlaßt, die erwarteten Beiträge zur Erreichung der Unternehmensziele zu erbringen (Produktivitäts-/Leistungsanspruch).
– Führen heißt andererseits, Bedingungen zu schaffen, die es zugleich ermöglichen, daß die Mitarbeiter auch ihre persönlichen Ziele zu realisieren in der Lage sind (Zufriedenheitsaspekt)" (SCHIERENBECK 1987: 83).

Das Geheimnis einer guten Führung liegt letztlich darin, den Leistungsaspekt und den Zufriedenheitsaspekt ideal miteinander zu verbinden. Eine Gruppe von Mitarbeitern, die mit ihrer Arbeitssituation und mit den ihnen gestellten Aufgaben zufrieden ist, wird eher motiviert sein, sich engagiert für Leistung einzusetzen, als eine Gruppe, die nur unter „Druck" steht. Andererseits kann eine nur unter Zufriedenheitsaspekten arbeitende Gruppe leicht die notwendige Zielorientierung verlieren. Blake/Mouton (1980) haben zum Verhältnis von Zufriedenheits- und Leistungsaspekt ein Verhaltensgitter (managerial grid) entwickelt (zitiert nach SCHIERENBECK 1987: 84):

Tab. 11: Verhaltensgitter nach Blake/Mouton

Zufrieden-heitsaspekt	Leistungs-aspekt	Klassifikation
hoch	niedrig	*Country Club Management* Die weitestgehende Befriedigung der sozialen Bedürfnisse der Mitarbeiter führt zu einer gemütlichen, freundlichen Arbeitsatmosphäre und entsprechend gemütlichem Arbeitstempo.
hoch	hoch	*Team Management* Hohe Arbeitsleistung ist das Ergebnis einer ausgewogenen Abstimmung von aufgaben- und personenbezogenen Bedürfnissen, die bei der Erreichung der organisatorischen Ziele in gleicher Weise befriedigt werden.
mittel	mittel	*Middle of the Road Management* Eine befriedigende Arbeitsleistung wird durch ständige Kompromisse zwischen den Leistungs-anforderungen der Organisation und den individuellen Bedürfnissen der Mitarbeiter aufrechterhalten.
niedrig	niedrig	*Impoverished Management* Eine befriedigende Arbeitsleistung ist nicht zu erreichen, da einerseits die Mitarbeiter faul, gleichgültig und desinteressiert sind und andererseits auch keine befriedigenden sozialen Beziehungen zwischen den Mitarbeitern zu erreichen sind.
niedrig	hoch	*Task Management* Menschen werden ähnlich wie Maschinen behandelt. Die Arbeitsleistung wird dadurch erreicht, daß die Arbeitsbedingungen so angeordnet sind, daß 'Störungen' durch individuelle und soziale Bedürfnisse der Mitarbeiter minimiert werden.

Gerade im Kulturmanagement sollte es möglich sein, durch perma-nente Kommunikation einen Führungsstil zu realisieren, der sowohl dem Leistungsaspekt als auch dem Zufriedenheitsaspekt gerecht wird. Dazu bedarf es ganz wesentlich der Schlüsselfunktionen bzw. Schlüsselqualifikationen Initiieren, Motivieren und Kommunizieren, auf die im dritten Kapitel eingegangen wurde.

4.5 Kontrolle

„Die letzte Phase des so konzipierten Management-Prozesses ist dann die Kontrolle. Sie stellt insofern den letzten Schritt dar, als sie die erreichten Ergebnisse registrieren und mit den Plandaten vergleichen soll. Der Soll/Ist-Vergleich soll zeigen, ob es gelungen ist, die Pläne in die Tat umzusetzen. Allfällige Abweichungen sind daraufhin zu prüfen, ob sie die Einleitung von Korrekturmaßnahmen oder grundsätzliche Planrevisionen erfordern. Die Kontrolle bildet mit ihren Informationen zugleich den Ausgangspunkt für die Neuplanung und damit den neu beginnenden Managementprozeß. Nachdem Kontrolle ohne Planung nicht möglich ist, weil sie sonst keine (planmäßigen) Sollvorgaben hätte, und andererseits jeder neue Planungszyklus nicht ohne Kontrollinformation über die Zielerreichung beginnen kann, bezeichnet man Planung und Kontrolle auch als Zwillingsfunktionen" (STEINMANN/ SCHREYÖGG 1991: 10).

Die Kontrolle macht noch einmal die Notwendigkeit einer sorgfältigen Planung deutlich. „Planung ohne Kontrolle ist sinnlos, Kontrolle ohne Planung unmöglich" (WILD 1982, zitiert nach SCHIERENBECK 1987: 89). Wer gegen sorgfältige Planung ist, setzt sich immer dem Verdacht aus, sich einer Kontrolle entziehen zu wollen. Damit ist aber auch jede Möglichkeit genommen, aus der sogenannten „Abweichungsanalyse" zu entnehmen, welche Fehler gemacht wurden und wo sinnvollerweise Korrekturen anzubringen sind. Kontrolle bedeutet nämlich nicht „Rechnungsprüfung", indem eine unabhängige Instanz die Rechtmäßigkeit des Handelns (vor allem in finanzieller Hinsicht) überprüft und Sanktionen androht, sondern Kontrolle im Sinne des Managementprozesses ist ein Steuerungsinstrument, das sowohl dem Mitarbeiter helfen soll, seine Aufgaben optimal zu erfüllen als auch dem Vorgesetzten den Anteil des Mitarbeiters am Erfolg des Unternehmens sichtbar machen soll.[2]

„Grundsätzlich lassen sich drei Typen von Kontrollen unterscheiden:
– Prämissenkontrollen
    Sie dienen dem Zweck zu prüfen, ob und inwieweit die Entscheidungsgrundlagen, wie sie im Rahmen der Planung erarbeitet bzw. zugrundegelegt waren, noch zutreffen, d.h. mit dem gegenwärtigen Zustand noch vereinbar sind.

– Ergebniskontrollen
Sie knüpfen (lediglich) an den angestrebten Sollzuständen und den
realisierten Istzahlen an und stellen etwaige Abweichungen fest [...]
– Verfahrens-/Verhaltenskontrollen
Sie sind primär prozeßorientiert und konfrontieren die im Planungsprozeß verwendeten Techniken und Verfahren, aber auch die Ent-
scheidungs-, Durchsetzungs- und Ausführungsvorgänge mit den
ursprünglich erwarteten bzw. vorgesehenen Verhaltens- und Verfah-
rensweisen" (SCHIERENBECK 1987: 79).
Wurde vom Kulturamt beispielsweise eine Konzertreihe veranstaltet,
die künstlerisch nicht das hielt, was man sich von ihr versprochen hatte,
weil die Gewährsleute, die die Empfehlungen für die betreffenden
Künstler ausgesprochen hatten, sich als inkompetent erwiesen, so ist
dies eine Frage der Prämissenkontrolle. Im Rahmen der Abweichungsanalyse wird man also künftig auf andere oder auf mehrere Gewährsleute zurückgreifen.
Wurden die Konzerte von weit weniger Personen besucht, als in der
Planungsphase angenommen wurde, so ist diese Erkenntnis Teil der Er-
gebniskontrolle. Zeigten sich im Konzertablauf organisatorische Probleme, weil der Mitarbeiter, der den Abenddienst zu verrichten hatte,
vom Veranstaltungsreferenten, der das Ensemble „eingekauft" hatte,
unzureichend informiert worden war, so gehört diese Feststellung zur
Verfahrenskontrolle. Sicherlich wird man in der nächsten Spielzeit das
Verfahren ändern, indem man beispielsweise den Veranstaltungsrefe-
renten auch zum Abenddienst einteilt.
Die moderne Managementlehre vermeidet es, die Kontrolle an das
Ende eines Prozesses zu stellen, weil so doch wieder der bilanzierende
Prüfungscharakter zum Ausdruck käme. Statt dessen wird eine engere
Verbindung von Planung und Kontrolle angestrebt. „Planung und
Kontrolle lassen sich systematisch miteinander verbinden [...] Unter
Einbezug qualitativer Analysen ist aus der Integration von Planungs-,
Kontroll- und Informationssystemen das neuzeitliche Management-
instrument des Controlling entstanden" (BLEICHER 1992: 267).
Eine solche Verknüpfung von Planung und Kontrolle empfiehlt sich
besonders für die strategische Planung. „Statt als letztes Glied des strategischen Managementprozesses ist strategische Kontrolle vielmehr
[...] als planungsbegleitender Prozeß zu denken, der von dem Moment
an einsetzen muß, von dem an der erste Selektionsschritt im Planungs-
verfahren erfolgt" (STEINMANN/SCHREYÖGG 1991: 201). Strategische
Planung ist in besonderem Maße mit Unwägbarkeiten belastet und
damit der Gefahr des Irrtums ausgesetzt. Andererseits ist sie – gerade

auch als konzeptionelle Planung – im Kulturmanagement unverzichtbar. Deshalb ist es durchaus sinnvoll, mit einer Kontrolle nicht erst
dann einzusetzen, wenn ein ganzer Managementprozeß durchlaufen ist
und Ausgaben und Investitionen getätigt wurden sowie vertragliche
Verpflichtungen eingegangen wurden, sondern bereits während der
Planungsphase. Dies aber macht es erforderlich, daß sowohl Kontroll-
techniken herangezogen werden, die für die Begleitung einer Planungsphase geeignet sind als auch Mitarbeiter für die Anwendung dieser Techniken besonders ausgebildet werden.

Anmerkungen zu Kapitel 4

[1] Die praktische Anwendung betriebswirtschaftlichen Handelns im Kulturbetrieb läßt sich in ihrer ganzen Komplexität in einer Einführung nicht darstellen. Es erscheint auch nicht sinnvoll, dies anzustreben, würde es doch in
weiten Teilen zu einer Wiederholung bereits vorhandener betriebswirtschaftlicher Kompendien führen. Hier kommt es lediglich darauf an, die andere Zielsetzung des Kulturmanagements und die enge Verbindung zwischen Management
und Objekt hervorzuheben. Deshalb stehen in dieser Einführung der Kulturbetrieb mit seinen Besonderheiten wie auch die Schlüsselfunktionen des Kulturmanagements, in denen sich die Andersartigkeit am deutlichsten zeigt, im Mittelpunkt.
Wenn nun noch kurz zwei Handlungsprozesse vorgestellt werden, so geschieht dies vor allem, um jenen Kulturmanagern, denen die Betriebswirtschaftslehre relativ fremd ist, einen Einstieg in die praktischen Möglichkeiten
eines betriebswirtschaftlichen Kulturmanagements zu bieten. Die folgenden
Seiten sollen ein Anreiz sein, sich betriebswirtschaftlicher Hilfsmittel auch im
Kulturmanagement zu bedienen und vielleicht eine Vertiefung des Stoffes in der
Fachliteratur – absichtlich werden hier deshalb auch Kompendien und Lehr-
bücher zitiert – zu suchen.
Um dieses Ziel zu erreichen, konzentriert sich die Darstellung auf zwei Handlungsprozesse, die jedem Kulturmanager als sehr praxisrelevant erscheinen
dürften. Der Managementprozeß beschreibt die mehr nach innen gerichteten
Führungsaufgaben der Planung und Organisation im Kulturbetrieb. Dagegen
richtet der Marketingprozeß den Blick nach außen auf das Publikum bzw. den
Kunden. Beide Prozesse stehen aber in weit engerem Zusammenhang, als dies
hier – aus Gründen der Darstellung – vielleicht auf den ersten Blick wirken mag.
Ein Marketing hat immer auch Auswirkungen auf interne Betriebsabläufe und
auf die Führungskonzeption, wie umgekehrt die „Produktion" im Kulturbetrieb niemals ohne den Blick auf den Kunden erfolgen kann.
[2] Um den Unterschied zu Rechnungsprüfung bzw. Revision deutlich zu
machen, wird auch im deutschen Sprachraum häufig das Wort Controlling bevorzugt.

5. MARKETING-MANAGEMENT

„Marketing ist ein Prozeß im Wirtschafts- und Sozialgefüge, durch den Einzelpersonen und Gruppen ihre Bedürfnisse und Wünsche befriedigen, indem sie Produkte und andere Dinge von Wert erzeugen, anbieten und miteinander austauschen" (KOTLER/BLIEMEL 1992: 6). Produkt steht als Oberbegriff sowohl für Güter wie etwa ein Auto als auch für Dienstleistungen wie beispielsweise ein Friseurbesuch.

„Marketing-(Management) ist der Planungs- und Durchführungsprozeß der Konzipierung, Preisfindung, Förderung und Verbreitung von Ideen, Waren und Dienstleistungen, um Austauschprozesse zur Zufriedenheit individueller und organisationeller Ziele herbeizuführen" (KOTLER/BLIEMEL 1992: 16).

Im Kulturbetrieb war die Vorstellung, Kunst (z. B. ein Gemälde) sei ein Produkt, das den Regeln des Marketings unterworfen ist, lange Zeit verpönt. Noch stärker war diese Zurückhaltung gegenüber jeder Form von Marketing spürbar, wenn es sich um kulturelle Dienstleistungen wie beispielsweise eine Opernaufführung handelte. Daß Oper etwas mit Marketing zu tun haben könnte, war lange Zeit vielen Regisseuren und Intendanten ein Greuel.

Inzwischen hat sich die Situation ein wenig geändert; daß bildende Kunst auf einem Kunstmarkt gehandelt wird, dessen Regeln weitgehend mit denen jedes anderen Marktes identisch sind, wird heute selbst von Künstlern kaum noch bestritten. Und auch Theaterleute haben inzwischen eingesehen, daß ein gutes und dem Theater angemessenes Marketing der Kunst auf der Bühne nicht unbedingt zum Schaden sein muß.

Doch trotz dieser Wandlungen in der Einstellung zum Marketing sperren sich der öffentliche und der privatwirtschaftlich-gemeinnützige Kulturbetrieb nach wie vor gegen einen unvoreingenommenen Umgang mit Marketing, während der kommerzielle Kulturbetrieb als Wirtschaftsunternehmen schon immer mit großer Selbstverständlichkeit Marketing anwendet (z. B. im Markt für Tonträger oder im Verlagswesen). Deshalb ist es erforderlich, in einer Einführung in das Marketing-Management des Kulturbetriebs auf die Situation der öffentlichen und gemeinnützigen Kulturarbeit vorrangig einzugehen. Hierfür eignet sich das Theater als Beispiel besonders gut, weil hier – anders als etwa im

Museum oder in der Bibliothek – die äußerst schwierige Aufgabe ansteht, viele Personen zu einem bestimmten Zeitpunkt zu einem Besuch
zu veranlassen.

„Grundsätzlich können öffentliche Unternehmen die Marketing-
Theorie und das Marketing-Management auf dieselbe Art und Weise
zum Einsatz bringen wie private Erwerbsunternehmen. Wie Erwerbsunternehmen müssen auch öffentliche Unternehmen ihre Märkte iden-
tifizieren, die Bedürfnisse der Kunden feststellen, angemessene Produkte und Dienstleistungen entwickeln, Distributionskanäle aufbauen,
Massenkommunikation und persönlichen Verkauf zum Einsatz bringen, und sowohl Marketing-Forschung betreiben als auch Verkaufs-
analysen erstellen, wenn sie mit ihren Märkten Schritt halten wollen"
(KOTLER 1978: 239).

Sosehr diese Publikation Korrekturen in der Einstellung öffentlicher
Unternehmen gegenüber Marketing und Management in Gang setzte,
wird sie doch der besonderen Situation solcher Unternehmen nicht
ganz gerecht (vgl. STAUSS 1987: 15 ff.). Hans Raffée weist zu Recht
darauf hin, daß es nicht darum gehen könne, „Konsumgüter-Marketing
unbesehen zu imitieren; vielmehr sind eigenständige Marketingkon-
zepte zu entwickeln, die dem jeweiligen besonderen Versorgungsauf-
trag öffentlicher Betriebe Rechnung zu tragen haben" (RAFFÉE 1990:
25 f.).

5.1 Zum Begriff von Marketing
und seiner Anwendung im Kulturbetrieb

Marketing ist in Deutschland ein relativ junger Teil der Betriebswirtschaftslehre. Bis Ende der sechziger Jahre sprach man nur von „Absatzwirtschaft" und beschäftigte sich ausschließlich mit sehr vordergründigen Fragen des Verkaufs eines Produkts.

Dies ist auch verständlich, wenn man sich vergegenwärtigt, wie die
Marktsituation in West-Deutschland in den fünfziger und sechziger
Jahren war. Der Markt war in jener Zeit im wesentlichen ein Verkäufer-
Markt, d. h. die Nachfrage nach Gütern war größer als das Angebot.
Der Wiederaufbau, das Wirtschaftswunder, die Einrichtungswelle, die
Freßwelle, alle diese Begriffe standen für eine einzigartige Explosion
der Nachfrage. Absatzwirtschaft beschränkte sich damals im wesent-
lichen auf Probleme der Verteilung von Gütern.

Erst Anfang der siebziger Jahre änderte sich die Situation. Die Nachfrage war weitgehend gesättigt; wer jetzt noch Produkte absetzen

wollte, mußte sich mit einem gesättigten Markt, mit Konkurrenzangeboten und einem kritischen Käufer auseinandersetzen. Das Angebot war nun größer als die Nachfrage; wir haben es seitdem mit einem Käufermarkt zu tun, wo der Käufer als der Umworbene eine wesentlich stärkere Stellung hat als der Verkäufer.

In dieser Situation wurde auch in Deutschland für die Absatzwirtschaft verstärkt der Begriff Marketing verwendet. Dies war nicht die modische Übernahme eines fremdsprachigen Begriffs für den gleichen Inhalt, sondern Signal für ein deutlich erweitertes absatzpolitisches Instrumentarium. Marketing ist mehr als nur Absatzwirtschaft; es umfaßt differenzierte Methoden und Techniken in einem vorwiegend vom Käufer bestimmten Markt.

Der ›Duden‹ definiert deshalb Marketing sehr richtig als die „Ausrichtung eines Unternehmens auf das absatzpolitische Ziel und die Verbesserung der Absatzmöglichkeiten" (›Duden‹, 19. Aufl., Mannheim 1986: 447).

Darin kommt bereits zum Ausdruck, daß Marketing nicht nur irgendeine Unternehmenstätigkeit (wie z. B. Vertrieb) sein kann, sondern daß das gesamte Unternehmen auf Marketing ausgerichtet sein muß, Marketing in diesem Sinne also auch eine Form der Unternehmensführung ist.

Im Laufe der vergangenen zwanzig Jahre hat es bei der Konkretisierung von Marketing die unterschiedlichsten Ansätze gegeben. Ohne darauf im einzelnen eingehen zu wollen, sei erinnert an ein Marketing-Verständnis, das in den siebziger Jahren durchaus verbreitet war und das dem Image des Marketings sehr geschadet hat. Demnach war es das Ziel von Marketing,

– den Widerstand eines Konsumenten gegen den Kauf eines Produkts zu brechen,
– die Kunden dazu zu bewegen, mehr zu kaufen als sie eigentlich wollten, und
– mit fast allen nur möglichen Mitteln sehr hoch gesteckte Planabsatzzahlen zu erreichen.

„Marketing in diesem Sinne", so formuliert es Müller-Hagedorn, „kann auch heißen, den Verbraucher zu überrumpeln, seine mangelnden Kenntnisse auszunutzen, auf die sozialen Zwänge zu bauen, in denen er lebt usw." (MÜLLER-HAGEDORN 1990: 10).

Heute findet man ein solches Marketing bisweilen noch bei den sogenannten „Kaffeefahrten" oder erkennt es wieder in billigen Witzchen („einem Eskimo einen Kühlschrank" oder „einem Buschmann eine Heizdecke verkaufen").

Allerdings erweist sich immer wieder, daß ein aggressives Marketing
nur einen kurzfristigen und einmaligen Erfolg beschert. Der Kunde
wird mißtrauisch, kauft das gleiche Produkt nicht ein zweites Mal, er-
zählt Bekannten von den schlechten Erfahrungen usw. Ein solches Marketing kann im Kulturbereich nicht ernsthaft in Frage kommen. Und
dennoch hat es gerade im öffentlichen Kulturbetrieb Spuren hinter-
lassen, weil dort viele Kulturmanager mit dieser Form von Marketing in
Berührung gekommen sind und als Folge für sich entschieden haben,
daß sie mit Marketing nichts zu tun haben möchten. Daß Marketing im
gesamten öffentlichen Bereich so wenig Anwendung findet, ist nicht ein
Problem mangelnder Anwendbarkeit und Übertragbarkeit, sondern
eher bedingt durch ein Mißtrauen aufgrund schlechter Erfahrungen
oder aber auch ein Problem mangelnder persönlicher Bereitschaft (vgl.
WAIDELICH 1989: 245 f. und BRAUNECK/MÜLLER-WESEMANN 1987).

Seit den achtziger Jahren herrscht dagegen ein ganz anderes Verständnis von Marketing vor. Demnach zielt Marketing auf einen „Gewinn durch zufriedene Kunden" (KOTLER/BLIEMEL 1992: 30). „Für das
privatwirtschaftliche Unternehmen liegt der Schlüssel zum Erfolg nicht
im Streben nach Gewinn; vielmehr ist der Gewinn der Maßstab für
erfolgreiches Wirken" (KOTLER/BLIEMEL 1992: 30).

Mit einer solchen Zieldefinition für ein Marketing-Management
kann man sich sicherlich auch im öffentlichen Kulturbetrieb identi-
fizieren.

„Wenn eine Unternehmung in diesem Sinne kundenorientiert sein
will, dann erfordert dies von ihr im Regelfall intensive Marktuntersu-
chungen. Es muß ermittelt werden, worin sich das Verhalten einzelner
Nachfragegruppen unterscheidet, welche Gründe hierfür maßgebend
sind und welche Erwartungen bestehen. So ist es nicht verwunderlich,
daß sich in der Theorie [des Marketings, W.H.] die Aufmerksamkeit
verstärkt den Theorien des Käuferverhaltens zugewendet hat und in der
Praxis in immer größerem Maße Marktforschungsuntersuchungen
durchgeführt werden.

Zweites Merkmal der Kotlerschen Marketingkonzeption ist das
integrierte Marketing. Er meint damit, daß innerbetrieblich die notwendigen organisatorischen Schritte zur Verwirklichung der Marketingkonzeption getan werden müssen. Es muß in der Unternehmung sichergestellt werden, daß alle Abteilungen bei ihren Tätigkeiten das Ziel
‚Befriedigung von Kundenbedürfnissen' beachten" (MÜLLER-HAGE-
DORN 1990: 13).

Es reicht also nicht aus, irgendeinen Marketing-Fachmann einzustel-
len, der sich intensiv dieser Aufgabe annimmt – und zugleich damit

Kulturamtsleiter, Institutsleiter, Verwaltungsleiter und Pressereferenten von der Forderung entlastet, sich mit diesem Problem herumzuschlagen. Marketing ist eine „Führungskonzeption", die auf zwei gleichgewichtigen Voraussetzungen basiert, nämlich
- auf der Beherrschung der technischen Abläufe des Marketingprozesses sowie
- auf einer besonderen Fähigkeit, kundenorientiert zu fühlen und zu denken (vgl. REFFÉE 1990: 26).

Gerade letzteres aber erfordert eine hohe Akzeptanz von Marketing im eigenen Betrieb und eine Ausrichtung des Handelns zahlreicher Mitarbeiter auf Marketingziele. Heinz Dürr, der Vorstandsvorsitzende der Deutschen Bundesbahn, forderte kürzlich in einem Fernseh-Interview mit Blick auf die Umsetzung von Marketing bei der Bundesbahn, daß sich beim Bahnpersonal vor allem „[...] in den Köpfen der Leute etwas verändern" müsse.

5.2 Der Marketingprozeß

Da es sich hier nur um eine Einführung in das Marketing handeln kann, beschränkt sich die Darstellung auf einige wenige, relativ einfache Methoden und Instrumente. Dabei sollen solche Themen im Vordergrund stehen, die für das Kulturmanagement von besonderem Interesse sind. Dazu dürften vorrangig die Funktionen Zielvorgabe, Marketinganalyse, Definition von Zielgruppen, Konzeption und Einsatz von Marketinginstrumenten sowie Kontrolle gehören.

5.2.1 Zielvorgabe

Auch ein Marketingprozeß beginnt wie jedes planvolle Handeln mit der Definition eines Ziels. Je konkreter das Ziel definiert ist, um so genauer kann das weitere Vorgehen geplant werden. Mit der Zielvorgabe im Marketing wird nicht definiert, welches Projekt zu realisieren ist (das wäre Sache des produktionsorientierten Managementprozesses), vielmehr werden dadurch die nach außen gerichteten – kundenorientierten – Ziele festgehalten, z. B.
- das Angebot soll eine bestimmte Zielgruppe – etwa Jugendliche zwischen 14 und 18 Jahren – erreichen;
- die Auslastung des Kulturzentrums zu einer bestimmten Zeit – beispielsweise montags abends – soll verbessert werden;

- es soll eine größere Akzeptanz für eine bestimmte Sparte – z. B. das Schauspiel – erlangt werden;
- ein neuer Veranstaltungsort – z. b. die neue Zweigstelle der Stadtbibliothek – soll eingeführt werden;
- mit einem Produkt soll eine bestimmte Marktposition oder ein bestimmtes Image erreicht werden.

Das Ziel muß frühzeitig definiert werden, damit man gegebenenfalls Zielkonflikte erkennen kann. Beispielsweise kann eine Veranstaltung sehr zur „Image-Verbesserung" (mit einem umfangreichen Feuilleton-Echo) dienen, doch bleiben die Besucher aus. Umgekehrt kann eine Veranstaltung mit großen Besucherzahlen glänzen, während sich das Feuilleton und die „lieben" Kollegen etwas naserümpfend abwenden.

Die Ziele sollten möglichst präzise, meßbar, realistisch und zeitlich überschaubar sein (vgl. MÜLLER-WESEMANN 1991: 22 f.). Nur solche klaren Ziele machen den Einsatz von Analysemethoden und die Anwendung von Marketinginstrumenten möglich. Vor allem aber kann nur gegenüber klar definierten Zielen ein Controlling wirken, weil nur dann erkennbar ist, ob ein Ziel erreicht wurde oder nicht.

5.2.2 Marketinganalyse

Ist das Ziel definiert, weiß man erst einmal, was man will, sollte in einem nächsten Schritt die Situation analysiert werden, in der man dieses Ziel erreichen will. Diese Analysephase erfolgt in der Regel in drei Schritten, die nebeneinander oder nacheinander ablaufen können: die Potentialanalyse, die Nachfrageanalyse und die Umfeldanalyse. Von Fall zu Fall wird man einmal diesen Teil, dann wieder jenen Teil der Analysephase besonders hervorheben.

Potentialanalyse

Die Potentialanalyse setzt sich mit der eigenen Position und dem möglichen Leistungsangebot hinsichtlich Umfang und Qualität kritisch auseinander. Was bestimmt die Attraktivität einer Einrichtung oder einer Veranstaltung? Inwieweit ist eine Unverwechselbarkeit gegeben? Was wird dem Besucher neben dem eigentlichen Angebot an Bequemlichkeit und Anreiz geboten? Wo liegen die Stärken und Schwächen? Wo die Chancen und Risiken etwa eines neuen Angebots? Kann man das Vorhaben überhaupt personell, räumlich, finanziell und organisatorisch leisten?[1]

Nachfrageanalyse

Die Nachfrageanalyse geht von der Position eines potentiellen Besuchers oder Kunden aus. Mit Blick auf unterschiedliche Besuchergruppen werden die Marktchancen einer Einrichtung oder einer Veranstaltung erforscht. Während man als Veranstalter, Produzent oder Vermittler von Kultur die Potentialanalyse relativ leicht betriebsintern durchführen kann, benötigt man für die Nachfrageanalyse häufig sehr viele betriebsexterne Daten. Dies ist selten ohne eine gezielte Befragung der potentiellen Besucher oder eine qualifizierte Marktbeobachtung möglich.

Diese Nachfrageanalyse – oft verkürzt auch als Marktforschung bezeichnet – hat sich in letzter Zeit zu einem Schwerpunkt des Marketings auch im öffentlichen Kulturbereich entwickelt. Die Methoden der Marktforschung sind sehr diffizil und sollten von unerfahrenen Institutionen nicht ohne Hinzuziehung von Fachinstituten angewendet werden. Denkbare Befragungstechniken sind beispielsweise:
- schriftliche Umfrage bei einer nach einem Zufallsprinzip ausgewählten Besuchergruppe oder
- kurze mündliche Befragung etwa während einer Veranstaltungspause oder
- sogenannte Tiefeninterviews.

Entscheidend ist stets, was mit der Befragung erreicht werden soll. Möchte man beispielsweise im Theater-Marketing wissen, warum jemand nicht ins Theater geht, muß man die Nicht-Besucher befragen; will man wissen, wie eine neue Angebotsform spontan ankommt, eignet sich hierfür eine Kurzbefragung während der Pause. Dagegen benötigt man für eine Motivforschung oder für die Ergründung des längerfristigen Images eines Theaters ein auch nach psychologischen Gesichtspunkten aufgebautes Tiefeninterview.

Eine hohe Qualität und Wirksamkeit erreicht die Nachfrageanalyse allerdings erst, wenn sie über einen längeren Zeitraum in immer gleichen Abständen durchgeführt wird. Nur dann lassen sich Kundenverhalten und Produktorientierung in ihrer kontinuierlichen Veränderung ablesen.[2]

Umfeldanalyse

In einem engen Zusammenhang mit der Nachfrageanalyse steht auch die Umfeldanalyse. Sie untersucht sozio-demographische Rahmendaten im Einzugsbereich einer Einrichtung, wie beispielsweise Einwohnerzahlen, Zusammensetzung der Bevölkerung, Freizeitverhalten, Wirtschafts- und Beschäftigungsdaten, Einflüsse aus dem Fremdenverkehr usw.

Zu einer Umfeldanalyse gehört auch die Untersuchung der Konkurrenzsituation. Sind Konkurrenten im Einzugsbereich vorhanden? Wie stark sind sie? Wie kann sich das geplante Angebot von dem der Konkurrenz absetzen?

Korrektur der Zielvorgabe

Das Ergebnis der Analysephase ist mit der Zielvorgabe zu vergleichen. Scheint das Projekt mit Blick auf die Konkurrenzsituation im Einzugsbereich realisierbar zu sein? Werden mit dem Vorhaben überhaupt die Interessen der potentiellen „Kunden" erreicht? Gibt es für das Angebot einen „Markt"?

Nur in den seltensten Fällen wird das Ergebnis der Analysephase eine Bestätigung der Zielvorgabe sein. In aller Regel muß man damit rechnen, daß zumindest einzelne Ergebnisse der Analyse zu einer Korrektur der Zielvorgabe führen. Diese Korrektur sollte dann auch sehr selbstkritisch und ohne Verliebtheit in die eigenen Ziele und Planvorstellungen durchgeführt werden.[3]

Am Ende einer überarbeiteten Zielvorgabe sollte man in der Lage sein, die Zielgruppe, die man mit einem Angebot erreichen will, sehr klar zu definieren.

5.2.3 Definition von Zielgruppen

Man sollte bitte den Slogan „Kultur für alle" nicht falsch verstehen. Wer sich mit seinem Angebot nur an „alle" wendet, also alle Angebote und Veranstaltungen auf die stets gleiche Weise an sein Publikum heranträgt (Plakat, Monatskalender und Pressemitteilung), darf sich nicht wundern, wenn er bald kaum noch jemanden erreicht. Es zeigt sich leider immer wieder, daß Zielgruppen zu groß und damit zu ungenau definiert werden; mit solchen Zielgruppen kann man nicht „arbeiten". Der wirtschaftlich vertretbare Einsatz von Marketinginstrumenten, der nun unmittelbar bevorsteht, ist nur dann möglich, wenn Ziele und Zielgruppen klar und realistisch umschrieben und in einer Analysephase überprüft sind.

Wenn von Zielgruppen die Rede ist, denkt man vor allem im öffentlichen Kulturbetrieb immer noch an Bevölkerungsgruppen wie Kinder, Jugendliche, Erwachsene und Senioren. Doch sind solchermaßen differenzierte Zielgruppen für ein Marketing im Kulturbetrieb völlig ungeeignet. Ein Blick beispielsweise auf das Theaterpublikum zeigt dies ganz deutlich: das Theater wird überwiegend von der Gruppe der Erwachsenen (25 bis 65 Jahre alt) besucht und dennoch sitzen in der Oper andere Leute als im Schauspiel. Das Marketing des Theaters ist aber für beide Besuchergruppen gleich; häufig finden sich beide Veranstaltungsarten sogar in der gleichen Programmbroschüre oder auf dem gleichen Plakat wieder. Und weil man fast überall auf Erwachsene trifft, wird auch an allen Orten gleichermaßen für alle Erwachsenen geworben, d. h. man treibt einen riesigen Aufwand an Werbung und Öffentlichkeitsarbeit (vgl. Abschnitt 5.3 – Kommunikationspolitik), aber mit einem höchst mäßigen Erfolg.

Die Marketing-Forschung sucht deshalb bereits seit Jahren nach anderen als nur altersbedingten Klassifizierungsmerkmalen, um Zielgruppen genauer definieren und ansprechen zu können. Dabei konzentriert sich die Forschung einerseits auf soziokulturelle Merkmale (Kulturkreis, soziale Bezugsgruppen) und andererseits auf persönliche Faktoren (Lebenszyklen, Beruf, wirtschaftliche Verhältnisse) (vgl. hierzu ausführlich KOTLER/BLIEMEL 1992: 245–269).

Eine gewisse Fokussierung erfahren diese Merkmale und Faktoren in dem, was man seit den siebziger Jahren als Lebensstil bezeichnet. Darunter versteht man „das sich in den Aktivitäten, Interessen und Einstellungen manifestierende Muster der Lebensführung einer Person. Der Lebensstil zeigt den 'ganzen Menschen' in Interaktion mit seiner Umwelt. Der Lebensstil eines Menschen umfaßt mehr als seine soziale Schicht und seine Persönlichkeit. Wenn man die soziale Schicht kennt, zu der eine Person gehört, kann man daraus zwar eine Reihe von wahrscheinlichen Verhaltensweisen ableiten, läßt dabei jedoch ihre Individualität außer acht. Kennt man andererseits die Persönlichkeit eines Menschen, läßt sich daraus zwar auf charakteristische psychologische Merkmale schließen, doch sagt dies nicht sehr viel über die tatsächlichen Aktivitäten, Interessen und Meinungen dieser Einzelperson. Mit dem Lebensstil versucht man also menschliche Existenz- und Handlungsprofile darzustellen" (KOTLER/BLIEMEL 1992: 259).

In den USA hat man in den siebziger und achtziger Jahren in aufwendigen Forschungsprojekten versucht, eine Klassifizierung der Lebensstile zu erreichen; dabei erwiesen sich der AIO-Ansatz (*activities*, *i*nterests, *o*pinions) und der VALS-Ansatz (*Value Lifestyle* Groups) als die überzeugendsten.

Für den öffentlichen Kulturbereich hat erstmals das KGSt-Gutachten „Die Museen. Besucherorientierung und Wirtschaftlichkeit" (1989a) versucht, eine Zielgruppenbestimmung als Grundlage für den Einsatz von Marketinginstrumenten mit Hilfe von Lebensstil-Klassifizierungen zu erreichen. Es bezieht sich dabei auf eine Segmentierung von

Gluchowski (1987), der neun Lebensstilmilieus unterscheidet (KGSt 1989 a: 38):

„1. Aufstiegsorientierte, jüngere Menschen
2. Postmateriell-linksalternativ eingestellte junge Menschen
3. Linksliberale, integrierte Postmaterialisten
4. Unauffällige, eher passive Arbeitnehmer
5. Pflichtorientierte, konventionsbestimmte Arbeitnehmer
6. Aufgeschlossene und anpassungsfähige Normalbürger
7. Gehobene Konservative
8. Integrierte, ältere Menschen
9. Isolierte, alte Menschen."

Im Gutachten werden diese Lebensstilmilieus zunächst ausführlich beschrieben und deren Zuordnung begründet. In einem zweiten Schritt wird untersucht, wie welche Teile des Museumsangebots auf die einzelnen Gruppen wirken. Daraus ergibt sich für jedes Museum ein individuelles „Attraktivitätsprofil". So könnte sich etwa zeigen, daß ein bestimmtes Museum mehr für das Lebensstilmilieu 3, ein anderes eher für die Gruppe 4 interessant ist. Erweist sich das so erkannte Profil nach weiteren empirischen Untersuchungen als tatsächlich gegeben, ist es gerechtfertigt, das Image des Museums und vor allem die Werbung und Öffentlichkeitsarbeit auf die dem Profil entsprechenden Lebensstilgruppen auszurichten. Im angenommenen Fall müßte wohl das Werbematerial für das Lebensstilmilieu der Gruppe 3 gänzlich anders ausfallen und auch an anderer Stelle präsentiert werden als das für die Gruppe 4, obwohl es sich in beiden Fällen um „Erwachsene" handeln dürfte. Durch ein solches Verständnis von Zielgruppenarbeit im Marketing könnten also Werbung und Öffentlichkeitsarbeit wesentlich effektiver werden und damit zu Kostensenkungen bei gleichzeitiger Steigerung der Besucherzahlen führen.

5.2.4 Marketinginstrumente

Der Analysephase bzw. der Marktforschung folgen in einem nächsten Schritt Auswahl und Einsatz der Marketing-Instrumente. Darunter versteht man die „Gesamtheit aller zur Verfügung stehenden Marktbearbeitungsinstrumente" (BESTMANN 1992: 353). Verschiedene solcher Instrumente stehen zur Verfügung, die man sinnvollerweise miteinander kombinieren sollte; man spricht dann vom Marketing-Mix. Die Kunst des Marketings besteht im wesentlichen in der besten und effektivsten Zusammensetzung eines Marketing-Mix.

Im allgemeinen werden vier Instrumente des Marketings unterschieden, die man – weil es sich um Entscheidungs- und Handlungsinstrumente handelt – als politische Instrumente bezeichnet. Man spricht folglich von der Produktpolitik, der Distributionspolitik, der Kommunikationspolitik und der Preispolitik.

Produktpolitik
Von wesentlicher Bedeutung für ein erfolgreiches kulturelles Handeln ist zweifellos die Auswahl des Produkts, das man anbietet. Analog zur Betriebswirtschaftslehre gehören auch in der Kulturarbeit zur Produktpolitik folgende Möglichkeiten, die hier am Beispiel des Theaters aufgezeigt werden:
– die Suche, Auswahl und Entwicklung neuer Produkte (z. B. die Uraufführung eines neuen Stücks, die Einführung neuer Künstler, die erstmalige Bespielung einer neuen Spielstätte usw.);
– die Weiterentwicklung bestehender Produkte (z. B. eine Inszenierung in neuer Besetzung).
Diese Neueinführung oder Weiterentwicklung von Produkten ist ein seit eh und je von allen Theatern häufig genutztes Mittel, um das Interesse am Spielplan und am Theaterangebot neu zu beleben, um alte Kunden zu halten und neue zu gewinnen.
– Die Förderung des Markenbewußtseins (die Marke „Theater" muß permanent gegenwärtig sein, vor allem dort, wo der Theaterfreund seine Theaterwünsche befriedigt oder seine Informationen zum Umfeld des Theaters abholt).
Dazu ein Beispiel aus der Produktpolitik der Ludwigsburger Schloßfestspiele: das ursprünglich reine Konzertprogramm wurde zunächst ergänzt durch Opern- und Ballettabende; seit wenigen Jahren stehen auch Jazzkonzerte sowie Liederabende und Klassiker der Unterhaltungsbranche auf dem Programm. Seit etwa Ende der achtziger Jahre wird das konzertante und szenische Programm der Festspielsaison (Sommerhalbjahr) ergänzt durch eine eigene Zeitschrift, die etwa sechsmal jährlich erscheint, sowie durch einen Almanach, der während des Winterhalbjahres verkauft wird. Schallplatten- und CD-Produktionen sowie Fernsehübertragungen, die ganzjährig auf dem Markt sind und auf die das Publikum der Schloßfestspiele immer wieder gezielt hingewiesen wird, machen die „Marke" Schloßfestspiele für jeden Musikfreund in irgendeiner Form permanent gegenwärtig. Diese starke Positionierung des Markenartikels sichert eine starke Stellung im Bewußtsein des Musik-Konsumenten und erlaubt dem Produzenten „Schloßfestspiele" einen relativ großen Spielraum beispielsweise bei der Preisgestaltung.

– Die Zusammenstellung sinnvoller Sortimente (das kann die Konzentration auf eine bestimmte Auswahl sein, z. B. Donaueschingen
und die Neue Musik, kann aber auch ein breitgefächertes Sortiment
sein, wie das Beispiel der Ludwigsburger Schloßfestspiele zeigt).

Distributionspolitik
Die Distribution umfaßt alle Entscheidungen, durch die das Produkt
oder die Dienstleistung dem Kunden zugeführt werden soll. Man bezeichnet die Distribution auch als Vertrieb.
    In der Betriebswirtschaft spielt die Frage, wie ein Produkt zum
Kunden kommen soll, naturgemäß eine große Rolle. Großhandel, Ein-
zelhandel, Reisende, Handelsvertreter, Kommissäre, Makler usw. sind
Organisationseinheiten oder Berufe aus dem außerordentlich weiten
und komplizierten Bereich der betriebswirtschaftlichen Distribution.
    Im Kulturmanagement ist eine so verstandene Distribution nur von
untergeordneter Bedeutung, denn in aller Regel holt sich der Kunde/
Konsument das Produkt/die Dienstleistung an einer bestimmten Stelle
ab: er kommt ins Museum, ins Theater, in den Konzertsaal, in die Bibliothek usw.
    Zur Distribution im weiteren Sinne gehört aber auch der Service
sowie die Frage, wie der Kunde zu den notwendigen Eintrittskarten
(z. B. zu einem Konzert) gelangt oder wie er sich beispielsweise für
einen Volkshochschulkurs einschreiben kann. Hier kann man sich in
vielen Kulturinstitutionen durchaus Verbesserungen vorstellen. Kun-
denfreundliche Öffnungszeiten der Verkaufsstellen von Eintrittskarten
gehören ebenso dazu wie die Erreichbarkeit eines Verantwortlichen bei
Reklamationen. Kulturverwaltungen sollten sich nicht als Abholstellen
verstehen, wo der Bürger für sein Kulturerlebnis ansteht, sondern als
ein Service-Center, wo der Bürger seinen Anspruch auf einen Anteil an
der kulturellen Daseinsvorsorge einlöst. Kulturverwaltungen sollten
deshalb weniger die Atmosphäre von Bürostuben als vielmehr von
Treffpunkten und Kommunikationsorten haben.
    In diesem Zusammenhang wäre etwa zu prüfen, ob Eintrittskarten
zu kulturellen Veranstaltungen nicht verstärkt in Einkaufszentren angeboten werden sollten. Die Karstadt AG beispielsweise bietet in einigen
Städten bereits Theaterkarten an, was über eine EDV-Vernetzung mit
dem Theater auch organisationstechnisch relativ leicht zu bewerkstel-
ligen ist.
    Einen anderen interessanten Weg geht das „Köln-Ticket“, wo der
Kunde mit telefonischem Abbuchungsauftrag (per Scheckkarten-Num-
mer) seine Konzert- und Theaterkarten bestellen kann, die gleichzeitig

auch als Fahrkarten im öffentlichen Personennahverkehr genutzt
werden können. Erinnert sei auch an das Buchungssystem „START",
bei dem der Kunde über den eigenen Btx-Anschluß oder über ein örtli-
ches Reisebüro Veranstaltungskarten und Übernachtung in irgendeiner
Stadt in Deutschland buchen kann. Diese und viele andere Systeme
zeigen, daß gerade dank der Möglichkeiten einer EDV-Vernetzung die
Distribution des Kartenverkaufs im Kulturbetrieb wesentlich kunden-
freundlicher, effektiver und sicherlich auch kostengünstiger gestaltet
werden kann.

Als Thema der Distribution von Produkten kann man auch das
Abonnentensystem des Theaters sehen. Das Abonnement sichert auch
in ständig ausverkauften Häusern dem Besucher seine Theaterkarte.
Das System ist denkbar einfach: wer bereit ist, vor Beginn einer Theater-
saison eine bestimmte Anzahl von Vorstellungen „blind" (ohne zu
wissen, welches Stück gespielt wird) zu buchen, erhält einen reser-
vierten Platz zu einem wesentlich günstigeren Preis. Aus der Sicht der
Distributionspolitik ist durch das Abonnement sichergestellt, daß der
Kunde sein Produkt erhält. Andererseits ist der Kunde aber bei der Auswahl der Stücke sehr eingeschränkt, was aus distributionspolitischer
Sicht nicht befriedigen kann.[4] Doch bietet das Abonnementsystem andererseits erhebliche organisatorische und finanztechnische Vorteile,
weshalb kein Theater darauf verzichten möchte.

Kommunikationspolitik
Zur Kommunikation gehören drei Gruppen von Maßnahmen:
– klassische Werbemaßnahmen
  (Außenwerbung/Plakatwerbung/Transparente, Anzeigen in Zei-
  tungen, Zeitschriften, Werbespots in Rundfunk, Fernsehen und
  Kino usw.).
  In diesem Zusammenhang muß auf die häufig überschätzte Wirkung
von Plakaten hingewiesen werden. Verschiedene Untersuchungen
haben gezeigt, daß nur 2% bis maximal 15% aller Besucher von Kultur-
veranstaltungen durch Plakate zum Besuch angeregt wurden. Die
Wirkung einer Plakatierung besteht vor allem in der längerfristigen
Marktpositionierung, nicht aber in der kurzfristigen, konkreten Veran-
staltungswerbung.
– Verkaufsfördernde Maßnahmen
  (Aufkleber, Werbegeschenke, Preisausschreiben, Gutscheine, Son-
  derangebote, Aktionswochen, Theatertage usw.);
– Öffentlichkeitsarbeit
  (Pressearbeit, Broschüren, Kataloge, Handzettel usw.).

Marketingexperten verwenden zur Kennzeichnung der Entwick-
lungsphasen der Kommunikation die Abkürzung AIDA. Dahinter ver-
bergen sich die Schlüsselworte (vgl. MÜLLER-WESEMANN 1991: 49):

Attention	(Aufmerksamkeit)
Interest	(Interesse)
Desire	(Wunsch)
Action	(Aktion)

„Ziehen Sie die Aufmerksamkeit der potentiellen Zuschauer auf sich;
stellen Sie Name und Profil des Hauses in den Vordergrund der Werbe-
strategien. Wecken Sie in einem zweiten Schritt das inhaltliche Interesse
an Ihrem Haus; berichten Sie von Ihrer Arbeit, von Ihrem künstlerischen Programm. Ihre Botschaft sollte so formuliert sein, daß in dem
Adressaten der Wunsch entsteht, das Angebotene selbst zu erleben. Der
letzte Schritt impliziert die Aufforderung zum aktiven Handeln"
(MÜLLER-WESEMANN 1991: 49f.), das im Idealfall im Kauf einer Ein-
trittskarte zum Ausdruck kommen sollte.

Das KGSt-Gutachten „Führung und Steuerung des Theaters" nennt
vier Anforderungen an eine Öffentlichkeitsarbeit des Theaters, die sich
ohne weiteres auch auf andere kulturelle Einrichtungen übertragen
lassen. Öffentlichkeitsarbeit

„– ist eine wesentliche Aufgabe des Theaters. Sie darf nicht von einem
  Dramaturgen oder anderen Mitarbeitern ‚nebenher' erledigt werden [...]
– muß langfristig und kontinuierlich angelegt sein [...]
– muß der angesprochenen Zielgruppe den persönlichen Nutzen des
  Theaterbesuchs deutlich machen [...]
– muß Inhalte vermitteln" (KGSt 1989b: 86f.).
Eine wesentliche Rolle spielt in diesem Zusammenhang auch die
sogenannte Corporate Identity (CI), die leider immer noch zu sehr
als ein funktionales einheitliches Erscheinungsbild verstanden wird,
die aber statt dessen eher als Unternehmensidentität aufgefaßt werden
sollte, „bei der unternehmerisches Verhalten, Unternehmenskommunikation und äußeres Erscheinungsbild der Unternehmung in sich
stimmig sind und sich mit dem unternehmerischen ‚Sollkonzept'
decken. Gerade öffentliche Unternehmungen müssen sich also um
eine Corporate Identity bemühen, die sowohl vom Marketing als
Technologie als auch vom Marketing als Denkhaltung geprägt ist"
(RAFFÉE 1990: 27).
Allerdings hat man bisweilen den Eindruck, daß öffentliche Kulturinstitute sich in jüngster Zeit etwas zu einseitig auf die Öffentlichkeits-

arbeit als Marketinginstrument konzentrieren. Schon macht sich die
FAZ in einer Kolumne vom 25. 11. 91 darüber lustig, „das deutsche
Theater [sei] das beste Öffentlichkeitsarbeitertheater der Welt". Und an
anderer Stelle schreibt der Kolumnist:
    „Das Theater, das ganz aus Theateröffentlichkeitsarbeit besteht, er-
ledigt nicht nur das Theater. Es macht auch die Öffentlichkeit über-
flüssig. Es brauchte auch kein Publikum mehr. Ihm würde Papier ge-
nügen."[5]

Preispolitik
Viertes Marketing-Instrument ist der Preis. Aus betriebswirtschaftlicher Sicht ist der Preis ein wesentliches, aber auch empfindliches Instrument. Der Verkaufspreis sichert die Wirtschaftlichkeit eines Unternehmens und bestimmt letztlich Gewinn oder Verlust.
    Die öffentliche Kulturverwaltung darf keine Gewinne erzielen. Statt
dessen produziert sie fleißig Verluste, die durch öffentliche Zuschüsse
abgedeckt werden. Ein Unternehmen wie beispielsweise das Staatstheater Stuttgart könnte unmöglich einen Eintrittspreis in Höhe der
Selbstkosten festsetzen; es würde sich dann kaum noch jemand einen
Theaterbesuch leisten können. Auf der anderen Seite wird das Staatstheater Stuttgart die Eintrittspreise vergleichbarer Theater (Karlsruhe,
Mannheim, Basel, München) nicht wesentlich unterbieten können, da
die Zuschußgeber (Land und Stadt) dann ihren Zuschuß erhöhen
müßten, wozu angesichts der knappen Kassenbestände in den öffentlichen Haushalten kaum eine Bereitschaft bestehen dürfte. Letztlich
wird jeder öffentliche Anbieter von Kultur seine Preise so hoch an-
setzen, wie er sie gerade noch vertreten kann (auch gegenüber den
Angeboten der Nachbarstädte).
    Für diejenigen, die modernes Marketing in den öffentlichen Kultur-
betrieb einführen möchten, klingt dies alles nicht sonderlich verhei-
ßungsvoll. Doch ist die Palette der Möglichkeiten damit noch keineswegs erschöpft. Der Preis als Marketing-Instrument funktioniert im
öffentlichen Kulturbereich dann, wenn man ihn als differenzierten Preis
einsetzt.
    So könnte beispielsweise eine Differenzierung nach Wochentagen
und Jahreszeiten erfolgen, ganz so, wie dies die Bundesbahn oder jedes
Flug- und Fährunternehmen zu tun pflegen. So könnte beispielsweise
durch niedrigere Eintrittspreise ein Anreiz geschaffen werden, verstärkt
bestimmte Wochentage, die in der Regel schlecht „laufen", zu nutzen
oder auch einmal zu ungünstigen Jahreszeiten (z.B. an den „verlän-
gerten Wochenenden" im Juni) ins Theater oder ins Konzert zu gehen.

Dadurch kann man vielleicht eine bessere Auslastung erzielen und gleichzeitig die Besucherströme ein wenig steuern.

Eine andere preispolitische Maßnahme im öffentlichen Kulturbetrieb wird aus den Niederlanden berichtet. Dort hat man 1991 eine Jahreskarte eingeführt, „die vierhundert Gulden kostet und für alle vierhundert Museen gilt: 150 000 Menschen kauften das Ticket im ersten Jahr, heute sind es mehr als zwei Millionen; eine Bank 'belohnte' 650 000 neue Kunden damit, eine andere spendet, verärgert über die clevere Konkurrenz, 500 000 Gulden im Jahr, eine dritte macht alle ihre Kreditkarten-Inhaber zu Paßbesitzern. Die Idee hat den Museen ein neues Publikum und viel Geld gebracht."[6]

5.2.5 Kontrolle

Wie am Ende eines jeden Managementprozesses sollte auch am Ende des Marketing-Managements die Kontrolle (Controlling) stehen. Nicht nur verstanden als Zugeständnis an eine unabhängige Aufsichtsinstanz, sondern vor allem als ein Instrument der Selbstkontrolle, in dem Zielvorgaben und Analyseergebnisse mit den Erfolgen der Realisierungsphase verglichen werden. Haben sich die in Werbung und Öffentlichkeitsarbeit eingesetzten Mittel bewährt? Funktionierten Distribution und Service? Was kann, was sollte verbessert werden? Muß vielleicht die Zielgruppe erweitert oder – gerade mit Blick auf Kommunikation und Distribution – verkleinert werden? Solche Fragen entscheiden über den Erfolg des nächsten Projekts und stehen damit am Anfang eines wieder neubeginnenden Kreislaufs.

5.3   Möglichkeiten und Grenzen eines Marketing-Managements im öffentlichen Kulturbetrieb

Der Intendant des Süddeutschen Rundfunks, Hermann Fünfgeld, sagte einmal zur Frage von Marketing im Rundfunkwesen:

„Die Rundfunkanstalten verstehen ihren Auftrag nicht als 'Geschäft'. Ihr gesetzlicher Auftrag lautet nicht Bewährung in einem konkurrierenden Markt, sondern Angebot von Information, Bildung und Unterhaltung in flächendeckender, gleich guter Qualität" (FÜNFGELD 1990: 62).

Diese Aussage kann man sicherlich auch auf die öffentliche Kulturarbeit übertragen. Auch ihr Auftrag ist nicht ein ‚Geschäft', sondern die

Produktion und Vermittlung kultureller Werte. Dies freilich entbindet sie so wenig wie die Rundfunkanstalten von einem verantwortungs-vollen Umgang mit den ihnen zur Verfügung gestellten öffentlichen Geldern. Marketing kann helfen, auch den öffentlich-rechtlichen „Kulturbetrieb" – nicht nur in finanzieller Hinsicht – besser und effek-tiver zu führen. Aber Marketing darf nicht dazu dienen, die „markt-gerechte" Kunst zu produzieren.

Anmerkungen zu Kapitel 5

[1] Einen ausführlichen und praxisnahen Fragenkatalog zur Potentialanalyse für das Theater-Marketing enthält Müller-Wesemann 1991: 15 ff.

[2] Einen guten Überblick über alle Techniken der Marktforschung bietet Weeser-Krell 1988: 20–49; erste Vorschläge für die Gestaltung von Fragebögen findet man auch in Müller-Wesemann 1991: 24–30.
Für den Museumsbereich verfügt das Institut für Soziologie der Universität Karlsruhe über eine zwanzigjährige Erfahrung in den verschiedensten Analyse-techniken. Hierzu sei auf das KGSt-Gutachten „Die Museen. Besucherorientie-rung und Wirtschaftlichkeit" (1989a) sowie auf die Schriftenreihe des Berliner Instituts für Museumskunde verwiesen (beispielsweise in Klein: 1984).

[3] Bei einer Nachfrageanalyse in Form einer Umfrage, die das Kulturamt Lud-wigsburg 1986/87 zur Vorbereitung eines Gastspielbetriebs für Theater und Konzerte durchführte, zeigte sich zur größten Überraschung aller Beteiligten, daß der im ursprünglichen Konzept stark in den Vordergrund gerückte Konzert-bereich in der Gunst des Publikums nach Operette, Schauspiel, Oper und Ballett erst auf dem fünften Rang folgte. Die Nachfrageanalyse wich damit we-sentlich von der Zielvorgabe ab, so daß eine einschneidende Zielkorrektur erfor-derlich wurde, die sich dann im späteren Betrieb auch als richtig erwies.

[4] Dieses Problem wird ausführlich diskutiert in Hilger 1985, wobei sich Hilger für eine Einschränkung des Abonnementsystems ausspricht.

[5] FAZ vom 25. 11. 1991.

[6] FAZ vom 20. 10. 1992.

6. MANAGEMENT „FÜR" DIE KULTUR

Von der Frankfurter Allgemeinen Zeitung zum Beruf des Kulturmanagers befragt, antwortete der Leiter der Salzburger Festspiele, Gérard Mortier:

„Gegen die Berufsbezeichnung Kulturmanager habe ich nichts einzuwenden, wenn man den Begriff so versteht, daß der Kulturmanager nicht die Kultur managt, sondern für die Kultur managt" (FAZ-Magazin vom 2. 8. 1991).

In der Tat drückt sich hierin der entscheidende Unterschied zwischen einer künstlerischen Tätigkeit und dem Kulturmanagement aus. Der Manager – ob in einem Industriebetrieb oder im Kulturbetrieb – nimmt nicht selbst an der Produktion teil, sondern übernimmt nur weitgehend neutrale Steuerungshandlungen, die die Produktion ermöglichen. Er ist nicht Künstler, sondern Planer, Entscheider, Organisator, Vermittler, Verkäufer, Finanzplaner, Koordinator und vieles mehr. In einer dienenden Funktion ermöglicht er Kultur, ohne sie selbst zu schaffen. Daß er dabei auch in Berührung kommt mit interpretierenden Funktionen und häufig auch Anteil nimmt an der Entscheidung über das Was (und nicht nur über das Wie), steht dabei außer Frage. Dennoch bleibt die entscheidende Feststellung, daß eine Managementfunktion – auch wenn ein Künstler sie wahrnimmt – deutlich von einer künstlerischen Funktion zu unterscheiden ist.

In seiner dienenden Funktion hilft das Kulturmanagement, die Existenz von Kunst und Kultur zu sichern. Kulturmanagement muß das Ziel haben und dem Zweck dienen, Kultur auch unter schwierigen Bedingungen zu ermöglichen. Wenn dies gelingt, dann erhält das Management in seiner dienenden Funktion einen – gerade auch aus der Sicht der Kunst und der Künstler – unverzichtbaren Stellenwert.

LITERATURVERZEICHNIS

Abele, H., und H. Bauer: Die Bundestheater in der österreichischen Wirtschaft, Wien 1984.

Agentur für Recherche und Text – A.R.T. (Hrsg.): ›Kultur macht Politik‹. Wie mit Kultur Stadt/Staat zu machen ist, (Köln Verlag) 1988.

Alderfer, C. P.: Existence, Relatedness, and Growth, New York 1972.

Argyris, Ch.: Personality and Organization, New York 1957.

Austen, St., und H. Cornel: Vorwort Kultur-Markt Europa. In: Internationale Culturelle Stichting/Kulturpolitische Gesellschaft 1989: 10–14.

Baer, U., und M. Fuchs: Arbeitsformen der Soziokultur. In: Sievers/Wagner 1992: 147–169.

Baeumler, A.: Ästhetik, in: Handbuch der Philosophie, Abteilung I, Beitrag C, München und Berlin 1934. Nachdruck: Darmstadt 1972.

Barthes, R.: Sur Racine, Paris 1963.

Bendixen, P.: Kulturmanagement als Gestaltungskunst. Eine kulturverträgliche Management-Konzeption, in: Bendixen u. a. A 2.1, 1–9.

Bendixen, P., u. a. (Red.): Handbuch Kultur-Management. Die Kunst, Kultur zu ermöglichen (Loseblattsammlung, Grundwerk 1992), Stuttgart 1992.

Berthel, J.: Betriebswirtschaftliche Informationssysteme, Stuttgart 1975.

Bestmann, U.: Kompendium der Betriebswirtschaftslehre, München, Wien [6]1992.

Biedenkopf, K. H.: Europa: Kultur und Politik. In: Internationale Culturelle Stichting/Kulturpolitische Gesellschaft 1989: 15–24.

Birmes, A., und P. Vermeulen: Kursbuch Kulturförderung. Finanzierungsleitfaden zur Jugend- und Kulturarbeit, Unna [2]1991.

Bischof, P. D.: Die wirtschaftliche Bedeutung der Züricher Kulturinstitute, Zürich (Bankhaus Bär) 1984.

Bischoff, F.: Kunstrecht von A–Z (Beck-Rechtsberater), München 1990.

Blake, R. R., und J. S. Mouton: Verhaltenspsychologie im Betrieb, Düsseldorf 1980.

Bleicher, K.: Das Konzept integriertes Management, Frankfurt a. M. und New York [2]1992.

Börstinghaus, W.: Es gibt kein Patentrezept: Ein Überblick über Ansätze und Kooperationsformen privater Kulturförderung auf der kommunalen Ebene, in: Ebert/Gnad/Kunzmann 1992: 50–69.

Borst, G.: Steuerrecht im Kultursektor. Hinweise zur Besteuerung von Trägern, Künstlern und Spenden, in: Bendixen u. a. 1992: H 7.1, 1–13.

Braun, G. E., und A. Töpfer (Hrsg.): Marketing im kommunalen Bereich. Der Bürger als „Kunde" seiner Gemeinde, Stuttgart 1989.

Brauneck, M., und B. Müller-Wesemann: Öffentlichkeitsarbeit und Marketing am Theater, in: Spezial Information IV–VIII/1987 des Internationalen Theaterinstituts, Berlin 1987.

Bruhn, M.: Sponsoring. Unternehmen als Mäzene und Sponsoren, Frankfurt a. M. 1987, ²1991.

Bruhn, M., und D. Dahlhoff (Hrsg.): Kulturförderung – Kultursponsoring. Neue Perspektiven der Unternehmenskommunikation, Wiesbaden 1989.

Der Bundesminister des Innern (Hrsg.): Kulturelle Filmförderung des Bundes, Bonn o. J. (1989?).

–: Bundesministerium des Innern. Geschichte, Organisation, Aufgaben, Bonn 1992.

Clark, Ch.: Brainstorming, München ³1970.

Daweke, K., und M. Schneider: Die Mission des Mäzens. Zur öffentlichen und privaten Förderung der Künste, Opladen 1986.

Demmer, Ch., und H. Rauhe (Hrsg.): Kulturmanagement, Berlin 1993 (in Vorb.).

Deutsch-Französisches Institut (Hrsg.): Über die Freundschaft hinaus … Deutsch-französische Beziehungen ohne Illusionen, Stuttgart 1988.

Deutscher Städtetag (Hrsg.): Fünf Jahrzehnte kommunaler Kulturpolitik. DST-Beiträge zur Bildungs- und Kulturpolitik. Heft 20, Köln 1992.

Ebert, R., F. Gnad und K. R. Kunzmann (Hrsg.): Partnerschaften für die Kultur: Chancen und Gefahren für die Stadt. Neue Formen der Zusammenarbeit zwischen Staat und Wirtschaft bei kulturellen Projekten, Dortmund 1992.

Eco, U.: Opera aperta, Mailand 1962 (dt.: Das offene Kunstwerk, Frankfurt a. M. 1973, ⁵1990).

Eichhorn, P., und H. Raffée (Hrsg.): Management und Marketing von Rundfunkanstalten. Schriften zur öffentlichen Verwaltung und öffentlichen Wirtschaft, Band 119, Baden-Baden 1990.

Engholm, B.: Freizeit unter Druck, in: Engholm u. a. 1987: 9–20.

Engholm, B., u. a. (Hrsg.): Die Zukunft der Freizeit, Weinheim und Basel 1987.

Ermert, K. (Hrsg.): Soziale Kulturarbeit und Kulturelle Sozialarbeit. Konzepte, Selbstverständnis und Praxis (Loccumer Protokolle 5/1984), Rehberg-Loccum ²1986.

Feldmann, D.: Der Verein: ein vielseitig einsetzbares Instrument der Kunst- und Kulturförderung. Grundlegende Informationen zur Vereinsgründung, in: Bendixen u. a. 1992: H. 4.1, 1–18.

Finanzministerium des Landes Nordrhein-Westfalen (Hrsg.): Vereine und Steuern, Düsseldorf o. J.

Fisher, R., und M. Huber (Hrsg.): Performing Arts Yearbook for Europe, London 1991.

Flender, R., und H. Rauhe: Popmusik. Aspekte ihrer Geschichte, Funktionen, Wirkung und Ästhetik, Darmstadt 1989.

Flesch, C.: Perspektiven einer künftigen Kulturpolitik in Europa, in: Kulturpolitische Mitteilungen. Zeitschrift der Kulturpolitischen Gesellschaft, Nr. 56 I/1992: 13–15.

Fohrbeck, K.: Renaissance der Mäzene? Interessenvielfalt in der privaten Kulturförderung, hrsg. vom Bundesminister des Innern, Köln 1988.

Fohrbeck, K., und A. Johannes Wiesand: Der Autorenreport. Mit einem Vorwort von R. Augstein, Reinbek bei Hamburg 1972.

–: Von der Industriegesellschaft zur Kulturgesellschaft? Kulturpolitische Entwicklungen in der Bundesrepublik Deutschland (Perspektiven und Orientierungen. Schriftenreihe des Bundeskanzleramtes, Band 9), München 1989 a.

–: Der WDR als Kultur- und Wirtschaftsfaktor, Köln 1989 b.

Frank, R.: Kultur auf dem Prüfstand. Ein Streifzug durch 40 Jahre kommunaler Kulturpolitik. Beiträge zur Kommunalwissenschaft 34, München 1990.

Franke, R., und M. P. Zerres: Planungstechniken. Instrumente für zukunftsorientierte Unternehmensführung, Frankfurt a. M. ³1992.

Fritz, A.: Lesen im Medienumfeld. Eine Studie zur Entwicklung und zum Verhalten von Lesern in der Mediengesellschaft auf der Basis von Sekundäranalysen zur Studie ›Kommunikationsverhalten und Medien‹, Gütersloh 1991.

Fuchs, A., und H.-W. Schnieders (Hrsg.): Soziale Kulturarbeit. Berichte und Analysen, Weinheim und Basel 1982.

Fünfgeld, H.: Grenzen des Marketing als Managementaufgabe einer öffentlich-rechtlichen Rundfunkanstalt, in: Eichhorn/Raffée 1990: 55–64.

Gau, D.: Kultur als Politik. Eine Analyse der Entscheidungsprämissen und des Entscheidungsverhaltens in der kommunalen Kulturpolitik (Beiträge zur Kommunalwissenschaft, Band 32), München 1990.

Geschka, H., und U. von Reibnitz: Die Szenario-Technik – ein Instrument der Zukunftsanalyse und der strategischen Planung, in: Töpfer/Afheldt 1983: 125–170.

Glaser, H.: Das Unbehagen an der Kulturpolitik, in: Schwencke u. a. 1974: 47–56.

–: Das Verschwinden der Arbeit. Die Chancen der neuen Tätigkeitsgesellschaft, Düsseldorf, Wien, New York 1988.

–: Kleine Kulturgeschichte der Bundesrepublik Deutschland 1945–1989 (Lizenzausgabe für die Bundeszentrale für politische Bildung), Bonn ²1991.

Gluchowski, P.: Lebensstile und Wandel der Wählerschaft in der Bundesrepublik Deutschland, in: Beilage zum ›Parlament‹: Aus Politik und Zeitgeschichte, Heft 12, 1987: 18 ff.

Göschel, A.: Die Ungleichzeitigkeit der Kultur. Wandel des Kulturbegriffs in vier Generationen (Schriften des Deutschen Instituts für Urbanistik, Band 84), Stuttgart 1991.

Graumann, C. F.: Einführung in die Psychologie, Bd. 1: Motivation, Frankfurt a. M. ³1974.

Grochla, E. (Hrsg.): Management. Aufgaben und Instrumente, Düsseldorf und Wien 1974.

Gulick, L. H.: Notes on the Theory of Organizations, in: L. H. Gulick und L. F. Urwick (Hrsg.): Papers on the Science of Administration, New York 1937: 3–31; in der Übersetzung von A. Pietzner (Bemerkungen zur Organisationstheorie), abgedruckt in: H. Siedentopf (Hrsg.): Verwaltungswissenschaft. Wege der Forschung, Band XLI, Darmstadt 1976: 163–194.

Hadesbeck, M.: Modernisierungspolitik in Frankreich. Mit kulturellem Elan gegen die blockierte Gesellschaft, Münster und Hamburg 1991.

Haeberle, P.: Kulturpolitik in der Stadt – ein Verfassungsauftrag, Heidelberg 1979.

Haenel, H.-D.: Das Management von Verlagen – In guten wie in schlechten Tagen, in: Loock 1991: 89–98.

Häußermann, H., und W. Siebel: Neue Urbanität, Frankfurt a. M. 1987.

Hamm-Brücher, H.: Kulturbeziehungen weltweit. Ein Werkstattbericht zur Auswärtigen Kulturpolitik, München und Wien 1980.

Harlander, N. A.: So motiviere ich meine Mitarbeiter. Die Kunst der Motivation im Berufs- und Geschäftsleben, München ²1991.

Hauser, A.: Sozialgeschichte der Kunst und Literatur, München 1953.

Hausmann, K.-W.: Kurzlehrgang Prognoseverfahren, Wiesbaden 1983.

Heinen, E.: Grundlagen betriebswirtschaftlicher Entscheidungen. Das Zielsystem der Unternehmung, Wiesbaden ³1976.

Heinrichs, W.: Kultur in der Provinz – Provinzkultur?, in: Landkreis Waldshut (Hrsg.): Heimat am Hochrhein. Jahrbuch des Landkreises Waldshut, Band VII, Konstanz 1982: 131–137.

–: Kommunale Kulturarbeit im ländlichen Raum. Ein Handbuch für die Praxis, Stuttgart 1988.

–: Kommunale Kulturarbeit – Kultur vor Ort. Studienbrief der Fernuniversität Hagen im Studienangebot „Kulturmanagement", Hagen 1992.

–: Aktuelle Entwicklungen im öffentlichen Kulturbetrieb. Zwischen Daseinsvorsorge und Kulturmarkt (1993 a), in: Bendixen u. a. 1992–93: A 2.2, 1–15.

–: Kommunale Kulturarbeit. In: Demmer/Rauhe 1993 b (in Vorb.).

Heinrichsmeyer, W., W. Britz und Th. Rau: Kultur als Wirtschaftsfaktor. Dargestellt am Beispiel der Bonner Oper, Bonn 1989.

Henkel, G. (Hrsg.): Kultur auf dem Lande. Vorträge und Ergebnisse des 6. Dorfsymposiums in Bleiwäsche 16.–17. Mai 1988. Ein Beitrag zur Europäischen Kampagne für den ländlichen Raum. Essener geographische Arbeiten 16, Paderborn 1988.

Hensmann, J.: Investitionen der öffentlichen Hand in die Kunsthalle in Emden unter dem Aspekt der regionalen und lokalen Nutzenstiftung, Hamburg 1988.

Hermanns, A. (Hrsg.): Sport- und Kultursponsoring, München 1989.

Herzberg, F., u. a.: The Motivation to Work, New York 1959.

Hilger, H.: Marketing für öffentliche Theaterbetriebe (Europäische Hochschulschriften, Reihe V, Volks- und Betriebswirtschaft, Bd. 643), Frankfurt a. M., Bern und New York 1985.

Hoffmann, Heinz, Kreativitätstechniken für Manager, Landsberg ²1987.

Hoffmann, Hilmar: Kultur für alle. Perspektiven und Modelle, Frankfurt a. M. 1979.

–: Kultur für morgen. Ein Beitrag zur Lösung der Zukunftsprobleme, Frankfurt a. M. 1985.

–: Kultur als Lebensform. Aufsätze zur Kulturpolitik, Frankfurt a. M. 1990.

Hugger, P.: Alltagskultur und Kulturpolitik, in: Lipp 1989: 153–173.

Hummel, M.: Kunst und Kultur ökonomisch betrachtet. Zur volkswirtschaftlichen Bedeutung von Kunst und Kultur, in: Der Bürger im Staat, Heft 4 (Kulturpolitik), 1988: 245–253, sowie in: Landeszentrale für politische Bildung Baden-Württemberg (Hrsg.), 1989: 25–47.

–: Neuere Entwicklungen bei der Finanzierung von Kunst und Kultur durch Unternehmen, in: IFO-Schnelldienst 4–5/1992: 8–24.

Hummel, M., und M. Berger: Die volkswirtschaftliche Bedeutung von Kunst und Kultur. Gutachten im Auftrag des Bundesministers des Innern (Schriftenreihe des Ifo-Instituts für Wirtschaftsforschung, Nr. 122), Berlin und München 1988.

Hummel, M., und K.-H. Brodbeck: Längerfristige Wechselwirkungen zwischen kultureller und wirtschaftlicher Entwicklung (Schriftenreihe des Ifo-Instituts für Wirtschaftsforschung, Nr. 128), Berlin und München 1991.

Hummel, M., und C. Waldkircher: Wirtschaftliche Entwicklungstrends von Kunst und Kultur. Gutachten im Auftrag des Bundesministers des Innern (Schriftenreihe des Ifo-Instituts für Wirtschaftsforschung, Nr. 132), Berlin und München 1992.

Institut für Demoskopie Allensbach (Hrsg.): Kulturelles Interesse und Kulturpolitik. Eine Repräsentativumfrage über die kulturelle Partizipation, den Kulturbegriff der deutschen Bevölkerung und die Bewertung der Kulturpolitik, Allensbach 1991.

Internationale Culturelle Stichting/Kulturpolitische Gesellschaft (Hrsg.): Kultur-Markt Europa. Jahrbuch für europäische Kulturpolitik, Köln 1989.

Kempfler, H.: Wie gründe und leite ich einen Verein?, München [10]1989.

KGSt (Kommunale Gemeinschaftsstelle für Verwaltungsvereinfachung) (Hrsg.): Die Museen. Besucherorientierung und Wirtschaftlichkeit, Köln 1989a.

–: Führung und Steuerung des Theaters, Köln 1989b.

Klein, H.-J.: Analyse von Besucherstrukturen an ausgewählten Museen in der Bundesrepublik und in Berlin (West). Institut für Museumskunde; Materialien, Heft 9, Berlin 1984.

Klotz, H.: Anmerkungen zum Programm der Hochschule, in: Die Hochschule für Gestaltung Karlsruhe. Studienführer 92/93, Karlsruhe 1992a: 4–5.

Klotz, H. (Hrsg.): Zentrum für Kunst und Medientechnologie Karlsruhe, Karlsruhe 1992b.

Koch, G. (Hrsg.): Kultursozialarbeit. Eine Blume ohne Vase? (Wissen & Praxis, Bd. 25), Frankfurt a. M. 1989.

Koontz, H., und C. O'Donnell: Principles of Management: An Analysis of Managerial Functions, New York 1955.

Korndörfer, W.: Unternehmensführungslehre. Lehrbuch der Unternehmens-führung, Wiesbaden ²1979.

Koslowski, P.: Die postmoderne Kultur. Gesellschaftlich-kulturelle Konsequenzen der technischen Entwicklung (Perspektiven und Orientierungen. Schriftenreihe des Bundeskanzleramtes, Bd. 2), München ²1988.

Koslowski, P. (Hrsg.): Europa imaginieren. Der europäische Binnenmarkt als kulturelle und wirtschaftliche Aufgabe, Berlin und Heidelberg 1992.

Kotler, Ph.: Marketing für Nonprofit-Organisationen, Stuttgart 1978.

Kotler, Ph., und F. Bliemel: Marketing-Management. Analyse, Planung, Umsetzung und Steuerung, Stuttgart ⁷1992.

Küpper, H.-U.: Ablauforganisation (Grundwissen der Ökonomie. Betriebs-wirtschaftslehre), Stuttgart und New York 1982.

Küster, B.: Die verfassungsrechtliche Problematik der gesamtstaatlichen Kunst- und Kulturpflege in der Bundesrepublik Deutschland, Frankfurt a. M. 1990.

Kuhn, D., u. a.: Cotta und das 19. Jahrhundert. Aus der literarischen Arbeit eines Verlages. Marbacher Kataloge (Hrsg. von B. Zeller), Nr. 35, Stuttgart 1980.

Kulturpolitische Gesellschaft (Hrsg.): Kulturelle Modernisierung in Europa. Regionale Besonderheiten und soziokulturelle Konzepte. Dokumentation 44, Hagen 1992.

Kutter, A.: Hat das Kino eine Zukunft?, in: Der Bundesminister des Innern (Hrsg.), 1989: 125–128.

Kyrer, A.: Der wirtschaftliche Nutzen von Festspielen, Fachmessen und Flughäfen am Beispiel der Region Salzburg, Regensburg 1987.

Landau, E.: Psychologie der Kreativität, München, Basel ²1971.

Landesregierung Baden-Württemberg und Statistisches Landesamt Baden-Württemberg (Hrsg.): Statistisch-prognostischer Bericht 1989/90. Daten – Analysen – Perspektiven, Stuttgart 1990.

Landeszentrale für politische Bildung Baden-Württemberg (Hrsg.): Kulturpolitik, Stuttgart 1989.

Laßmann, G., B. Bleuel und M. Rademacher: Prognoseverfahren, in: Leitfaden für ein PC-gestütztes Verfahren der Investitions- und Finanzierungsplanung für mittelständische Industrieunternehmen mit begleitender Ausführungsüberwachung und Wirtschaftskontrolle, Ruhr-Universität, Bochum 1985.

Lay, R.: Philosophie für Manager, Düsseldorf, Wien und New York 1988, Taschenbuch-Ausgabe Düsseldorf 1991.

–: Kommunikation für Manager, Düsseldorf, Wien und New York 1989, Taschenbuch-Ausgabe Düsseldorf und Wien 1991.

Leggewie, C.: Schwierigkeiten mit der Moderne – aus französischer und deutscher Sicht, in: Deutsch-Französisches Institut (Hrsg.), 1988: 150–174.

Liebig, M.: Entscheiden. 12 kreative Werkzeuge zur sicheren Entscheidung, Wiesbaden 1992.

Lipp, W. (Hrsg.): Kulturpolitik. Standorte, Innensichten, Entwürfe (Schriften zur Kultursoziologie, Bd. 11), Berlin 1989.

Loock, F.: Kunstsponsoring. Ein Spannungsfeld zwischen Unternehmen, Künstlern und Gesellschaft, Wiesbaden ²1990.

Loock, F. (Hrsg.): Kulturmanagement. Kein Privileg der Musen, Wiesbaden 1991.

Lüder, K., und W. Küpper: Unternehmerische Standortplanung und regionale Wirtschaftsförderung, Göttingen 1983.

Mäckler, A.: Was ist Kunst …? 1080 Zitate geben 1080 Antworten, Köln 1987.

Malik, F.: Strategie des Managements komplexer Systeme, Bern und Stuttgart 1984.

Maslow, A. H.: Motivation and Personality, New York 1954.

Mattern, K.-H.: Planungsmethoden in Verwaltung und Wirtschaft, Bonn 1981.

Mentzel, W., und H. Wittelsberger: Kleines Wirtschafts-Wörterbuch, Freiburg i. Br. 1977.

Ministerium für Wirtschaft, Mittelstand und Technologie des Landes Nordrhein-Westfalen (Hrsg.): Kultur als Wirtschaftsfaktor in NRW. Kulturwirtschaftsbericht 1991/92, Düsseldorf/Bonn 1992.

Mitchell, R., und R. Fisher (Hrsg.): Professional Managers for the Arts and Culture? Training of Cultural Administrators and Arts Managers in Europe, Helsinki 1992.

Mosbach, G., und A. Göschel (Hrsg.): Kommunale Kulturpolitik in Dokumenten. Berichte, Projekte, Konzepte, Berlin 1991.

Müller-Hagedorn, L.: Einführung in das Marketing, Darmstadt 1990.

Müller-Wesemann, B.: Marketing im Theater, Hamburg 1991.

Nahrstedt, W.: Leben in freier Zeit. Grundlagen und Aufgaben der Freizeitpädagogik, Darmstadt 1990.

Neuhoff, K., A. Schindler und H.-J. Zwingmann: Stiftungshandbuch (hrsg. vom Stiftungszentrum im Stifterverband für die Deutsche Wissenschaft), Baden-Baden 1983.

Nicolai, F.: Briefe über den itzigen Zustand der schönen Wissenschaften in Deutschland (1755), zitiert nach: G. Ellinger (Hrsg.): Berliner Neudrucke. Dritte Serie, zweiter Band, 18. Brief: Von den Mitteln, die schönen Wissenschaften in Deutschland zu befördern, Berlin 1894: 142–149.

Österreichische Kulturdokumentation/Internationales Archiv für Kulturanalysen (Hrsg.): EG-Kulturdokumentation. Strukturen, Dokumente, Abstracts, Wien 1992.

Osborn, A. F.: Applied Imagination: Principles und Procedures of Creative Thinking, New York 1953.

Ott, P.: Vereine gründen und erfolgreich führen. Ordnungsmäßigkeit der Buchführung – Anforderungen an Buchführung und Aufzeichnung (Beck-Rechtsberater), München ⁸1987.

Pankoke, E. (Hrsg.): Kultur als Arbeit. Kulturinitiativen in der Beschäftigungskrise, Essen ²1989.

Pankoke, E.: Kultur als Arbeit. Aktuelle Herausforderungen aktiver Kulturpolitik, in: Pankoke 1989: 9–37.

Pappermann, E.: Rahmenbedingungen kommunaler Kulturarbeit, in: Pappermann/Mombaur/Blank 1984: 3–11.

Pappermann, E., und P. M. Mombaur (Hrsg.): Kulturarbeit in der kommunalen Praxis, Köln, 2. Auflage (mit weitgehend anderen Themen und Autoren) 1991.

Pappermann, E., P. M. Mombaur und J.-Th. Blank (Hrsg.): Kulturarbeit in der kommunalen Praxis, Köln 1984.

Pareyson, L.: Estetica – Teoria della formatività, Turin 1954 (2. Aufl. Bologna 1960).

Picht, R.: Kulturpolitik als Modernisierungsstrategie. Vorüberlegungen zur Überprüfung eines Konzeptes, in: Kulturpolitische Mitteilungen. Zeitschrift der Kulturpolitischen Gesellschaft, Nr. 58 III/1992: 29–32.

Porter, L. W., und E. E. Lawler III: Managerial Attitudes and Performance, Homewood/Illinois 1968.

Postman, N.: Wir amüsieren uns zu Tode. Urteilsbildung im Zeitalter der Unterhaltungsindustrie, Frankfurt a. M. 1985 (hier zitiert nach der Taschenbuchausgabe 1988).

Puffelen, F. van, u. a.: More than one Billion Guilders. The Economic Significance of the Professional Arts in Amsterdam, Amsterdam 1986.

Raffée, H.: Marketing als Führungskonzeption für öffentlich-rechtliche Rundfunkanstalten, in: Eichhorn/Raffée 1990: 25–34.

Raudsepp, E.: So steigern Sie Ihre Kreativität, München 1984.

Redel, W.: Kollegienmanagement, Bern, Stuttgart 1982.

REFA: Methodenlehre der Planung und Steuerung, Teil 5, München 1985.

Reichard, Ch.: Betriebswirtschaftslehre der öffentlichen Verwaltung, Berlin ²1987.

Ress, G.: Europäischer Binnenmarkt und Kulturpolitik, in: Musikforum, Heft 73, Dezember 1990: 4–13.

–: Kultur und europäischer Binnenmarkt. Welche Auswirkungen hat der EWG-Vertrag jetzt und nach Verwirklichung des Europäischen Binnenmarktes auf die Kulturpolitik der Bundesrepublik Deutschland insbesondere im Bereich der Kulturförderung? (Schriftenreihe des Bundesministeriums des Innern, Bd. 22), Stuttgart 1991.

Rettich, H. (Red.): Kunstkonzeption des Landes Baden-Württemberg, Stuttgart 1990.

Reuter, E.: Wirtschaft und Kunst – ein neuer Feudalismus? Sonderdruck des Verbands bildender Künstler Württemberg e. V., Stuttgart 1989.

Richards, M. D., und P. S. Greenlaw: Management Decision Making, Homewood/Illinois 1966.

Röhring, H.-H.: Wie ein Buch entsteht. Einführung in den modernen Buchverlag, Darmstadt ³1987. (5., akt. u. erw. Aufl. 1992.)

Roth, P.: Kultursponsoring, Landsberg a. Lech 1989.

Sauer, E., und F. Luger: Vereine und Finanzen. Buchführungstips für Vereine mit ABC möglicher Geldquellen (Beck-Rechtsberater), München 1988.

Saussure, F. de: Cours de linguistique générale, hrsg. von Ch. Bally und

A. Sechehaye, Lausanne, Paris 1916 (dt.: Grundfragen der allgemeinen Sprachwissenschaft, Berlin, Leipzig 1931, Berlin 1967).

Sauter, E., und G. Schweyer: Der eingetragene Verein. Eine gemeinverständliche Erläuterung des Vereinsrechts unter besonderer Berücksichtigung der neuesten Rechtsprechung, München [14]1990.

Saxer, U., W. Langenbucher und A. Fritz: Kommunikationsverhalten und Medien. Lesen in der modernen Gesellschaft. Eine Studie der Bertelsmann-Stiftung, Gütersloh 1991.

Scheytt, O.: Kulturpolitik in der Stadt – 10 Jahre Diskussion eines Verfassungsauftrages, in: Verwaltungsrundschau, Heft 12/1989: 394–398.

–: Kultur und Wirtschaft in der Stadt – Modelle für eine Kooperation, in: Eildienst Städtetag NW, Heft 5/1990: 118–122.

Schierenbeck, H.: Grundzüge der Betriebswirtschaftslehre, München, Wien [9]1987.

Schlicksupp, H.: Kreative Ideenfindung in der Unternehmung, Berlin 1977.

Schwarze, J.: Netzplantechnik. Eine Einführung in das Projektmanagement. NWB-Studienbücher Wirtschaftswissenschaften, Herne und Berlin [6]1990.

Schwencke, O.: Kontinuität und Innovation. Zum Dilemma deutscher Kulturpolitik seit 1945 und zu ihrer gegenwärtigen Krise, in: Schwencke u. a. 1974: 11–43.

Schwencke, O., K. H. Revermann und A. Spielhoff (Hrsg.): Plädoyers für eine neue Kulturpolitik, München 1974.

Seifert, W. (Hrsg.): Handbuch des Stiftungsrechts, München 1987.

Sievers, N., und B. Wagner (Hrsg.): Bestandsaufnahme Soziokultur. Beiträge – Analysen – Konzepte. Dokumentation des gleichnamigen Forschungsprojekts der Kulturpolitischen Gesellschaft e. V. (Schriftenreihe des Bundesministeriums des Innern, Bd. 23), Stuttgart 1992.

Silkenbeumer, R. (Hrsg.): Kulturarbeit – Die Innenpolitik von morgen, Hannover 1980.

Sölch, R.: Kulturauftrag im öffentlich-rechtlichen Fernsehen: Die gesellschaftspolitische Verantwortung für Kulturmanager, in: Loock 1991: 303–311.

Späth, L.: Wende in die Zukunft. Die Bundesrepublik auf dem Weg in die Informationsgesellschaft, Reinbek bei Hamburg 1985.

–: Die Medien in Europa, in: Zentrum für Kunst und Medientechnologie Karlsruhe (Hrsg.), 1990: 129–138.

Staatsministerium Baden-Württemberg (Hrsg.): Regierungserklärung von Ministerpräsident Lothar Späth zur Kunstkonzeption vor dem Landtag Baden-Württemberg am 13. Dezember 1989, Stuttgart 1990.

Städtische Kulturpolitik (Neue Schriften des Deutschen Städtetags, Heft 26), Köln 1971.

Staehle, W. H. (Hrsg.): Handbuch Management. Die 24 Rollen der exzellenten Führungskraft, Wiesbaden 1991.

Statistisches Bundesamt (Hrsg.): Datenreport 1992. Zahlen und Fakten über die Bundesrepublik Deutschland (Arbeitshilfen für die politische Bildung der Bundeszentrale für politische Bildung, Bd. 309), Bonn 1992 a.

Statistisches Bundesamt (Hrsg.): Finanzen und Steuern. Fachserie 14, Reihe 3.4: Rechnungsergebnisse der öffentlichen Haushalte für Bildung, Wissenschaft und Kultur, Stuttgart 1992 b.

Stauss, B.: Ein bedarfswirtschaftliches Marketingkonzept für öffentliche Unternehmen (Schriften zur öffentlichen Verwaltung und öffentlichen Wirtschaft, Bd. 98), Baden-Baden 1987.

Steinbacher, F.: Kultur – Begriff, Theorie, Funktion, Stuttgart 1976.

Steiner, U.: Kulturauftrag im staatlichen Gemeinwesen. VVDStRL (Veröffentlichungen der Vereinigung der Deutschen Staatsrechtslehrer) Heft 42, Berlin 1984: 8–41.

–: Der gemeindliche Kulturauftrag, in: Der Städtetag. Heft 8/1986: 512–516.

Steinmann, H., und G. Schreyögg: Management. Grundlagen der Unternehmensführung. Konzepte, Funktionen und Praxisfälle, Wiesbaden [2]1991.

Taubmann, W., und F. Behrens: Wirtschaftliche Auswirkungen von Kulturangeboten in Bremen, Bremen 1986.

Taylor, F. W.: Shop Management, New York 1903; deutsch: Die Betriebsleitung, insbesondere der Werkstätten, Berlin 1909.

Töpfer, A., und H. Afheldt (Hrsg.): Praxis der strategischen Unternehmensplanung, Frankfurt a. M. 1983.

Tokarski, W., und R. Schmitz-Scherzer: Freizeit, Stuttgart 1985.

Ulrich, H., und W. Krieg: St. Galler Management-Modell, Bern und Stuttgart [3]1974.

Ulrich, H., und G. Probst: Anleitung zum ganzheitlichen Denken und Handeln. Ein Brevier für Führungskräfte, Bern und Stuttgart 1988.

Ulrich, P., und E. Fluri: Management. Eine konzentrierte Einführung, Bern und Stuttgart [6]1992.

UNESCO: Recommendation Concerning the International Standardization of Statistics on the Public Financing of Cultural Activities, Belgrad 1980.

Vermeulen, P.: Kulturförderung im „europäischen Haus". Ein Überblick über aktuelle Programme mit Kontaktadressen, in: Bendixen u. a. 1992: E 1.2, 1–17.

Vroom, V. H.: Work and Motivation, New York 1964.

Wack, P.: Szenarien: Unbekannte Gewässer voraus, in: Harvard-Manager 8 (1986): 60–77.

Wagner, B.: Vom Aschenputtel zum Hätschelkind? Tendenzen kommunaler Kulturpolitik, in: Agentur für Recherche und Text – A. R. T. 1988: 68–94.

Waidelich, J.-D.: Marketing für Theater – Erfahrungen und Beobachtungen, in: Braun/Töpfer 1989: 245–260.

Weber, J.: Entmündigung der Künstler. Geschichte und Funktionsweise der bürgerlichen Kunsteinrichtungen, München [2]1981.

Wechsler, W.: Delphi-Methode, München 1978.

Weeser-Krell, L.: Marketing. Einführung, München und Wien [2]1988.

Weilepp, M.: Kunst und Kultur als Standortfaktor? Standortfaktoren und ihre Bedeutung für Industrie- und Dienstleistungsunternehmen, in: Der Bürger im Staat, Heft 4 (Kulturpolitik), 1988: 254–258, sowie in: Landeszentrale für politische Bildung Baden-Württemberg 1988: 48–61.

Weizsäcker, R. von: Die politische Kraft der Kultur, Reinbek bei Hamburg 1987.

Welsch, W.: Kulturkonzepte der Postmoderne, in: Lipp 1989: 37–62.

Wiesand, A.J.: Kunst ohne Grenzen? Kulturelle Identität und Freizügigkeit in Europa. Eine Einführung in Gegenwart, Probleme und Entwicklungschancen Europäischer Kulturpolitik (hrsg. vom Bundesminister des Innern), Köln 1987.

Wild, J.: Grundlagen der Unternehmensplanung, Reinbek bei Hamburg [4]1982.

Wöhe, G.: Einführung in die Allgemeine Betriebswirtschaftslehre, München [15]1984.

Zentrum für Kunst und Medientechnologie Karlsruhe (Hrsg.): Kongreßbericht „Die Medien in Europa", Karlsruhe 1990.

Zwicky, F.: Entdecken, Erfinden, Forschen im morphologischen Weltbild, München 1971.

SACHREGISTER